Por toda a
MINHA VIDA

Por toda a minha vida
pelo espírito Alexandre Villas
psicografia de Fátima Arnolde
Copyright © 2012 by
Lúmen Editorial Ltda.

2ª edição – agosto de 2013

Direção editorial: *Celso Maiellari*
Coordenação editorial: *Fernanda Rizzo Sanchez*
Revisão: *Maria Aiko Nishijima*
Projeto gráfico e arte da capa: *Ricardo Brito / Estúdio Design do Livro*
Imagem da capa: *Perig / Shutterstock*
Impressão e acabamento: *Orgrafic Gráfica*

Dados Internacionais de Catalogação na Publicação (CIP)
(Câmara Brasileira do Livro, SP, Brasil)

Villas, Alexandre (Espírito).
    Por toda a minha vida / pelo espírito Alexandre Villas ; psicografia de Fátima Arnolde. – São Paulo : Lúmen Editorial, 2012.

    ISBN 978-85-7813-071-8

    1. Espiritismo 2. Psicografia 3. Romance espírita I. Arnolde, Fátima. II. Título.

12-07164   CDD-133.93

Índice para catálogo sistemático:
1. Romances espíritas : Espiritismo   133.93

Rua Javari, 668
São Paulo – SP
CEP 03112-100
Tel./Fax (0xx11) 3207-1353

visite nosso site: www.lumeneditorial.com.br
fale com a Lúmen: atendimento@lumeneditorial.com.br
departamento de vendas: comercial@lumeneditorial.com.br
contato editorial: editorial@lumeneditorial.com.br
siga-nos nas redes sociais:
twitter: @lumeneditorial
facebook.com/lumeneditorial1

2013
Proibida a reprodução total ou parcial desta
obra sem prévia autorização da editora

Impresso no Brasil – *Printed in Brazil*

Por toda a
MINHA VIDA

Pelo espírito
Alexandre Villas

Psicografia de
Fátima Arnolde

LÚMEN
EDITORIAL

Sumário

1   Em busca de um ideal, 9

2   Uma conversa com Village, 21

3   Um ataque de fúria, 31

4   O amor fala mais alto, 39

5   Conhecendo o passado, 47

6   Verdades, 59

7   Arrumando um emprego, 69

8   Amargura, 77

9   Lisa acorda, 99

10   Em Paris, 103

11   Uma declaração de amor, 121

12   Romantismo no ar, 131

13   O compromisso, 137

14   A paixão de Marseille, 147

15 UMA DESCOBERTA, 153

16 UMA SURPRESA, 165

17 EM TEMPOS REMOTOS, 185

18 UM AMOR PARA SEMPRE, 189

19 O SEQUESTRO, 205

20 RUMO À ITÁLIA, 215

21 CONHECENDO O NOVO LAR, 229

22 NO HOSPITAL, 235

23 OS ANOS PASSAM, 261

24 UMA VISÃO, 271

25 UMA NOITE DE AMOR, 277

26 OS PREPARATIVOS, 289

27 O CASAMENTO, 301

28 DECISÃO, 319

29 RUMO À EVOLUÇÃO, 329

30 A HISTÓRIA, 351

31 UM FELIZ ACORDO, 363

32 "ANJO" DE DEUS, 385

33 UMA GRANDE NOTÍCIA, 405

34 NOVOS PLANOS, 435

35 A UNIÃO, 467

36 O GRANDE SEGREDO E A VERDADE, 481

Pour toute ma vie

*Faz muito frio e a neve cai incessantemente.
É o ano de 1939 em Versalhes, uma cidade da França.
Madame Lisa está muito doente sobre o leito de alvas roupas,
pálida, quase transparente, em suas últimas horas de vida.*

Capítulo 1
Em busca de um ideal

Lia, moça de pele clara, olhos e cabelos castanho-claros, expressão alegre e confiante, já completara 21 anos.

Vivia com seus pais e seu único irmão, a quem amava muito. Henry D'Moselisée era um belo rapaz de cabelos pretos e olhos amendoados verdes. Quando completasse 17 anos iria para Paris, capital da França, dedicar-se ao tão sonhado curso de Medicina, embora seu pai tivesse outros planos para ele: queria que administrasse seus negócios, que cresciam a cada dia.

Jean Paul D'Moselisée era um homem duro, fechado e de poucos amigos. Dono de uma quinta muito grande, cultivava uvas para a produção de vinhos e enriquecia a cada dia. Patrão de vários empregados, não confiava em ninguém e quase sempre era hostil e implicante. Por mais que a esposa

o aconselhasse, ele não nutria amizade por nenhum deles. A exceção era Michael, seu braço direito.

A família D'Moselisée era respeitada por todos da sociedade francesa, por conta da comercialização de vinhos que se encontravam nas melhores adegas e lojas de toda Paris. Contudo, para Lisa e seus filhos isso não representava nada, pois nunca podiam desfrutar do conforto que tinham com quem quer que fosse. Jean achava desperdício festejar ou receber amigos. Sempre resmungava dizendo que era um gasto fútil, e que amizade era dinheiro no bolso.

Por tudo isso Lisa, durante toda sua vida, amargurou-se e sofreu pelos filhos.

— Henry, já disse ao papai que você vai ingressar na carreira de Medicina?

— Ainda não. Da última vez que tentei acabamos discutindo. Infelizmente ele não compreende que estudar Medicina está em minha alma, faz parte de mim. Eu gosto de ajudar as pessoas. Sinto aqui dentro do meu peito que cuidar das enfermidades do ser humano é mais que fazer um diagnóstico...

— Sabe, meu irmão, o que mais admiro em você? É essa sua crença em que a humanidade pode ser infinitamente mais feliz!

— Eu não acho, tenho plena convicção; é preciso apenas que cada um faça sua parte. E o que é um médico, senão um candidato a dedicar-se na busca incessante de curar um irmão? E quem sabe, até mesmo, conhecer melhor a alma de cada um, que é a verdadeira vida? Os olhos são a mais pura expressão da alma que almeja um pedido de socorro.

Henry, espírito iluminado, viera com o dom e a meta em sua alma generosa de médico. Foi para isso que se dedicara e se preparara para reencarnar.

Apesar da contrariedade do pai, com a ajuda da mãe e da irmã, ele foi para a capital e se instalou em uma república. Assim, iniciou-se uma longa jornada rumo ao curso de Medicina.

* * *

Lisa chamou a empregada, a quem confiava seus segredos, poupando sua filha de muitos aborrecimentos:

— Julliete... Julliete...

— *Mis lady*, chamou?

— Sim, Julliete. Preciso de um grande favor. Com muita discrição peça a Patrick que venha falar comigo, preciso muito dele. Só lhe peço que não chame a atenção do sr. Jean. Você sabe que ele rompeu com Henry desde que meu filho para a área médica!

— Sim, senhora. Pode deixar. Não gosto de vê-la sofrendo assim...

— Sinto-me amargurada, não consigo me conformar que um pai expulsa de sua própria casa um filho tão generoso e dedicado!

— Tenha paciência, *mis lady*, Deus há de amolecer o coração do sr. Jean.

— Peço a Deus todos os dias por esse milagre.

Lisa estava aflita e cansada por tanta discórdia e pensamentos temerosos que se instalaram em sua vida havia muitos anos.

— Julliete, peça a Patrick que logo após o almoço venha falar comigo, é o horário mais propício. Jean, com certeza, estará descansando, como faz todos os dias.

— Vou agora mesmo, senhora. Fique tranquila.

E assim foi feito, logo que Jean se recolheu para descansar, após o almoço, Patrick atendeu ao chamado da patroa.

— Com licença, senhora, mandou me chamar?

— Sim, preciso de você.

— Do que se trata?

— Você sabe, Henry foi embora daqui praticamente expulso pelo pai, que não o considera mais seu filho.

— Sei sim, senhora.

— Pois bem, preciso que vá a Paris para ter notícias de meu filho.

— O sr. Jean não dará por minha falta?

— Pode ser que sim, mas direi que teve de se ausentar para buscar uma encomenda para Lia.

— Não seria melhor eu me explicar diretamente com ele?

— Melhor não, e depois já estou acostumada com seu gênio austero. Ele irá esbravejar como sempre, mas logo vai passar.

— Irei com muito prazer. A senhora pode contar comigo.

No dia seguinte, Patrick partiu bem cedo rumo a Paris. Assim que saiu da estação, pegou o endereço que a patroa havia escrito e buscou informações. Não demorou muito e logo entrou na faculdade.

— Por gentileza, o senhor poderia me informar se este é o prédio dos estudantes de Medicina?

— É sim, senhor. A quem procura?

— Senhor Henry D'Moselisée.

— Ah... O aluno do primeiro ano?

— Sim. Poderia me informar qual é seu quarto? Dessa forma poderei esperá-lo.

— Infelizmente não é permitido entrar sem a companhia do aluno que aqui reside. Mas já está perto do horário do almoço e, com certeza, logo ele estará aqui. Por enquanto, é melhor o senhor dar umas voltas. Se quiser, guardo seus pertences.

— Eu lhe agradeço muito.

A república era um lugar bem cuidado e amplo. Era como uma grande cidade de estudantes, que circulavam por toda parte entre as árvores robustas e as coloridas hortênsias, que harmonizavam tudo à sua volta. Patrick ficou fascinado e deixou-se mergulhar por pensamentos desejosos: "Como eu gostaria de estudar aqui também, mas infelizmente não terminei nem o ensino fundamental II! A única coisa que sei fazer é lidar com as uvas".

Patrick havia se incumbido de fazer o que a patroa lhe pedira, não apenas por obrigação, mas pelo amor que nutria desde pequeno por ela e pelos filhos. Nascera na fazenda entre as plantações de uvas e era filho de Pierre e Marietta, empregados antigos. Tinha uma irmã de 16 anos chamada Nicole, um encanto de menina, com cabelos cor de mel e pele bem clara. Tinha sorte, pois foi trabalhar dentro da casa da família D'Moselisée, e Lisa a tratava como a uma filha; sempre estava em companhia de Lia; embora tivessem uma diferença razoável de idade, tornaram-se boas amigas. Nicole, com seu jeito primoroso, alegre, organizado era muito responsável. Sempre levava uma palavra de consolo, de amor e compreensão para

Lia e a mãe, quando estas estavam tristes. Nicole gostava muito de ler e frequentemente carregava um livro nas mãos. Já estava terminando o ensino fundamental II e era muito sensível e inteligente. Lisa, embora apreciasse a amizade dos filhos com a jovem, ficou bastante aliviada quando Henry foi estudar na capital, pois havia muito percebera um carinho mais que especial entre eles. Não gostava nem de pensar no que poderia acontecer caso os dois se envolvessem. Jamais seu marido permitiria qualquer tipo de compromisso entre Henry e Nicole. Um dia ele disse com arrogância:

— Lugar de empregado é lugar de empregado. Lisa, esses dois estão sempre muito juntos. Se algo acontecer, a responsabilidade será sua! Essa menina veio na condição de ajudá-la nos afazeres domésticos e já está até estudando! Concordei por insistência sua, pois não suportava mais suas lamúrias!

Nicole adorava ficar horas com Henry conversando sobre assuntos diversos. Trocavam ideias e compartilhavam os mesmos interesses, como, por exemplo, Espiritismo, que Jean odiava, dizendo que aquilo era tudo uma bobagem, coisa do demônio. Afirmava que quando as pessoas morriam tudo acabava, que, por essa razão, deviam deixar os mortos em seus lugares.

* * *

Patrick, com os pensamentos distantes, não percebeu a presença de Henry, que, assustado com a presença dele, tocou-o no ombro:

— Patrick... O que o trouxe aqui? Aconteceu alguma coisa?

— Acalme-se. Não aconteceu nada, vim a pedido da senhora sua mãe buscar notícias suas.

— Graças a Deus. Como ela está?

— Não se preocupe, está bem.

— Vamos entrar, assim podemos conversar mais à vontade.

Henry, muito gentil, entrou no prédio cumprimentando Joseph:

— Boa tarde, sr. Joseph. Este é Patrick, empregado de meu pai e meu amigo também.

— Já nos conhecemos.

— Que bom, a partir de hoje sempre que ele vier, peço-lhe por gentileza que o deixe entrar, pois é de total confiança.

— Sim, senhor. Peço desculpas por não tê-lo deixado entrar, eu só cumpro ordens.

— Está certíssimo, não o estou recriminando, apenas quero que saiba que se ele vier mais vezes e eu não estiver pode deixá-lo subir para o meu quarto.

— Sim, senhor, estou às ordens.

— Muito obrigado.

Henry e Patrick subiram dois lances de escada e entraram por um corredor onde havia vários quartos. As paredes eram pintadas de marfim e as portas de branco; simples, porém harmonioso.

— Meu quarto é logo ali à esquerda, é simples, mas você sempre será bem-vindo aqui. Vamos entrar — disse Henry gentilmente.

— Obrigado, senhor.

— Conte-me, como estão todos?

— Estão todos bem. Sua mãe me pediu que lhe trouxesse algumas roupas e doces de que gosta. Ah... E esse dinheiro é para o senhor também.

Henry pegou o envelope com o dinheiro e, preocupado, perguntou:

— E meu pai sabe que veio?

— Não, senhor. Saí bem cedo.

— Minha mãe não deveria ter tomado uma atitude desmedida como esta, não devia se indispor com meu pai por minha causa. Não quero que comente com minha mãe, mas já estou prestando alguns serviços para alguns dos meus professores.

— Serviço, senhor? O senhor não precisa disso!

— Patrick, fiz minha escolha, e tudo em nossa vida tem um preço. Se não quero aborrecer minha mãe por escolher esta profissão, tenho de aprender a me virar sozinho. Não é justo que eu saia de casa e não arque com as consequências.

— Acho que o senhor está certo. Quais serviços são esses?

— Limpo algumas salas, os laboratórios e até mesmo ajudo-os a organizar algumas aulas. Graças a Deus estou indo bem com meus estudos. Até alguns exames laboratoriais já faço para alguns médicos quando me solicitam!

— Que bom! E o senhor já recebe por esses exames?

— Claro que não. Mas é muito importante para mim, pois a cada dia aprendo mais, e é na prática que aprendemos.

— Mas se ainda não ganha com os exames, o que recebe?

— Recebo com a limpeza dos laboratórios. Não é muito; contudo, ajuda na compra dos livros. Às vezes também preparo algumas aulas para os professores que têm o tempo escasso. Além de aprender, recebo alguns trocados. Muitos médicos daqui trabalham para hospitais públicos e atendem os que não têm recursos financeiros. Esses hospitais são ótimos para recém-formados, pois lá aparecem patologias de toda natureza. Não vejo a hora de poder atender, deve ser muito bom prestar auxílio e ter a sensação de dever cumprido com o próximo e com Deus!

— O senhor acredita que exista um Deus? Às vezes, duvido disso.

— Mas é claro que acredito, Patrick! Prova disso é que existem médicos maravilhosos que se dispõem a trabalhar sem receber nada em troca. Se existem pessoas como eles, é porque existe evolução espiritual e cada um contribui com o que tem. Todo tipo de trabalho voluntário prova isso.

— Às vezes, não compreendo o que o senhor quer dizer.

— Um dia terá oportunidade de saber com mais clareza o que quero dizer. Ou melhor, no que acredito sem sombra de dúvida.

— Sua irmã sempre diz que o senhor é diferente dos rapazes de sua idade, que por muitas vezes se assusta com tamanha sabedoria e, ao mesmo tempo, com a humildade que o senhor demonstra para com as pessoas. Como explica tanta sabedoria, se tem tão pouca idade?

— Quem me dera, Patrick. Ainda tenho muito o que aprender. Meu caminho é muito longo, mas tento me orientar, leio muito e procuro usar o que Deus nos ofereceu de melhor, que é o "raciocínio". Ah... E o mais importante, colocar em prática o que estudo e acredito.

— E o que o senhor estuda para ter essa certeza?

— Os livros que ensinam sobre Espiritismo.

— O senhor está falando de espíritos?

— Sim. Por que o espanto?

— Sempre ouvi dizer que a igreja católica repele quem é dado a essas seitas. Dizem que é coisa de bruxos.

Henry gargalhou sonoramente por alguns instantes:

— Do que está rindo, senhor?

— Desculpe, mas essa foi muito boa. O tempo da Inquisição já acabou há muito tempo... É até irônico o que vou dizer, mas você sabia que o responsável pela difusão do Espiritismo nasceu aqui em nosso país?

Patrick, assustado, apenas balançou a cabeça negativamente, e Henry concluiu:

— Pois é, meu caro, o codificador da doutrina espírita nasceu na cidade de Lyon, em nosso país, no dia 3 de outubro de 1804 e seu nome de batismo é Hyppolyte Léon Denizard Rivail. Foi ele o responsável pelas primeiras experiências com os fenômenos paranormais. Contudo, ele é mais conhecido como Allan Kardec[*].

— O senhor disse Inquisição?

— Sim, Inquisição era um tribunal eclesiástico destinado a defender a fé católica, que perseguia e condenava suspeitos

---

[*] Allan Kardec é o codificador de cinco obras básicas do Espiritismo: *O Evangelho Segundo o Espiritismo*, *O Livro dos Espíritos*, *O Livro dos Médiuns*, *O Céu e o Inferno* e *A Gênese* (Nota da Edição).

de praticar heresia, bruxaria e quaisquer manifestações contrária ao catolicismo. Desde muito pequeno, ainda garoto, identifiquei-me com a doutrina espírita e sempre que vinha a Paris com o meu pai comprava vários livros, às escondidas, claro! E até hoje me mantenho informado sobre o Espiritismo. Existem ótimos livros, mas meu pai amaldiçoa todos eles. Quanto mais eu me aprofundo, mais tenho sede de saber. Patrick, entenda uma coisa: Deus, nosso Pai, deu-nos a inteligência para ser desenvolvida e treinada — é claro que para o bem da humanidade. Do que nos adianta nascermos perfeitos e inteligentes se não usarmos isso para a evolução da humanidade? Temos de estudar, trabalhar dia após dia para suprir as necessidades do aqui e agora que nosso corpo físico necessita para sobreviver e ter uma vida digna? Precisamos constituir uma família? Ter filhos? E sustentá-los da melhor maneira possível? Sim. Contudo, o mais importante é educar nossos filhos com princípios de moral e respeito para que caminhem rumo a um bem comum contribuindo com a evolução da humanidade, em que a igualdade deve prevalecer.

Patrick silenciou embevecido e ao mesmo tempo admirado por ouvir um jovem tão instruído nas leis de Deus.

— Espero que tenha entendido — concluiu Henry uma vez que o moço permanecia calado. — Se um dia se interessar pela doutrina espírita, procure-me, tenho bons livros. Bem, Patrick, meu tempo está acabando, preciso retornar aos meus estudos.

Patrick voltou de seus devaneios e de pronto se levantou:

— Também preciso ir embora, já tomei muito seu tempo, senhor. Sua mãe está me esperando ansiosa.

— Patrick, gostaria lhe fazer um pedido.

— Sim, senhor, faça.

— De hoje em diante me chame apenas de Henry, tire esse senhor do meio do caminho.

— Sim, senhor... Quer dizer, sim, Henry.

— Assim será melhor, afinal de contas podemos ser bons amigos.

Henry também se levantou e saiu com Patrick bastante atrasado.

— Faça boa viagem e diga a minha mãe que não se preocupe comigo, estou muitíssimo bem. Diga a ela que apenas me mande notícias — Henry abraçou Patrick com carinho.

— E peça à sua irmã que leia os livros que lhe deixei, além de fazer-lhe bem, vai confortar sua alma.

— Pode deixar, darei o recado.

Patrick tirou um papel do bolso e entregou a Henry.

— Desculpe, Henry, mas tenho uma cartinha de minha irmã para você. Disse a ela que você, com toda certeza, é muito ocupado e não tem tempo para essas bobagens, mas acabei me rendendo a seu pedido.

Henry pegou o papel na mão e muito gentil respondeu:

— Que é isso, Patrick? Não tem do que se desculpar. Para falar a verdade fico muito feliz que ela tenha se lembrado de mim. Sinto muita falta de todos vocês, e é sempre bom nos falarmos, mesmo que seja por meio de uma carta.

Henry colocou o papel no meio de um dos livros e seguiu para seu curso. Patrick pegou o trem rumo a Versalhes.

Capítulo 2
Uma conversa com Village

Aquele dia foi muito desgastante para Henry, que, após as aulas, ainda ajudou o dr. Village a fazer alguns exames. O professor o achava apto para tal tarefa, o que era muito bom para ele. Sua dedicação às aulas era proveitosa, e ele, o doutor e professor Village, orgulhava-se de Henry, a ponto de discutirem alguns diagnósticos.

— Parabéns, Henry. Estou muito orgulhoso de você.

— Obrigado, doutor, seu elogio me soa como uma bênção.

— A opinião não é só minha, mas de todos os outros médicos. Estamos muito contentes com seu desempenho. Uma bênção, meu jovem, é ter aluno como você, que gosta do que faz. Você não é como muitos, que estudam Medicina pela imposição dos pais e levam o título de doutor em um mero crachá,

aproveitando a posição para conseguirem vantagens. Estudar Medicina tem de estar na alma. Só assim cuidaremos dos nossos pacientes com o amor e a dedicação que merecem. A alma possui grande sabedoria que ela própria desconhece.

— Não sabia que o doutor cultivava pensamentos salutares e convincentes! É por esse motivo que seus pacientes lhes são fiéis e preferem esperar a ter de passar com outro profissional.

— As pessoas adoecem e eu entendo disso. Contudo, sei também que por muitas vezes é um grande alerta da alma pedindo socorro.

— Eu partilho dos mesmos pensamentos. Pena que muitas vezes não damos importância ao pedido de socorro; e quando nos damos conta deparamos com enfermidades de várias origens em nosso organismo. Acabamos nos entregando ao desalinho e abrindo as portas para desequilíbrios e vícios que se alojam cruelmente, nutrindo sentimentos de injustiçados perante Deus.

— E o que devemos fazer para não nutrir esses sentimentos responsáveis por amargurar nossa verdadeira vida, que é a alma? — perguntou o médico para o estudante, tentando descobrir até aonde ia aquele raciocínio tão impróprio para um ser ainda cheirando a leite.

— Bem... No meu humilde entendimento devemos estar, em primeiro lugar, em comunhão com o nosso Criador, que é poder e bondade e rege nossos caminhos, dando-nos muitas oportunidades de entendimento e consequentemente evolução. Depois, temos de cuidar da parte espiritual como cuidamos de nosso corpo físico. Basta dedicarmos alguns minutos ao recolhimento e elevarmos nossos mais sinceros pensamentos em prece aos nossos mentores ou anjos guardiões, como queira chamá-los. É uma salutar higienização para nossa alma captar boas vibrações, tornando-se assim uma prática de rotina.

— De onde tirou todos esses pensamentos? Não foi das aulas de Medicina, foi?

— Ah... dr. Village, claro que não. Se fosse, seria a oitava maravilha do mundo! Aprendi nos livros que procuro estudar diariamente. Desde muito pequeno interessei-me pela doutrina espírita. E tenho muita convicção de que ela ainda caminhará com a ciência.

— No que se baseia para tal pensamento?

— Partindo do ponto em discussão e acreditando que temos uma força maior regendo todo o universo, é fato que não estamos sozinhos. Pergunto ao senhor: por que nascemos aqui no planeta Terra? E vou mais longe... Por que existem as diferenças entre as classes sociais? Por que alguns nascem com defeitos físicos? Por que tantas desavenças entre os povos? Seria porque alguns merecem e outros não? Ou porque sou melhor que outros? Com certeza lhe afirmo que não é nada disso. Essa força vibratória, ou Deus, como queira chamar, é egoísta e injusta com seus filhos? Afirmo-lhe mais uma vez que não... Digo-lhe que é bem o contrário: Deus é poder e bondade, e em sua infinita bondade nos dá a oportunidade da reencarnação para que possamos reparar erros não só de nós mesmos, mas de um todo. Porque somos um todo. Somos iguais perante o Criador.

Dr. Village, em silêncio, prestava atenção no jovem. Durante toda sua carreira como médico, nunca havia deparado com nada semelhante. E depois de longos instantes se manifestou:

— Nossa! Ficaria horas aqui ouvindo-o!

Henry, consultando o relógio, espantou-se:

— Já passa das nove e meia da noite! A conversa está tão prazerosa que nem nos demos conta do horário!

— É verdade, Henry. É melhor irmos descansar.

— Quer dizer, o senhor vai embora, porque eu continuarei aqui.

— É mesmo. Às vezes me esqueço de que mora aqui na faculdade. Henry, gostaria de lhe fazer um convite. Sei que é muito dedicado e ocupado, mas gostaria muito que fosse à minha casa qualquer dia desses. Minha esposa Françoise apreciaria muito sua companhia. E também poderíamos dar continuidade a esse assunto; confesso que fiquei intrigado. E quando desponta esse tipo de sentimento em mim, quero sempre saber mais.

— Por isso não, doutor, está combinado. Pode ter certeza de que seu convite já está aceito. Mesmo porque possuo muitos defeitos, mas não sou orgulhoso!

Village sorriu e estendeu a mão para se despedir do jovem estudante.

* * *

Quando Henry chegou ao seu quarto passava das dez horas. Estava cansado e sem fome. Tomou um banho, pegou alguns biscoitos que a mãe lhe mandara e se deitou na cama. Seus pensamentos não davam trégua: "Quanta saudade sinto da minha mãe e da minha irmã!".

Já estava fora de casa havia mais de um ano. Seu coração se encontrava melancólico pela situação de desavença em sua casa: "Por que meu pai é tão ignorante? Por que nunca se reunia com a família para uma boa palestra? Por que maltratava tanto minha mãe? Nunca concordava com o que ela dizia. Nos negócios então... Sem comentários. Humilhava-a sempre que podia". Henry muitas vezes cobrava-lhe uma atitude: "Por que a senhora não vai embora daqui? Sei que tem recursos para isso. Vá viver sua vida em paz, em outro lugar". Ela, tentando controlar suas emoções, dava as mesmas desculpas de sempre: "Não posso, meu filho, seu pai precisa de mim e depois, com certeza, ele me encontraria até no fim do mundo se preciso fosse! Ah, meu querido, eu o amo muito, mas não se preocupe comigo, não vale a pena...".

Henry não se conformava, sentia que havia algo que a incomodava. Mas o quê? O jovem pensava em muitas possibilidades, porém não conseguia respostas para tanto rancor na alma do pai. Lembrou-se da irmã. O pai gostava de Lia, ele tinha certeza... Não era do feitio do pai demonstrar amor ou carinho, pois em sua opinião tinha de haver apenas respeito, mas era notável o amor que nutria por Lia. A um sinal de seus desejos, estava sempre pronto para servi-la. Era raro Jean acompanhar a filha às compras, mas dava ordens a seu mais fiel empregado, Michael, para acompanhá-la; e ainda o obrigava a esperá-la o tempo que fosse necessário. "Meu Deus... Por que essa diferença gritante entre nós três?". O jovem estava exausto em procurar uma resposta para tanta mágoa e rancor que nutria pelo pai. Mas em seus muitos pensamentos disse para si mesmo: "Um dia ainda vou descobrir... Por hora, só me resta treinar a paciência". Henry se acomodou melhor em sua cama e tentou relaxar, mas se lembrou da carta de Nicole e deu um pulo da cama, abrindo o livro em que a havia guardado. Começou a ler:

Querido Henry,

Espero que quando estiver lendo estas linhas esteja bem. Já terminei o romance que você me deixou. Adorei...

Sinto muita falta de você; sua companhia fazia bem à minha alma. Faço sempre minhas orações e peço que Deus o ilumine, porque sei que no futuro bem próximo será um ótimo médico como sempre desejou... Lembro-me sempre dos passeios que dávamos por entre as parreiras de uvas, dos passeios a cavalo e, principalmente, das longas horas que ficávamos conversando na varanda, rindo das palhaçadas que fazia. Seu humor era contagiante... Sinto um aperto imenso no coração; às vezes, penso que não vou aguentar tanta saudade. Já pensei por muitas vezes largar tudo aqui e ir ao seu encontro. Não quero que se zangue comigo, mas preciso lhe confessar o que vai em minha alma. Sei que nunca passou em seus pensamentos qualquer outro sentimento que não fosse de irmão. Mas depois que você foi embora para a capital, tive certeza de meus sentimentos. E confesso sentir um grande amor por você. Amo-o mais que tudo em minha vida. Não espero nada de sua parte, tampouco cobrar reciprocidade. Apenas quis ser sincera comigo mesma e resolvi lhe escrever e falar dos meus senti-

mentos. Perdoe-me e, sinceramente, espero que um dia possa voltar a vê-lo. Seu sorriso é a imagem que guardarei por toda a eternidade.

Um grande abraço de sua Nicole.

Quando Henry terminou de ler a carta estava emotivo, pois sabia que o conteúdo era a mais pura verdade e que sua alma partilhava do mesmo sentimento. Mas nunca deu a oportunidade para Nicole se declarar, pois ambos eram muito jovens. Henry confiou na distância e tinha absoluta certeza de que assim que fosse a Paris o coração de Nicole estaria mais calmo. Mas lendo a carta sentiu que nada mudara entre eles, que o amor que sentiam ainda permanecia latente.

Henry dobrou a carta, colocou-a sobre o peito e apertou-a com as mãos soltando um profundo suspiro que o sufocava havia muito tempo:

— Ah, mestre Jesus, peço que me guarde e abrande esse amor que sufoca minha alma. Sustente-me com sua benéfica sabedoria. Confio em você...

Assim, Henry adormeceu. Sonhou que estava em uma pequena casa, iluminada pela luz do sol. Sentia-se feliz. Aos poucos, as imagens se intensificaram, ele olhou pela janela e viu uma linda jovem cuidando do pequeno jardim rodeado de flores. Firmou seus olhos para ver quem era ela, que sorria feliz em sua direção. Contudo, por mais que se esforçasse não conseguia se aproximar da janela. Num repente, olhou para baixo e deparou com uma triste realidade: ele estava imobilizado numa cadeira de rodas. Seu coração disparou em lamentável desespero, e ele soltou um grito apavorante.

Henry acordou se debatendo, suando frio e com as vestes molhadas. Rapidamente ele se sentou na cama e depois de alguns segundos percebeu que estava em seu quarto. Olhou à sua volta e disse:

— Ah... Graças a Deus foi apenas um pesadelo.

Henry se levantou com o corpo ainda a vibrar pela nítida realidade que vivera havia poucos instantes. Para ele pareceu-lhe muito real. Tomou um copo com água e voltou a sentar-se. Ele não era de se deixar levar pela emoção, conseguia manter o controle de tudo em sua vida. Dizia sempre que a emoção não era bom conselheiro. Em sua conduta de vida, talvez aprendera a ser mais frio e racional e não era qualquer fato que o abalava. Lágrimas quase não faziam parte da vida dele. Henry crescera entre o amor e o carinho da mãe e a hostilidade e indiferença do pai. Desde muito pequeno, presenciou muitas brigas e discórdia em seu lar e, quando começou a entender que era alguém, desprezou totalmente sentimentos que pudessem melindrar sua coerência, seu bom-senso e seu lado racional. Em todas as situações dava vez para a razão e nunca para o coração. Aprendera que assim erraria e falharia menos. O jovem estudante serenou completamente sua alma e fez fervorosa prece. Era assim que desde tenra idade aprendera e treinara os sentimentos com o auxílio de um amigo do invisível.

— Senhor, Pai de misericórdia, entrego-me neste momento ao recolhimento necessário para que minhas súplicas e preces sejam merecedoras de Sua atenção. Por favor, Pai celestial, não deixe que eu caia em desalinho e vibrações negativas, pois confio plenamente em seu poder e bondade...

Henry nem bem concluiu suas rogativas e já sentiu a presença de um amigo amparador.

— Calma, meu caro amigo Henry, foi apenas um sonho...

— Sim... Mas foi muito real. Vi nitidamente tudo como o estou vendo agora. Aquela casa, as minhas pernas! Eu estava impossibilitado de me locomover, usava uma cadeira de rodas! Eu era paraplégico!

— Meu amigo, como pode se desesperar tanto com essas cenas? Você é um estudioso dos desígnios de Jesus.

— Mas o que está acontecendo?

— Henry, ore para não perder a paciência e a perseverança. Tudo acontece a seu tempo. Confie em nosso mestre Jesus, não deixe que sua fé seja abalada, pois logo tudo será esclarecido. Não queira saber o que ainda não lhe pertence. Tudo tem o seu momento, o amadurecimento. Vamos nos entregar à oração e pedir auxílio ao plano espiritual para repousar. Amanhã terá um dia cheio de estudo e trabalho, e é preciso que esteja bem-disposto. Não se aflija, estarei sempre ao seu lado.

— Perdoe-me por minhas fraquezas.

— Agora, feche os olhos e eleve os pensamentos aos mais puros sentimentos de amor, igualdade e fé no mestre Jesus.

Conforme o amigo espiritual falava, Henry acompanhava, deixando que as bênçãos positivas penetrassem em sua fronte como um bálsamo regenerador. Ao término da edificante prece, Henry adormeceu.

Capítulo 3
Um ataque de fúria

Patrick entrou pelo fundo da casa e encontrou Julliete na cozinha.

— Bom dia, Julliete!

— Bom dia, Patrick.

— Você sabe se lady Lisa já se levantou?

Julliete se aproximou de Patrick e cochichou:

— Já sim, acabou de tomar café, ela o está esperando no escritório. Parece muito aflita por notícias de Henry.

— Então vou falar com ela.

Patrick bateu na porta e entrou.

— Com licença, senhora. Posso entrar?

— Entre, Patrick — disse Lisa aflita por notícias. — Como está meu filho?

— Muito bem, apenas sente muitas saudades da senhora.

— Ah... Graças a Deus... Fico aliviada por saber que ele se encontra bem. Mas, diga-me, entregou-lhe o dinheiro?

— Sim, senhora. Fiz tudo direitinho, como me pediu.

Estavam tão entretidos falando sobre Henry que nem se deram conta de que Jean estava atrás da porta escutando tudo. Num repente, ele entrou de supetão aos berros:

— Ah... Então é assim que Patrick foi buscar algumas encomendas de Lia? Vocês estão de conchavo nas minhas costas?

— Não, senhor Jean... Posso explicar — interveio Patrick nervoso.

— Já sabia que era um inútil, mas traidor... Como pôde deixar suas obrigações e prestar esse tipo de favor à Lisa?

— Mas senhor...

— Cale a boca, seu inútil. E saia já de minha casa. Acerto minhas contas com você depois!

— Mas, senhor...

Jean, muito furioso, não deixou que Patrick concluísse seu raciocínio, interrompendo-o:

— Já disse para sair imediatamente de minha casa!

— Vá, Patrick, pelo amor de Deus!

Patrick atendeu Lisa, mas não fechou a porta. Temia pela patroa.

— Agora é com você, Lisa... Vai se ver comigo, sua traidora.

— Mas, Jean...

— Lisa, não abra a boca — interrompeu Jean com as têmporas em brasa. — Não pense que vai me ludibriar com suas lamúrias. Ouvi muito bem que mandou Patrick a Paris levar dinheiro para seu filho!

— *Nosso* filho, Jean... *Nosso* filho!

— Não, Lisa, seu filho; um ingrato.

— Não fale assim, Jean. Henry é um rapaz tão bom para nós, sempre esteve ao seu lado em todas as situações, sempre o ajudou no que pôde e fez de tudo para agradar-lhe!

— Não fale mais nada, Lisa. Senão vou perder a cabeça e falar o que penso.

— O senhor quer saber o que penso do senhor também? Quer?

— Lisa, não me provoque, estou avisando-a.

— Quer saber, Jean? Agradeço todos os dias por Henry ter-se livrado de um carrasco como você!

— Cale a boca, sua vagabunda — gritou Jean enlouquecido.

— Não calo. E quer saber? Deus é generoso e sabe o que faz. Você não merece um filho como ele!

Jean estava muito bravo. A esposa nunca o havia enfrentado daquela maneira. Ele, irônico, foi mais fundo:

— Ainda bem que dei cabo da vida de Louis. O infeliz deve estar no quinto dos infernos. Como pude ser tão burro? Bem debaixo das minhas barbas! — Jean se aproximou bem perto da esposa e, fixando seu olhar, disse aos berros e com ar triunfante: — Sabe o que me deixa mais feliz ainda, Lisa? — Jean segurou o rosto da esposa com força e disse: — E com a honra lavada? Lembrar-me de seus olhos arregalados em pânico quando apontei a arma na cara daquele desgraçado e atirei. O safado está onde merece!

Lisa, com muito medo do marido, chorava sem parar e, com a voz entrecortada, pedia:

— Pare, Jean, pare, por favor.

— Pede-me para parar? Vou infernizá-la até meu último suspiro, não vou lhe dar paz nem depois de morto. Pensa que não percebo que até hoje sofre pelo defunto? Pensa que não sei que amava aquele traste?

A ira tomou conta de Jean. Dois vultos escuros se aproximaram, envolvendo-o. Tomado pelas forças maléficas, o homem começou a apertar o pescoço da esposa com toda a força, como um ser animalesco, demonstrando nitidamente a raiva que consumia seu ser. Lisa, apavorada, começou a gritar para que ele parasse. Patrick, que estava à espreita entrou com Lia e Julliete no escritório. Lisa desfaleceu:

— Pai! O que fez com minha mãe? O senhor é um monstro! Eu o odeio.

Jean só caiu em si quando Lia, assustada, debruçou-se sobre a mãe.

— Filha, perdoe-me, sua mãe foi culpada! — disse Jean tentando abraçá-la, em vão.

— Tire suas mãos de cima de mim! — gritou a filha em desespero.

— Você não compreende? Ela é culpada por tudo.

— Pai, não sei quem tem razão, mas nada justifica tanta brutalidade! O senhor não tem o direito de tratá-la assim! — disse Lia arrasada.

Jean, perplexo pelas palavras da filha, não quis forçar a situação e saiu envergonhado.

POR TODA A MINHA VIDA

— Patrick, por favor, ajude-me a colocar minha mãe deitada.

Lia não conseguia parar de chorar. Já havia presenciado algumas discussões, mas nenhuma comparada àquela.

— Julliete, por favor, chame o dr. Jardel imediatamente.

Julliete saiu às pressas atendendo ao pedido da jovem. Aos poucos, Lisa recobrou os sentidos. Lia e Patrick permaneceram ao seu lado.

— Minha filha...

— Fique calma, mamãe, não se levante, descanse mais um pouco. Logo o dr. Jardel estará aqui.

— Não é preciso, minha filha, já estou bem.

— Senhora, é melhor aguardar, fique quietinha até o dr. Jardel chegar — pronunciou-se Patrick preocupado.

Assim que o médico chegou, de pronto perguntou:

— O que houve, Lia?

— Não sei ao certo, mas meu pai quase matou minha mãe. Foi horrível, doutor.

Jardel pegou um comprimido na frasqueira e pediu que Julliete ajudasse Lia a tomar, pois ela se encontrava totalmente descontrolada. Em seguida, pediu que os três saíssem para que ele pudesse examinar Lisa.

— Mas, doutor, minha mãe vai ficar bem?

— Fique tranquila, querida Lia. Ela vai ficar bem.

Julliete saiu com os jovens, e o médico examinou Lisa com carinho.

— Isso não é nada, vai ficar alguns dias com dores e alguns hematomas, mas nada que abale sua saúde.

Jardel deu-lhe um remédio para que relaxasse e pediu que tomasse por alguns dias arnica diluída em água para os hematomas. O médico gentilmente esperou alguns instantes para que Lisa serenasse do susto.

— O senhor não suporta mais vir me socorrer, não é mesmo?

— Fique tranquila, enquanto precisar de mim estarei ao seu lado. Espero sinceramente que esse corpo frágil ainda resista a tantas mazelas.

Lisa se chocou com as palavras severas do médico, mas sabia que ele tinha seus motivos.

— Como se sente?

— Mais calma.

Envergonhada, ela suspirou profundamente como se quisesse aliviar sua alma amargurada. Sem rodeios, narrou tudo o que havia acontecido. Jardel a ouviu atentamente e ao final comentou:

— Sinto muito por tudo; não há mais argumentos em meu repertório para convencê-la de que Jean não vai esquecer o passado. Ele se tornou um homem rancoroso. O ódio tomou conta de seu coração.

— Mas, doutor, já faz tanto tempo! Eu assumi meus erros, mas Henry não tem nada ver com isso. — Lisa silenciou por alguns segundos sentindo a amargura pulsar em sua alma; depois concluiu: — Tenho muito medo desse sentimento cruel que aumenta a cada dia. Sinto que ele vai se vingar do meu filho por meu intermédio.

— Não pense assim, minha amiga, esses pensamentos só vão atrair más energias. Procure orar e confiar em Deus.

Tudo aconteceu exatamente como tinha de acontecer. Saiba que nada em nosso caminho acontece ao acaso ou por mera coincidência. Uma folha não cai de uma árvore se Deus não permitir.

— É muito bonito tudo o que diz, mas não alivia meu passado. Vivo com esse tormento todos os dias de minha vida. Meu consolo é que Henry é um filho maravilhoso. Sabe, doutor, agradeço a Deus por Henry ter escolhido cursar Medicina. Assim, foi obrigado a se dedicar em tempo integral, e a profissão preenche todo o seu tempo, não o obrigando a conviver conosco. Sinto sua falta, mas é melhor viver longe do que aqui, rodeado pelo ódio e pela indiferença do pai.

— É, Lisa, Deus escreve certo por linhas tortas. É um grande orgulho ter um filho como Henry. É notável sua sensibilidade para com as pessoas. Ele é um rapaz diferente; eu diria especial. Sua alma está muito mais à frente do que imaginamos.

— Acho que escolheu a profissão certa — disse Lisa com orgulho.

— Não, Lisa, a profissão que escolheu e está preparando a candidato certo.

— Acha mesmo? Sinto até meu coração inflar de orgulho.

— É, Lisa, tem de ter orgulho mesmo... Recordo-me como se fosse hoje. Quando Henry nasceu, senti que veio para ser vitorioso, um homem de bem. É uma profissão desgastante, porém recompensadora. Quando conversávamos, sua alma, já preparada, transmitia-me força e garra para ver um mundo melhor. Seus olhos brilhavam quando dizia que seria um colaborador de Jesus, que sua missão era cuidar dos irmãos enquanto estivessem cumprindo suas provas neste mundo.

Lia, acompanhada de Julliete, bateu na porta interrompendo-os.

— Posso entrar?

— Sim, minha querida, você é sempre bem-vinda!...

— Doutor, como ela está?

— Não se preocupe, minha querida, não foi nada, sua mãe só precisa de um pouco de descanso, leve-a para o quarto. Daqui a algumas horas ela estará em plena forma.

Jardel passou as últimas recomendações e se despediu:

— Bem, se precisarem de mim, podem me chamar a qualquer hora.

Julliete o acompanhou até a saída da residência.

Capítulo 4
O AMOR FALA MAIS ALTO

Em outro canto da Quinta dos Vinhos, como era chamada a empresa da família, Jean estava bufando igual a um animal e pisando duro. Desnorteado, montou no cavalo e saiu em disparada. Passou pela vila em que moravam os empregados cavalgando velozmente. Assim que chegou diante da casa de Pierre gritou enfurecido:

— Patrick, apareça!

— Pronto, sr. Jean. O que aconteceu?

— Quero falar com seu filho agora!

— Ele não está, senhor.

— Aonde foi? Aposto que sumiu para não me dar conta de sua traição.

Marietta, assustada e querendo ser útil, respondeu:

— Se o senhor precisa de alguma coisa, Pierre pode servi-lo, senhor.

— Eu não quero nada com esse velho imprestável, quero seu filho!

— Mas ele não está!

— Escute aqui, sra. Marietta, preste bem atenção que direi uma vez só: quem não está comigo, está contra mim; portanto, diga a seu filho que pegue suas tralhas e vá embora ainda hoje. Não quero vê-lo mais em minhas terras. Entendeu?

— Mas, senhor, ele vai para onde? Nasceu e foi criado aqui. Não tem para onde ir, senhor!

— Não me importa aonde ele vai, de hoje em diante não viverá mais aqui nem trabalhará para mim. E diga a ele que nunca mais coloque os pés nestas terras!

Jean, sem rodeio, virou-se e saiu em disparada. Ao longe, Patrick o avistou, mas não quis se indispor com ele. Sabia que seu caminho naquelas terras chegara ao fim. Esperou que o patrão fosse embora e foi conversar com os pais. Quando chegou, encontrou a mãe chorando. Aproximou-se silenciosamente e com carinho comentou:

— Não chore, minha mãe. Não fique triste.

— Como não, meu filho? O sr. Jean o expulsou daqui.

— Não tem importância, sabia que um dia isso aconteceria. É melhor assim. Procurarei outro trabalho. Quem sabe não começo a trabalhar em outras quintas? Só não quero vê-la sofrendo. Cuide-se e cuide do pai, assim que eu conseguir me estabilizar virei buscá-los e Nicole. Não se entristeça, se isso aconteceu é porque tinha de ser assim, como já dizia Henry.

— Como assim, meu filho? O menino Henry pensava assim?

— Não exatamente, minha mãe, mas me ensinou que nada acontece por acaso, que não existe acaso e que sempre haverá um propósito em nosso caminho. E sei que será melhor para mim. Confie, mãe, sei me guardar, não se preocupe.

Marietta não sabia se chorava ou se abraçava o filho. A dor da separação já era insuportável, mas não havia nada que pudesse mudar aquela história. Marietta já conhecia Jean o suficiente para saber que ele não voltaria atrás em sua decisão.

* * *

— Sua mãe está descansando, Lia?

— Sim, Julliete. Está dormindo como um anjo. Prepare uma sopa bem reforçada, e assim que ela acordar leve em seu quarto. Não quero que meu pai a encontre andando pela casa. Basta o que ele já aprontou.

— E ele não parou por aí, não, *mademoiselle*!

— Como assim, Julliete? O que quer dizer?

— A menina não sabe? Seu pai mandou Patrick embora. Quer dizer, expulsou-o daqui.

Sem que Julliete terminasse, Lia saiu correndo pelo campo até chegar à vila. Julliete foi atrás na tentativa de impedi-la. Mas foi em vão, Lia não lhe deu importância e continuou o percurso. A jovem corria a passos tão largos que tropeçou, caiu e machucou o joelho. Sem conseguir se levantar, ficou ali no chão batido de terra, toda suja e gemendo de dor.

— O que aconteceu, Lia? — perguntou Patrick que assistiu a tudo.

— Não foi nada, apenas...

— Apenas a senhorita vinha correndo como uma maluca quando perdeu o controle e se estatelou no chão, não foi? — os dois jovens riram sonoramente da situação.

— Venha, senhorita, vou cuidar de seu joelho.

Patrick a abraçou e pediu que ela se apoiasse nele. Embora não fosse um ferimento grave, sangrava um pouco. O coração de Lia disparou ao sentir o calor do corpo do jovem junto ao seu. Patrick sentiu as mesmas reações, mas procurou não demonstrar. Os olhos dos dois se cruzaram cheios de desejo. Lia o abraçou carinhosamente sem conter o que estava sentindo. Patrick, em silêncio, ponderou seus impulsos na tentativa de não ser atrevido e indelicado, mas havia muito amava Lia em segredo. A jovem, impetuosa, afrouxou o abraço para fixar os olhos em Patrick, que, aderindo ao vibrar dos sentidos que percorriam seu corpo juvenil, lhe deu um ardente beijo na boca.

— Lia, por favor, perdoe-me, não foi minha...

— Eu que lhe peço, por favor, não se desculpe pelo beijo, pois foi a maior e mais profunda emoção que já senti em toda a minha vida! Eu o amo, Patrick!

O jovem, sem esconder o que estava sentindo, beijou-a repetidas vezes. Depois de longos minutos de arroubos da paixão, Patrick se manifestou:

— Lia, eu também a amo muito, sempre a amei; porém sempre soube o meu lugar...

Lia pousou seus delicados dedos sobre os lábios de Patrick, não o deixando terminar os pensamentos.

— Não diga nada, também a mim faltou coragem de lhe dizer o que eu sentia.

— Abrace-me com força — disse Patrick, enquanto sentia sua alma em plena felicidade. De repente, voltando à realidade, ele se pronunciou: — Lia, não quero e não posso criar problemas a você e a sua mãe. Preciso partir.

Lia se entristeceu. Sabia que nada faria seu pai mudar de ideia, apesar de não saber com detalhes o que o havia levado a ser tão intolerante.

— Mas o que houve? Por que meu pai brigou com minha mãe e o expulsou daqui?

— Lia, é melhor deixar que sua mãe lhe explique, se assim quiser. O meu dever como empregado é acatar as ordens de seu pai.

Lia abaixou a cabeça deixando cair algumas lágrimas:

— Tem a ver com meu irmão, não tem?

— Não se entristeça, tudo será para melhor, tenho certeza. Logo estarei empregado e, se quer saber, foi bom tudo isso acontecer, pelo menos para nós dois.

— Por favor, Patrick, não me deixe! Henry foi embora e talvez nunca mais volte! Como ficarei sem vocês? E tem minha mãe, ela também não vai suportar!

— Como diz seu irmão, tudo tem um porquê em nosso caminho, nada é em vão.

A moça, passando as mãos no rosto e dissipando as lágrimas, disse eufórica:

— Já sei! Vá para a capital e procure meu irmão. Tenho certeza de que ele pode ajudá-lo!

— Não, Lia, não farei isso.

— Ah, vai sim! Não sei com detalhes o que houve, mas sei que meu irmão está metido nisso, portanto ele tem de ajudá-lo!

— Lia, você sabe que não é bem assim. Henry é bom e dedicado, não merece passar por mais aborrecimentos. Não farei o que está me pedindo. E não o culpe por um erro que não cometeu, pois você sabe tanto quanto eu que seu pai é ignorante!

— Desculpe, Patrick. Às vezes tenho muita raiva ao pensar que meu irmão nos abandonou.

— Eu sei, mas terá de ter paciência, pois sua mãe precisa muito de você.

— Eu sei que tem razão, meu pai é ignorante mesmo. Mas, por favor, deixe que eu escreva pelo menos uma carta para meu irmão contando-lhe o que está acontecendo? Tenho certeza de que ele terá lucidez para ajudá-lo. Ele gosta muito de você. Por favor...

— Está bem. Mas saiba que não aprovo essa ideia. Seu irmão é tão jovem ainda, não cabe a ele ajudar um marmanjo como eu.

Depois de muito discutirem, Patrick a levou para a casa dele e cuidou de seu joelho. Marietta ficou apavorada com a presença de Lia.

— Não se preocupe, mãe. Vou cuidar do machucado e em seguida ela irá embora.

— Não sei não, meu filho, mas se o sr. Jean a pegar aqui em casa... prepare-se para o pior.

— Não se preocupe, sra. Marietta. Assim que Patrick terminar o curativo, vou embora.

— Acho melhor, pois seu pai não é flor que se cheire!

— Mãe! — envergonhou-se o jovem.

Logo depois, Lia foi embora, e Patrick arrumou suas coisas. Combinaram de se encontrar na saída da fazenda. Na hora marcada, pontualmente, Lia entregou a carta que estava endereçada ao irmão e insistiu para que Patrick aceitasse algumas economias que havia guardado.

— Eu lhe agradeço muito a preocupação, mas não posso aceitar.

— Por que não? Este dinheiro há muito está guardado, não vou usá-lo!

— Não, Lia, não precisa. Também tenho um dinheiro aqui comigo.

— Por favor, não sei até quando ficará sem trabalho.

— Lia, se continuar insistindo vou me zangar e não vou procurar por seu irmão!

— Está bem, não quero que vá embora magoado. A única coisa que desejo neste momento é que não me esqueça.

Patrick gentilmente segurou as mãos de Lia e disse emocionado:

— Aconteça o que acontecer lhe prometo que jamais vou esquecê-la. Guarde meu amor em seu coração.

Lia o abraçou com força, deixando que algumas lágrimas descessem pelo rosto. Patrick a beijou pela última vez e pediu que ela cuidasse bem de seus pais e de sua irmã Nicole. Sem olhar para trás, ele foi ao encontro de seu destino.

Capítulo 5
Conhecendo o passado

Henry a cada dia estudava com mais dedicação. Suas notas eram excelentes. Era um jovem benquisto e muito solicitado pelos colegas de classe. Estava sempre disposto a ajudar. Sua dedicação era admirada por todos. Ele nunca dizia não e sempre dava um jeito de atender a todos. As garotas então... não só solicitavam ajuda como tinham dúvidas em tudo, só para ter sua atenção.

A disputa era acirrada, elas viviam suspirando pelos corredores com os mais íntimos pensamentos...

Henry notava o interesse das garotas, mas nunca se aproveitou delas. Tinha a atenção direcionada às matérias e, sempre gentil, desviava-se qualquer que fosse o interesse das garotas. Sempre se saía muito bem. O coração e o pensamento dele eram apenas para Nicole. Quando se lembrava da

carta dela, sentia que Nicole era o amor de sua vida, um misto de ternura e paz. Não sabia identificar com exatidão, mas muitas vezes sentia um medo enorme lhe invadindo o peito: "Por que, meu Deus, este medo de perdê-la, se nem a tenho? Como posso ter medo de algo que nem possuo? Ajude-me, meu anjo guardião! Deus, meu Pai, não me deixe desviar do meu destino, quero ter a certeza de que está comigo como um instrumento de seu amor e de sua caridade. Não me deixe abater, perder a fé, a força e a garra dos desígnios que deixou em prol da cura de um irmão. Que o destino que me confiou esteja sempre presente em minha alma, para que com o benéfico entendimento eu auxilie a humanidade e permita a sua cura".

Henry, em comunhão com as preces, que elevava ao Criador acabou adormecendo. Sonhou com a mesma casa, só que desta vez trabalhava com afinco em uma grande fazenda como peão de boiadeiro, levando a boiada dia e noite, noite e dia de um estado para outro. Januário, com o coração saudoso pela amada, mesmo antes de apear do cavalo gritava pelo nome de Rosa, desejoso por um forte abraço. Tinha como patrão, Germano, que era bom e compreensivo com os empregados. Confiava muito em Januário, seu braço direito, que, sob as ordens do patrão, cuidava de tudo em sua ausência, inclusive destinava as comitivas de peões, se fosse preciso.

Januário, rapaz trabalhador e cumpridor de todos os seus deveres, era respeitado por todos os outros peões. Às vezes, surgiam alguns desentendimentos com o irmão João, que vivia se lamentando e reclamando de tudo e de todos. Quando era convocado para alguma viagem, suas desculpas eram muitas, uma delas era afirmar que não estava se sentindo bem. Januário notava que o irmão fazia corpo mole. Estava sempre revoltado com detalhes inquestionáveis, por exemplo, dizia que só Januário era respeitado quando o patrão não estava e que ele, seu irmão, era quem comandava tudo e todos, quem mandava e desmandava. E o pior de tudo, o que o consumia era o amor que Rosa nutria por Januário. Por que o irmão tinha tudo e ele não tinha nada? Por que Rosa não enxergava que ele era forte, mais bonito e lhe dava todas as atenções? Ele estava sempre ali, à sua disposição, enquanto Januário só pensava em viajar e trabalhar. Seu sonho era um dia roubar-lhe o amor de Rosa.

Quanto mais João pensava, mais nutria ódio e rancor do irmão Januário. Esperto, ele não deixava transparecer os sentimentos sórdidos e cruéis de inveja e cobiça. Tinha de manter as aparências para dar continuidade ao seu plano de acabar com a felicidade que existia entre Januário e Rosa. Tinha de manter a confiança do irmão para com ele, mas pensava em armar uma boa para o sonso do irmão, como ele o definia. Aí, sim, Rosa seria dele!

Januário, por sua vez, era muito tolerante com o irmão, sempre que Germano lhe cobrava as tarefas que ele deixava por fazer. Januário se entristecia, pois amava muito João. Não entendia por que ele vivia reclamando e se lamentando, sem nunca cumprir seus deveres.

— Senhor Germano, por favor, tenha paciência, João é um moço bom e honesto. O senhor vai ver, ele é muito jovem ainda, mas logo vai amadurecer e melhorar, eu lhe prometo.

ALEXANDRE VILLAS | FÁTIMA ARNOLDE

— Não sei não, Januário, seu irmão não é dado ao trabalho, vive sentado debaixo das árvores fumando seu cigarrinho de palha e sonhando. Para tudo o que o mando fazer, ele faz cara feia. Qualquer dia desses perco a paciência e o mando embora.

— Por favor, patrão, não faça isso, vou ter uma prosa com ele, o senhor vai ver como ele vai melhorar.

— Quantas vezes o amigo já conversou com ele? Nunca mudou. Não gosto e não quero me meter em sua vida, pois tenho você como um filho, mas...

— Mas o quê, patrão?

— Não sei como explicar sem o ofender.

— Diga, senhor, posso entender, e depois o senhor nunca me ofende! Pelo contrário, patrão, sempre me ajuda em tudo!

— Mas o que tenho a lhe dizer... não sei se não vai magoá-lo.

— Por favor, diga logo, estou ficando aflito. O que o João aprontou? Se foi com o senhor não vou admitir...

— Não, Januário, não é comigo, mesmo porque não lhe dou intimidade. Quero distância dele. Desculpe, mas não confio em seu irmão! E acho que você também não deveria confiar!

— Do que o senhor está falando?

— Não sei, Januário, há algo nele que me soa falso. Há algo em seus olhos que não consigo definir o que é. Mas pode ter certeza, estou de olho nele e você também deveria.

— O senhor está me assustando! João é preguiçoso, teimoso, revoltado, mas não é ruim!

— Está bem, meu filho, não quero que fique preocupado com esse assunto, mas atento. Eu o estimo muito e jamais quero que haja desavenças entre nós. Pode ter certeza, prezo muito você!

Januário queria esquecer o assunto, mas ficou intrigado e pensou: "Isso é bobagem. Conversarei com ele, sei que me respeita e gosta de mim. Logo entrará nos eixos".

* * *

Henry assustou-se com as batidas na porta do seu quarto e foi atender:

— Patrick?! O que faz aqui?!

— Preciso falar com você, Henry. Como você autorizou, o porteiro deixou que eu subisse direto.

— Claro, entre.

Henry tirou alguns livros que estavam espalhados sobre a cama e, em seguida, disse:

— Sente-se, por favor.

Acomodando-se na cabeceira da cama, esperou que o jovem se pronunciasse. Patrick, meio sem jeito, pigarreou:

— Henry, antes de mais nada, gostaria que soubesse que só vim por insistência de sua irmã.

— Tudo bem. Acalme-se e me conte o que houve.

Patrick estava envergonhado e, com as mãos trêmulas, deu a carta para Henry ler:

Querido e amado irmão,

Desculpe-me por ter de lhe escrever, mas precisamos de sua ajuda, não temos mais ninguém a quem recorrer. Papai brigou com a mamãe, que precisou até ser medicada. Mas, tranquilize-se, pois o dr. Jardel já esteve aqui e mamãe está bem. Por conta do acontecido, papai expulsou Patrick. Depois ele vai lhe explicar melhor. Mas preciso de você e conto com sua ajuda, pois sei que é generoso. Peço que instale Patrick em algum lugar para morar e trabalhar; não acho justo que depois de tantos anos de convívio conosco ele fique jogado no mundo. Desesperei-me e sem saber como agir lembrei-me de você. Sei que estuda muito e não está tão bem como merece; contudo, mesmo assim lhe peço, pelo amor de Deus, que ajude Patrick, pois se acontecer alguma coisa, não vou me perdoar. Tenho-lhe muito amor, meu irmão, e confio muito em você.

Um forte abraço de sua irmã Lia.

Quando Henry terminou de ler a carta, sentiu que havia ocorrido algo por sua causa.

— Bem, Patrick, lamento muito, mas o que houve?

Patrick narrou o acontecido omitindo, é claro, o que não era para ele ter escutado atrás da porta.

— É isso, Henry, foi tudo o que aconteceu. Eu não queria incomodá-lo, já sei que tem muitos problemas, mas Lia, quer dizer, sua irmã, insistiu muito.

— Claro, Patrick, ela fez bem.

Preocupado, o estudante se levantou e tomou um pouco de água pensando em como ajudar Patrick. Percebeu que algo havia mudado entre sua irmã e ele, pois a conhecia como a palma de sua mão e sabia que aquele desespero todo não era apenas porque Patrick havia saído da fazenda, pois este era

POR TODA A MINHA VIDA

homem feito e com certeza arrumaria um jeito de sobreviver. Afinal, qualquer outra quinta o empregaria, pois nascera entre as uvas e os vinhos. Era mais que *expert* no assunto.

— Bem, Patrick, o que posso fazer por hora, é deixá-lo aqui em meu quarto. Ou então pode dar umas voltas pela cidade e ver se consegue algo. Vou tentar arrumar uma solução, mas não posso faltar às aulas.

— Com certeza, jamais deixaria que faltasse por minha causa.

— E você sabe, uma aula perdida e me dou muito mal.

— Não se preocupe comigo, eu me arranjo. Se quiser posso dar um jeito no seu quarto.

— Bem. Ocupe-se de alguma forma, pois ficar parado não é bom para a cabeça. Vou avisar o porteiro que ficará aqui. Tudo bem?

Henry tomou um banho rápido e enquanto se vestia fez mil perguntas a Patrick a respeito da mãe. Henry estava contrariado pelas atitudes insensatas que o pai tomara, sentia que alguém teria de brecá-lo.

— Quem ele pensa que é? Desta vez, meu pai extrapolou. Presenciei algumas brigas, mas nunca tão torpes quanto essa!

— Acalme-se, Henry. Vá para suas aulas, depois conversaremos melhor.

— E quem lhe disse que estou nervoso?

Patrick olhou assustado para Henry. A bem da verdade, o jovem nunca havia estado tão próximo do futuro médico, pois o achava muito sério e introspectivo para sua idade. Achava-o mesmo esquisito. Sem responder, continuou olhando-o assustado.

53

— Sei que me acha esquisito. Mas fique à vontade. Tenho de ir, até mais.

Henry saiu para alívio de Patrick.

"Minha nossa! Sempre o achei estranho, mas agora tenho certeza. Como ele sabia o que eu estava pensando? Credo, acho que não é normal mesmo!"

Henry não conseguia se concentrar nas aulas. A mãe vinha em seus pensamentos a toda hora. Ele estava preocupado: "Claro que aconteceu algo a mais, mas o quê, meu Deus?! Patrick está me escondendo alguma coisa! Não se expulsa um empregado só porque cumpriu ordens! Se bem que não é de se admirar, se meu pai expulsou um filho, por que não expulsaria um empregado?".

Village observou que Henry não estava concentrado nos estudos. Seus pensamentos estavam distantes da aula. Nunca havia visto o jovem tão abatido. Ao término da aula, Henry estava saindo com pressa quando foi abordado pelo professor.

— Henry, posso falar com você?

— É urgente, doutor? Eu preciso resolver um...

O médico não deixou que seu aluno terminasse o raciocínio.

— Achei-o muito disperso nas aulas, hoje. Posso ajudá-lo?

— Não, dr. Village. Obrigado.

— Mas nunca o vi tão abatido. Sabe que pode confiar em mim, não sabe?

Henry passou a mão pelos cabelos e completou:

— É... O senhor está certo, não estou bem.

— Quer conversar?

— Acho melhor não. Os problemas são meus, eu é que tenho de resolvê-los. Muito obrigado.

— Henry, você me disse há um tempo que não era orgulhoso. Lembro-me muito bem.

— E não sou mesmo, porém não quero incomodá-lo com meus problemas.

— Sinto muito. Mas vou insistir.

Henry deu um breve sorriso e respondeu:

— Acho que preciso de um ombro amigo.

Village esperou todos os alunos saírem da sala, depois sentou em uma carteira ao lado do aluno:

— Sou todo ouvidos...

— Sabe, doutor, meu pai é muito ignorante, desde que me conheço por gente ele maltrata minha mãe. Até que eu já estava habituado, pois sabia que ela podia contar comigo, eu podia protegê-la, mas agora, quem vai defendê-la? Agora que ingressei na faculdade contra a vontade dele, pois não era o que ele havia traçado para mim, está pior. Seu desprezo por mim é ainda maior.

O médico ficou com pena, mas procurou ser firme:

— Um pai nunca despreza um filho. Vai ver é o jeito dele.

— Para falar a verdade, acho que nunca gostou de mim, sempre conversou comigo somente o necessário. Para ser mais claro, só conversávamos por causa dos negócios. Fora isso, nunca esteve ao meu lado.

— Que tipo de negócios seu pai tem?

— É dono da Quinta dos Vinhos e fabrica um dos melhores vinhos que conheço.

— É mesmo? Qual é a marca?

— D'Moselisée...

— Quem diria, você é herdeiro da empresa que tem um dos melhores vinhos da França?!

Henry não sentia orgulho, pois só ele sabia o quanto o pai era mesquinho e avarento. O médico percebeu que Henry não se importava muito com a fama dos famosos vinhos do pai.

— De que adianta isso tudo, se meu pai é escravo do poder? Minha mãe e minha irmã não são felizes.

— Henry, não sei o que lhe falar. Está abatido, com razão.

— O pior o senhor não sabe. Patrick, um dos nossos empregados está nesse momento em meu quarto, a mando de minha irmã, esperando por mim. Não sei o que fazer.

— Desculpe, Henry, mas não estou entendendo. O que tem a ver os problemas de seus pais com esse moço?

Henry contou resumidamente o acontecido ao gentil médico, concluindo:

— Eu não sei o que fazer. Como arrumar um emprego para ele do dia para a noite? Não poderá ficar em meu quarto por muito tempo!

— Só para eu entender. Tudo isso está acontecendo só porque você não concordou com seu pai de cursar o que ele queria?

— Aí é que está... Patrick esconde algo, tenho a nítida certeza.

— Sem querer me intrometer, acho que está no caminho certo. Afinal, tudo isso não justifica o procedimento de seu pai. Contudo, acho que não deve se preocupar por enquanto.

Nervoso e abatido não vai descobrir nada. Talvez não seja o momento.

— Mas até quando meu pai continuará humilhando minha mãe? Temo por ela.

— Mas e sua irmã, como vê a situação?

— Embora esteja preocupada, é a única a quem meu pai ama. É Deus no céu e minha irmã na Terra.

— Menos mal, Henry, por hora é uma solução. Sua irmã vive em harmonia com sua mãe?

— Sim, plenamente, quanto a isso me sinto tranquilo.

— Então, acalme o coração, tudo vai ficar bem. Agora, quanto ao seu funcionário, o Patrick, eu posso ajudá-lo.

— Como, doutor?

Nosso motorista precisou ausentar-se por algum tempo e a vaga está aberta, só não vou lhe garantir que será definitivo, mas, por enquanto, se quiser e concordar pode trabalhar em minha casa e morar nas dependências com os outros funcionários. Não sei quanto ele ganhava com seu pai, mas garanto que será bem remunerado pelo serviço e, ao mesmo tempo, ficarei tranquilo, porque sei que posso confiar.

— Nossa, dr. Village não sei como lhe agradecer por essa oportunidade. Já estava preocupado só em pensar que Patrick está em apuros por minha causa!

— Desculpe a franqueza, mas não deve se culpar por nada. O que se deu foram apenas desencontros de opiniões. Divergências foram feitas para nos ajustarmos. Só isso.

— Mais uma vez obrigado, doutor. Ser-lhe-ei grato pelo resto de meus dias.

— Sem exageros, ele apenas vai substituir o meu motorista por algum tempo. Não é definitivo.

— Eu sei, doutor, mas pelo menos terei algum tempo para ver outro lugar em que ele possa trabalhar.

— Então, acalme-se. Por volta das oito horas da noite esperarei por vocês.

Henry respirou mais tranquilo. Village deu-lhe o endereço e com pontualidade Henry e Patrick chegaram à residência dele.

Capítulo 6
VERDADES

Lia estava muito preocupada com os últimos acontecimentos. Entrou no quarto da mãe em silêncio para não incomodá-la:

— Como está minha mãe? — perguntou a Nicole quase sussurrando.

— Não faça barulho, vamos conversar na sala ao lado.

Assim que se acomodaram, Nicole concluiu:

— Tem de ter calma, Lia. Sua mãe está tranquila. O remédio que o dr. Jardel lhe deu, a fez dormir. Havia muito não via a sra. Lisa dormir tão profundamente. Tente serenar seu coração. Como foi com meu irmão?

— Foi tudo bem. Primeiro Henry foi embora, agora Patrick, quando tudo vai terminar?

— Não adianta se entristecer. Pense positivo, tudo dará certo.

— Por mais que eu tente me acalmar, meus pensamentos acabam indo ao encontro de Henry e Patrick. Será que meu irmão receberá bem o seu?

— Claro, Lia. Não conhece seu irmão? Ele é uma pessoa generosa.

— Eu sei, mas não consigo parar de pensar. O que Henry vai pensar, meu Deus?!

— Eu confio plenamente em Henry, sei que tudo fará para ajudar Patrick, ainda mais com um pedido seu.

O silêncio se fez. Lia, com olhar distante, olhava para um ponto qualquer com as emoções a correr-lhe pelo corpo.

— Nicole, é capaz de guardar um segredo?

— Não sei por que ainda me faz uma pergunta como essa. Quando foi que traí sua confiança?

— Eu sei que já trocamos muitos segredos. Mas esse nem minha mãe poderá saber.

— Sabe que pode confiar em mim. Tenho em você os mesmos sentimentos que de uma irmã.

— Eu sei, Nicole, mas jure para mim.

Nicole cruzou os dedos sobre os lábios e prometeu que não contaria nada a ninguém.

— Há muito guardo um sentimento forte por seu irmão. Não sei como nem quando aconteceu, mas amo Patrick. Não vai dizer nada?

— Eu já sabia.

— Como? Está tão evidente assim?

— Não sei se está, mas a conheço muito bem, mais do que pode imaginar. Quando falamos de Patrick seus olhos brilham.

— Quem olha de fora pensa que sabe muitas coisas a meu respeito!

— E sei. Esquece que fui criada ao seu lado? Que há muito sua mãe me adotou como uma filha?

— Não me esqueci, eu sei que sua mãe e a minha disputam seu carinho e sua atenção.

— Não nascemos da mesma mãe e do mesmo pai, mas desde muito pequena aprendi a dividir meu amor entre minha família de sangue e minha família de coração. E isso fez com que eu conhecesse cada um de vocês.

— Ah, Nicole, que mania você tem de falar igual meu irmão! Não é nossa irmã biológica, porém compartilha das mesmas manias que Henry!

— Eu não compartilho das mesmas manias e sim dos mesmos valores, dos mesmos princípios. Sinto falta de Henry.

— Também, viviam grudados um no outro! E Henry deve sentir sua falta também.

— Será?

— Estou sentindo uma pontinha de insegurança.

— Insegura, eu? Que bobagem... Apenas tenho saudade. Você não tem? — questionou Nicole sem encarar a irmã de coração.

— Ei, calma, não quis ofendê-la.

— Eu sei, Lia. Desculpe. Deixe de dar voltas; fale logo que segredo é esse!

— Eu e Patrick nos beijamos! — Lia cochichou para que a mãe não escutasse.

— Não acredito! Eu estava achando que esse amor estivesse só no coração! — disse Nicole eufórica.

— Ah, que emoção! Foi a melhor emoção do mundo!

— Como é beijar quem se ama?

— É muito bom! É como se o mundo fosse só seu!

— Deve ser a melhor emoção do mundo!

Nicole, amável, abraçou Lia, que não se cansava de contar nos mínimos detalhes as cenas de amor que lembrava a todo o instante. De repente, as duas ouviram ruídos no quarto da mãe. Lisa despertara.

— Mãe, como está?

— A senhora já está bem? — completou Nicole ansiosa.

— Minhas queridas, claro que estou. E vocês, hein, o que estão fofocando?

— Ah, mamãe, ficamos na outra sala para não incomodá-la.

— Não largamos da senhora um só minuto — interveio Nicole.

— Eu amo muito vocês — Lisa segurou nas mãos das duas jovens. — Digam-me, cadê Jean?

Lia e Nicole se olharam por alguns segundos e não conseguiram responder.

— Eu fiz uma pergunta e estou esperando a resposta.

— Mãe, não é melhor deixarmos essa conversa para outra hora?

— Não acho. E penso que vocês duas são muito atrevidas querendo me enganar como fazem com as crianças. Vamos, estou esperando!

Lia manifestou-se:

— Está bem; vamos lhe contar. Mas a senhora promete que vai se alimentar? Julliete fez uma sopa ótima.

POR TODA A MINHA VIDA

— Lia, quem é a mãe aqui? Eu ou você?

— Perdoe-me...

— Então, vamos. Qual das duas vai começar?

— A senhora tem toda a razão. O sr. Jean está muito zangado. Despediu Patrick — começou Nicole.

— Despediu-o, não. Expulsou-o daqui — completou Lia magoada.

— Eu não posso acreditar no que estou ouvindo.

— Mas é a mais pura verdade, mamãe.

Lisa, sem que as duas tivessem tempo de segurá-la, levantou-se cambaleando de um lado para o outro em prantos.

— Calma, mamãe, já está tudo bem. Sente-se, a senhora precisa ser forte.

— Como pode estar tudo bem? Primeiro foi Henry, meu filho querido. Agora Patrick também? Eu o tenho como um filho. Isso nunca vai acabar?

Nicole não se conteve e começou a chorar, não só pela emoção da voz embargada de Lisa, mas por causa dos dois grandes amores de sua vida também.

— Mamãe, se a senhora não procurar acalmar-se encerramos o assunto por aqui e chamamos o dr. Jardel outra vez!

Nicole, diante do descontrole de Lisa, começou a orar, pedindo misericórdia ao Criador:

— Deus, Pai de infinita bondade, que neste momento o Senhor possa enviar-nos bons espíritos para nos socorrer. Muitas vezes, os caminhos são de espinhos e pedras, mas nos fortaleça com Sua infinita benevolência para que possamos equilibrar nosso caminho no bem e na perseverança. Que assim seja em Seu nome.

63

Conforme orava e rogava misericórdia divina a Deus e aos amigos do invisível, Lisa recobrou a paz e a harmonia. Naquele instante, um dos colaboradores de Jesus espalmou suas mãos sobre a cabeça de Lisa e, irradiando passes por todo seu corpo físico, disse: "Meu amor, não fique assim, estou diante de você para confortá-la. Eleve seus benéficos pensamentos a Jesus e permita que ele entre em seu coração e em sua alma. Que todos os seus medos e anseios se dissipem no universo sem fim e se transformem em benéficas energias para todo o planeta. Que Deus a guarde hoje e sempre. Que assim seja, meu Criador".

Lia não entendeu nada do que se passava, mas ficou feliz em ver a mãe com o semblante sereno. Nicole agradeceu em pensamento e sentiu que tudo que Henry lhe ensinara, começava a ocorrer. Orar com a alma completamente livre era se fartar dos bálsamos que o mundo invisível providenciava com a mais pura e derradeira bênção de Jesus Cristo. Logo a paz entre as três mulheres se cumpriu.

— Graças a Deus a senhora está mais calma.

— Nessas horas é preciso serenar o coração e orar, Lia — interveio Nicole mais tranquila.

Lia olhou para Nicole, que transmitia confiança em seus olhos. Sentiu realmente que havia acontecido algo. Ia chamar a atenção dela por falar igual ao seu irmão, mas reconheceu em seus olhos a sinceridade dela. Suas súplicas valeram muito.

As três ficaram por longos instantes sentindo as energias benéficas da oração, até que Lisa quebrou o silêncio:

— Obrigada, Nicole, nunca ouvi palavras tão acolhedoras em toda minha vida, gostei muito.

— Quando sentimos que nos faltam as forças recorremos a Deus, que sempre nos brinda com o remédio necessário. Seu filho é maravilhoso e pela primeira vez coloquei em prática seus ensinamentos. Como ele diz, os mensageiros de luz vieram ao nosso encontro, tenho certeza disso. E para falar a verdade até eu estou me sentindo maravilhosamente bem. O que houve aqui não só foi de grande valia, como me serviu de prova. Henry sempre me alertou para as preces, mas eu nunca havia pedido com tanto fervor. De hoje em diante estarei sempre em comunhão com as obras que o menino Jesus nos ensinou. Vocês duas também deveriam agir assim. Principalmente você, Lia, que sempre achou que seu irmão não tinha mais o que fazer, que perdia tempo com coisas fúteis.

Nicole falava de Henry com entusiasmo. Para Lisa, definitivamente, não havia mais dúvidas do amor dela pelo seu filho. A afinidade entre eles era mais que evidente; a partir daquele dia deixaria nas mãos de Deus o destino deles. Só não deixou transparecer, pois achou que o tempo se encarregaria de tudo. Torcia para que Jean não soubesse de nada. Muito mais tranquila, ela perguntou:

— Agora que todas estamos mais calmas, vamos conversar sobre o seu irmão, Nicole.

Lia disse:

— Escrevi para Henry pedindo a ele que apoiasse Patrick. Que a senhora me perdoe, mamãe, não sei direito por que essa confusão toda, mas não seria justo deixar Patrick na rua da amargura.

— Calma, minha filha. Não estou zangada, tenho certeza de que seu irmão vai apoiá-lo. Embora...

— Embora o que, senhora Lisa?

Lisa carinhosamente passou as mãos nos cabelos da jovem e concluiu:

— Nicole, não gostaria que se magoasse com o que vou lhe dizer, mas é necessário.

— Pode dizer, senhora, claro que não vou me magoar.

— Não sei se Henry poderá fazer algo por seu irmão, ele praticamente é uma criança ainda, será que terá maturidade suficiente para toda essa responsabilidade que Lia jogou em suas costas? Henry é quem deveria contar conosco, não o contrário. Já basta o desprezo do pai e a ausência do aconchego do nosso lar. Não sei se ele terá forças para tal tarefa.

— Perdoe-me, senhora, mas preciso ser franca. Henry está acima de tudo o que viveu até agora: mesquinhez, egoísmo, intolerância e falta de amor do pai. Ele é diferente, a senhora deveria ter orgulho dele. Seu entendimento está acima de qualquer experiência e maturidade de vida.

Lisa, com os olhos marejados de lágrimas, não os desviou por um segundo de sua realista interlocutora.

— Já sei o que vai dizer sobre mim e Jean.

— Perdoe-me, mais uma vez. A ignorância do sr. Jean nunca o abalou, ele apenas sente pena do pai e impotência por não conseguir convencer a senhora de mudar seu destino. Sua vontade era tirá-la daqui.

As lágrimas de Lisa desciam sem que pudesse impedi-las.

— Acho que falei demais, afinal, esse é um assunto de família e eu não deveria me intrometer.

— Não tem importância, minha querida, preciso saber o que meu filho pensa.

— Mas já falei demais.

— Agora que começou, peço-lhe que vá até o fim. Você é como uma irmã para mim e para o meu irmão — disse Lia.

Lisa olhou em seus olhos e viu nitidamente que Nicole gostaria de ouvir qualquer coisa, menos que Henry a tinha como uma irmã.

— Conte logo, Nicole! Termine esse rosário!

— Continue, minha querida, também preciso saber.

— Está bem... Ele dizia que a acha uma fraca, que não tem voz ativa para nada, que o sr. Jean a humilha de todas as maneiras e a senhora nunca reage; que reside aqui, mas não é dona de nada, nem de seus pensamentos. Que devemos respeitar a todos, sem exceção. Ajudar o próximo na medida do possível; começando pelos familiares. Achava que ser tratado como uma coisa qualquer era inadmissível. Dizia que deveria haver algo muito forte para que seu marido sentisse tanto desprezo pela mulher que escolhera para viver o resto de seus dias. E que um dia descobriria por que o pai carregava tanto rancor na alma.

Nicole terminou de narrar o que ia no coração de Henry e sentiu grande alívio.

As duas ouvintes estavam comovidas. Principalmente Lisa, pois a impotência e o peso do remorso sopravam como um grito de lamento por ter sido fraca, nunca ter defendido o filho querido nem o acalentado em seu peito dizendo: "Não fique assim; eu o amo; você é e sempre será fruto de um amor profundo e mais sincero que uma mulher poderia sentir. Você é a prova viva de orgulho para qualquer mãe". Lisa queria gritar aos quatros ventos: "Mães, amem seus filhos, nunca os neguem, não sejam fracas e omissas a essa dádiva soberana, obra de Deus".

Nicole ficou calada respeitando a emoção que elas estavam sentindo. Depois de alguns instantes, Lisa, ainda sentindo seu corpo vibrar, pediu:

— Minhas queridas, preciso ficar sozinha.

— Mas, mãe, a senhora precisa se alimentar.

— Eu sei, minha filha, mas me dê um tempo, daqui a pouco desço e prometo que vou comer.

Lia e Nicole respeitaram o pedido da senhora, mas, antes que elas saíssem, Lisa disse algumas palavras:

— Nicole, minha querida, sempre a estimei e a amo muito. Quero lhe agradecer de coração por conversar conosco. As verdades de meu filho sobre minha pessoa foram de muita valia. Agora vão, preciso estar sozinha comigo mesma.

As duas saíram e Lisa ficou com seus pensamentos. Ao saírem, encontraram Jean nas escadas. Lia nem o olhou, porém Jean insistiu em falar com ela:

— Minha filha, por favor...

— Papai, não é o momento.

— Minha filha, precisamos conversar.

— Precisamos ter uma longa conversa, mas hoje não. E quero deixar bem claro que espero que o que ocorreu hoje nesta casa não se repita. O senhor deve refletir muito bem sobre tudo!

Capítulo 7
Arrumando um emprego

Henry chegou à república superapressado, cumprimentou Patrick e reparou que estava tudo uma perfeição:

— O que houve aqui?

— Ah... Dei uma organizada, separei seus livros por ordem alfabética. Gostou?

— Realmente está tudo impecavelmente em ordem, mas...

— Mas? — perguntou Patrick.

— Sem querer decepcioná-lo eu estava habituado com a bagunça, não sei se encontrarei algo no meio dessa organização toda. Tudo muito arrumado talvez não me ache, enfim, na bagunça eu me organizava, você entendeu?

— Entendi... Mas logo se acostuma. Ah... E não esqueça, quando usar qualquer coisa, por favor, coloque-a no lugar.

Henry riu sonoramente do cinismo humorado de Patrick.

— Bem... Deixemos a organização de lado e vamos ao que interessa realmente.

— Não me vai dizer que tem novidades?

— E das boas, hein! — sorriu Henry.

— Verdade?! Mas tão rápido?

— Eu espero que goste da proposta. Se bem que, não está na posição de escolher, não é, amigo? — brincou o jovem estudante.

Henry lhe passou a proposta e considerou:

— Quero que saiba de antemão que gosto muito do dr. Village, não só como professor, mas como pessoa também. Ele sempre é muito solícito comigo. Portanto, se não quiser a vaga não é obrigado a aceitá-la, mas se aceitá-la espero que corresponda como um homem de bem.

— Henry, é claro que aceito, e você sabe que sempre cumpri com minhas responsabilidades. Parece que não confia em mim?!

— Não é esse o ponto, confio, e muito, apenas estou recomendando que seja com o dr. Village ou com qualquer outro, um homem de bem, realmente dedicando-se com respeito; e o mais importante, colocando-se em seu devido lugar. Estamos entendidos?

Patrick respondeu positivamente, mas ficou meio abalado com a franqueza de Henry.

— Já que nos entendemos, vou tomar um banho. Logo sairemos, não gosto de me atrasar nos meus compromissos.

Henry se arrumou com esmero, era um rapaz simples, porém muito bonito. Chegaram à casa do médico pontualmente. Tocaram a campainha e logo um empregado da casa os recebeu. Na entrada havia um jardim amplo e bem cuidado.

— Boa noite, senhor.

— Boa noite, senhores. Podem entrar.

Os dois entraram e o empregado gentilmente pediu que esperassem.

— Por favor, fiquem à vontade, o dr. Village logo virá recebê-los.

— Muito obrigado.

Patrick sentou-se. Estava um pouco nervoso, porém Henry andou pela sala observando tudo: os enfeites, as mobílias e principalmente os quadros, que eram de um bom gosto incrível. Henry era admirador de obras de arte, mas só as conhecia de ver em livros e em museus; embora o pai tivesse muito dinheiro, nunca se interessou por esse tipo de obra, achando tudo feio e sem graça. Logo Village entrou na sala.

— Boa noite, meu caro Henry!

— Muito boa noite ao senhor também. Deixe-me apresentar. Este é Patrick, de quem lhe falei.

— Muito prazer, doutor...

— O prazer é meu. É sempre um prazer conhecer amigos dos meus amigos.

Henry, meio sem jeito pelo tom amável do professor, respondeu:

— Ah... Doutor Village, eu lhe agradeço por me considerar um amigo.

— Vamos nos sentar — disse Village gentilmente.

— Bom, doutor, eu expliquei tudo a Patrick, mas se o senhor quiser acrescentar ou perguntar algo, fique à vontade.

— Caro Patrick, Henry realmente me contou o episódio e sinto muito pelo ocorrido, gostaria sinceramente de ajudá-lo. Você sabe dirigir automóvel?

— Sim, senhor — respondeu Patrick acanhado.

— Mas é habilitado?

— Não, senhor, aprendi a dirigir com o sr. Jean, pai de Henry.

— Tudo bem, mas o correto é ter carteira de motorista, devemos sempre estar do lado da lei. Se não tem, providenciaremos.

Patrick sentiu um frio na barriga, conversava bem, sabia colocar bem as palavras, pois sempre convivera com Henry, Lia e até mesmo sua irmã, que escrevia e falava corretamente, porém ele não tinha estudo para tirar a tal da carteira de habilitação. Henry nitidamente leu nos olhos de Patrick um pedido de socorro e explicou:

— Não havia pensado nisso, sempre o vi dirigindo perfeitamente, mas nunca atinei para esse detalhe.

— Mas faço questão que Patrick tire seus documentos. Desculpem-me, mas gosto de tudo em ordem.

— Sem dúvida, doutor. Ele tirará a carteira. Isso não será problema.

— Você sabe ler e escrever? — perguntou-lhe o médico interessado.

— Sei sim, senhor.

— Então não tem problema algum, afinal, tirar uma carteira de habilitação não é coisa do outro mundo — concluiu o médico satisfeito. E Patrick, aliviado, respondeu:

— Ainda bem, doutor, o senhor me deu um susto danado, pensei que precisasse de mais estudo!

— Claro que não, mas faço questão que leia e estude os livros de mecânica que tenho aqui em casa.

— Não será problema algum, pois ler e escrever eu sei muito bem.

— E o que não souber ou não entender peça auxílio ao Alex, nosso braço direito. Ele é mordomo, amigo de meus filhos e está sempre disposto a ajudar todos.

Village ainda se inteirou de mais alguns detalhes até que entraram na sala a esposa Françoise e as filhas: Melissa e Marseille. Ele, carinhosamente, dirigiu-se à esposa e às filhas:

— Françoise, meninas, este é Henry, o melhor aluno da faculdade de Paris e também um grande amigo meu!

— O que é isso, doutor, assim me deixa encabulado. Por favor, sra. Françoise, não leve a sério o senhor seu marido.

— Ah... Quer dizer que não me considera um amigo? — brincou Village.

— Pelo amor de Deus, doutor. Está complicando cada vez mais minha situação diante da presença destas figuras tão belas! Que impressão terão de minha pessoa logo no primeiro dia? Com certeza vão pensar que sou um fedelho pretensioso!

Todos riram muito do humor que lhe era peculiar. Henry sempre se saía muito bem.

— Estas são minhas filhas: Melissa e Marseille.

— Muito prazer, estou encantado.

As meninas ficaram entusiasmadas pelo jovem estudante. Henry não se dava conta, mas sempre iluminava os ambientes com sua presença; era próprio de sua alma. O jovem, para não perder o controle da situação, sempre levava tudo na brincadeira, desviando a atenção quando se sentia encabulado. Na tentativa de sair do centro das atenções, logo apresentou Patrick:

— *Mis lady... mademoiselles...* Este é Patrick, o mais fiel contratado motorista da família Village!

Todos riram muito. As mulheres logo viram que Village não havia exagerado em absolutamente nada quando falava sobre o jovem estudante de Medicina. Elas o amaram.

— Henry, não seja modesto, não nos engane. Village falou muito sobre você e com grande admiração. E agora constato que você é mais que um ótimo aluno bem-humorado. Portanto, a partir de hoje, considere-se nosso amigo também, não é meninas? — brincou Françoise feliz.

— Sinceramente não sei o que dizer! Mas garanto que todos são maravilhosos. Acredite, a recíproca é verdadeira. E é com muita emoção que deixo aqui meu mais sincero obrigado por tudo o que estão fazendo por nós; sei que vão gostar muito de Patrick. Não quero ser piegas, mas que Deus os abençoe e que nada atrapalhe a harmonia que existe entre vocês.

A família ficou comovida pelas belas palavras do ainda tão jovem rapaz. Depois de alguns instantes, Françoise quebrou o silêncio:

— Que tal se fôssemos para a sala de jantar tomarmos um delicioso lanche?

— Não precisa se incomodar, senhora, agradecemos, mas será muito abuso. Não queremos dar trabalho.

— Ah... Mas com certeza não fariam essa desfeita para nós — comentou Marseille sorrindo.

— Bem... Diante da insistência não podemos recusar, não é mesmo, Patrick? — brincou Henry.

— Não quero incomodar, prefiro ficar aqui aguardando Henry.

— Meu caro Patrick, se está constrangido, não se dê ao trabalho, pois será nosso funcionário a partir de amanhã. Hoje é nosso convidado!

— Quer dizer que o senhor vai mesmo me contratar? Amanhã já poderei começar?

— O que acha, Françoise, devemos contratá-lo? — brincou o dono da casa.

— Deixe me pensar... — retribuiu Françoise a brincadeira.

A felicidade de Henry e Patrick era visível. Com toda aquela paz e harmonia eles se dirigiram à sala de jantar, onde havia uma mesa posta com muito bom gosto. E o melhor: com muitos doces que Henry apreciava.

— Senhora Françoise, vai se arrepender de convidar-me para lanchar. Do jeito que sou como uma formiguinha para doces serei um ótimo candidato a não sair mais de sua casa! — disse Henry.

Patrick, mais que depressa, concluiu:

— É verdade, doces na casa da sra. Lisa quase nunca sobravam, e quando isso acontecia eu tinha de escondê-los para que os outros pudessem pelo menos experimentar!

Melissa e Marseille se entreolharam achando muito interessante se Henry se tornasse um frequentador assíduo da casa.

O lanche e a palestra entre todos se estendeu na mais absoluta alegria, riram muito das palhaçadas e das histórias de Henry. A noite realmente foi uma grande festa.

— Bem, dr. Village e sra. Françoise, agradecemos a hospitalidade. Esta noite foi muito prazerosa. Agora, precisamos ir, pois amanhã as obrigações nos esperam.

Eles se despediram e combinaram que no dia seguinte Patrick se mudaria e trabalharia para a família Village.

Capítulo 8
AMARGURA

Jean entrou na antessala que dava para o quarto, aproximou-se de Lisa e notou alguns hematomas. Serena e em paz consigo mesma, Lisa estava concentrada pensando em tudo o que havia acontecido e nas verdades de Nicole. Nem deu importância à presença do marido, não lhe agradava vê-lo em seu quarto, pois não aguentava mais discutir. Preferiu permanecer em silêncio. Mas para Jean, genioso e hostil, era quase impossível manter tranquilidade. O ciúme e a insegurança alimentavam seu espírito gerando vibrações negativas.

— Por sua causa minha filha não quer falar comigo. — Lisa o olhou fixamente e não disse uma palavra, mas ele insistiu: — Não vai me dizer nada?

Lisa se levantou e ia saindo do quarto quando Jean a segurou pelo braço e disse com rancor:

— Estou falando com você. Não me deixe falando sozinho!

Lisa, sem se abalar, educadamente respondeu:

— Por favor, solte meu braço.

Jean notou que ela não queria discórdia, muito menos discutir:

— Você acha que pode me dar ordens?

— Não acho. Se não percebeu, pedi educadamente, por favor. E o senhor se for ao menos sensato, vai me entender.

A atitude de Lisa causou certo pavor no marido, que não sabia direito o que estava se passando. Ela se mostrou diferente, o que o irritou ainda mais. Jean soltou seu braço, porém não se deu por vencido. Quando ela estava prestes a sair do quarto, ele gritou provocante:

— Está com saudades do seu filhinho? Aquele sonso que acha que será médico!

— Sim, estou com muitas saudades, e como você mesmo diz: "Ele é meu filhinho". E com toda certeza do mundo, "meu filhinho" será um grande médico.

Jean pensou que seu coração fosse saltar pela boca de tanta raiva.

— O que está acontecendo, perdeu o juízo?

— Não, sr. Jean, pelo contrário, eu o achei, e de hoje em diante não admito que fale do "meu filhinho" como você mesmo disse.

— Como ousa falar comigo assim sua...

Lisa nem o deixou terminar, aproximou-se de seu rosto e disse firme, olhando em seus olhos:

— Sua o quê? Vagabunda? Pois diga e bem alto para que todos ouçam e saiba que se casou com uma... Diga, sr. Jean...

Mas diga bem alto! Diga, seu ignorante, pois quero que todos saibam com quem se casou. A vergonha maior será sua, seu velho sem escrúpulo. Eu não tenho mais nada a perder, o que eu tinha, já perdi!

Jean levantou a mão para esbofeteá-la, mas Lisa gritou tanto que todos foram ao seu encontro. Quando Lia, Nicole e Julliete entraram no quarto, ele estava com os olhos arregalados. Lisa, olhando bem dentro de seus olhos, continuou:

— Bata... Mas bata para me matar, porque se não fizer isso, você vai passar a maior vergonha e humilhação que um homem poderia supor passar um dia!

Todos olharam a cena sem mover um só músculo. Jean, envergonhado, abaixou a mão lentamente e logo enxergou a filha que o olhava decepcionada.

— Papai, como pode ser tão selvagem com a mamãe?

Ele sentiu tanta vergonha e medo de perder o amor da filha, que não conseguiu encará-la.

— Papai, estou falando com o senhor!

Lisa interferiu:

— Deixe-o, minha filha. Este assunto não lhe diz respeito. Ele não vai mais fazer isso. Não é mesmo, senhor meu marido? A nossa conversa foi definitiva e, com certeza, não foi sua intenção me bater. Não é mesmo, senhor meu marido?

Jean abaixou a cabeça com um ódio profundo a lhe percorrer o corpo; sua alma a cada dia ficava mais doente; sem saber, ele nutria rancor e vibrações de muitos espíritos zombeteiros.

— Fale para a sua filha que ela nunca mais presenciará uma cena como esta. Se isso voltar a acontecer, vai perdê-la assim como perdeu Henry.

Jean não podia demonstrar a ira que vencia seu coração. Dessa forma, fingiu que tudo estava bem.

— Que bom, papai, que se entenderam.

Lia o abraçou sem notar o ódio em seus olhos, mas Jean olhou para Lisa de soslaio e contemporizou com a filha amada:

— Claro, meu anjo, isso nunca mais vai se repetir. Eu e sua mãe já nos entendemos.

Lisa, querendo evitar aquela situação patética e fingida de Jean, disse com um bem-estar enorme em seu coração por ter conseguido pela primeira vez enfrentar a fúria do marido:

— Vamos, meninas... Julliete, vamos à cozinha, pois estou sentindo um apetite de leão. Não quer nos acompanhar, Jean?

— Não, preciso de um banho.

Jean estava furioso. Depois que elas se retiraram, ele deu um soco na parede extravasando a vontade de acertar Lisa. Seus pensamentos eram os mais sórdidos e vingativos possíveis: "Se Lisa pensa que já me venceu está enganada. Ganhou essa batalha, mas ainda não venceu a guerra... Tenho de ter muita calma. Lisa, você não sabe o que a espera! Se pensa que um dia sairá desta casa está muito enganada. Antes vou matá-la".

Alheio a tudo, ele não podia notou que um espírito sem luz se aproximou e o deixou mais rancoroso ainda. Jean ficou ali durante horas remoendo e pensando o que faria.

* * *

Passaram-se os dias e tudo parecia calmo. Era um belo dia de sol, e Lisa, em companhia das meninas, tomava o café da manhã

POR TODA A MINHA VIDA

com alegria. Jean já havia saído bem cedo, pois não descuidava nem um segundo dos negócios.

— Mãe, estava pensando...

— Pensando em quê, menina?

— Será que podíamos ir a Paris?

Nicole se animou, mas não deixou transparecer, por certo gostaria de saber não só do irmão, mas também de Henry.

— Mas, Lia, minha filha, fazer o quê lá?

— O que se faz em uma maravilhosa cidade como Paris, mãe?

— Lia, não invente moda, minha filha.

— Falou a palavra mágica! Moda. Ah, por favor, mamãe, preciso tanto de uns vestidos novos, já faz muito tempo que não sei o que é fazer compras em Paris. Além disso, já se passaram mais de dois meses e ainda não sabemos nada sobre Henry e Patrick! Nunca nos escreveram, nem um bilhete sequer!

— Lia, claro que deve estar tudo bem, senão seu irmão escreveria uma carta. E depois seu pai não vai aprovar que você vá sozinha a uma cidade como Paris, que é bastante grande; não é como aqui, um fim de mundo.

— Eu posso acompanhá-la, senhora, assim não vai sozinha — concluiu Nicole de pronto.

Lisa logo percebeu as intenções de Nicole. Ia retrucar, mas pensou melhor e voltou atrás. Prometeu que não iria interferir mais entre seu filho e ela.

— Não sei não, Lia, não gosto nada da ideia de duas moças viajarem sozinhas.

— Mamãe, o que tem de mais? Já estou bem crescidinha, sempre vou às compras lá. Qual é a diferença?

81

— A diferença é que Michael sempre a acompanha, nunca foi sozinha. Não queira me enrolar, senhorita!

Nicole queria insistir mais, porém não quis forçar a situação.

— Já sei, meninas; vou com vocês! Já faz muitos anos que não vou à capital. Acho que seu pai não vai se importar. O que acham da ideia?

— Nossa, mamãe, seria a melhor coisa que poderia acontecer! Já pensou nós três em Paris? Vai ser o máximo — gritou Lia eufórica. — Vamos falar com papai agora!

— Espere, Lia, seu pai saiu há pouco. Vamos esperar até a hora do almoço. Quando ele retornar, pediremos.

Nos últimos dias Jean estava mais solícito, não recusaria um pedido da filha.

Nicole e Lia não cabiam de felicidade, correram para o quarto e foram fazer as malas. A euforia era tanta que mal podiam esperar.

— Não estou acreditando que nós todas vamos a Paris! Vamos rever Henry e Patrick.

Nicole sempre foi tão próxima de Henry, que Lia não notou o brilho nos olhos dela.

— Nicole, que roupas devo levar? Preciso estar bem bonita quando encontrar o seu irmão.

— Para que tanta preocupação? Suas roupas são todas bonitas, está sempre na moda.

— Nossa, meu coração está disparado. Só de pensar em Patrick sinto um friozinho na barriga! Acho que vou levar todos os meus vestidos.

POR TODA A MINHA VIDA

A jovem falava tanto que nem se deu conta de que os pensamentos de Nicole estavam no amor dela também. Que os sintomas de friozinho na barriga, felicidade, euforia etc. eram também os seus. "Será que quando eu estiver diante de Henry ele ficará feliz ou indiferente? Afinal, não escreveu uma linha sequer para mim. Ou será que não tinha o que escrever? Claro, é isso, sua burra! Ele deve estar namorando! Meu Deus, prefiro não ir... Ah, não, prefiro saber a ficar nessa angústia."

— Nicole, o que está pensando?

— Eu? Nada, não.

— O que a está preocupando?

— Nada, Lia, não é nada.

— Como não é nada? Eu a conheço muito bem. Quando fica calada é porque algo a aflige.

— Já lhe disse que não é nada. Não estou aflita. Vamos mudar de assunto.

— Se é assim, tudo bem, não insisto mais.

— Será que seu pai vai deixar sua mãe ir conosco? Por que se ela não for, adeus viagem.

— Pare de falar bobagens. Você quer ou não ir?

— Claro que quero, Lia!

— Então, pensamento positivo. Não é você que está sempre nos ensinando a cultivar bons pensamentos, para o melhor se tornar realidade?

— Desculpe, é bobagem minha. Vamos arrumar nossas coisas, assim que seu pai chegar faremos o pedido.

— Agora ficou melhor. Tudo dará certo — disse Lia confiante.

83

Quando Jean chegou, as três foram falar com ele. Lisa foi quem se pronunciou:

— Viemos fazer-lhe um pedido.

Jean ia se irritar quando se lembrou de que mudara seu comportamento para que ninguém suspeitasse de nada, inclusive que o sentimento de vingança ainda fazia parte de seus pensamentos. Depois daquele dia fatídico, passou a tratar Lisa com gentileza e respeito. Fingia tão bem que convenceu até a própria filha.

— Sabe o que é, meu marido? As meninas estão querendo ir a Paris fazer compras e eu quero acompanhá-las.

Jean sentiu um súbito mal-estar, pensou que não fosse conseguir permanecer de pé. A custo resistiu, apoiando-se na escrivaninha. Lisa, percebendo, correu para acudi-lo:

— Jean, o que tem? Está se sentindo mal? Sente-se aqui!

Nicole foi à cozinha pegar um pouco de água.

— Corra, Nicole — pediu Lisa aflita.

Lisa abriu a camisa do marido e o abanou para que ele melhorasse. Preocupada, ela insistiu para que ele tomasse a água. Aos poucos, ele serenou.

— O que foi, Jean? Eu falo que trabalha demais, não é necessário todos os dias madrugar e ir para a lida. Sempre peço que deixe seu homem de confiança cuidar de tudo; afinal, é para isso que é muito bem remunerado!

Recuperado, ele não deixou transparecer que o mal-estar fora proveniente do pedido da esposa. Como aceitaria que Lisa fosse para a capital? Precisava ganhar tempo para não colocar tudo a perder, por essa razão esperou por alguns instantes depois respondeu:

POR TODA A MINHA VIDA

— Já me sinto melhor, obrigado.

— Nossa, Jean, que susto nos deu!

— Não foi nada. Acho que está certa, estou trabalhando demais.

— Está vendo? Você é um turrão que não me escuta!

— Mas o que me pediu?

— Sabe o que é, Jean, as meninas querem ir a Paris e eu gostaria de acompanhá-las. O que acha?

Lia, com a meiguice que cativava o pai, concluiu:

— Papai, por favor, deixe, vai? A mamãe estará conosco, prometemos obedecer a ela.

Mal sabia a filha que o problema não era ela, e sim a mãe. Como recusar a um pedido da filha querida? Contudo, teria de pensar em algo rápido. Tinha de aparentar um bom marido.

— Minha querida filha, o que não faço para você?

— Então o senhor aprova?

— Claro, meu amor, não posso recusar um pedido das mulheres que mais amo!

Lisa nem acreditou, porém não arriscou fazer comentários. A alegria foi geral. Tanto Lisa como Lia lhe agradeceram, pousando um beijo no rosto de Jean. Eufóricas, foram para a sala de refeições puxando-o pelo braço. Durante a refeição, ele não conseguia esquecer o assunto um minuto sequer. Por muitas vezes, ao sentir a alegria de Lisa, tinha ímpetos de vomitar. Era insuportável vê-la feliz daquela maneira, mas não podia perder a credibilidade com a filha. Contudo, tramaria algo para que a mulher não fizesse a viagem.

— Quando pretendem embarcar?

Lisa, supondo que tudo estava em harmonia, respondeu:

— Amanhã bem cedo embarcaremos no primeiro trem!

— Amanhã? Não seria melhor se programarem?

— Não, papai, nossas coisas já estão todas prontas, só resta a da mamãe, pois ela preferiu pedir consentimento ao senhor primeiro.

— Está bem. Se é assim, quem sou eu para mudar os planos de vocês?

— Papai, estou muito feliz!

— Eu também, filha — retribuiu Jean.

Na verdade, ele não via a hora de sair da mesa, mal conseguia engolir a comida. Tinha a nítida impressão de que se não desse uma desculpa qualquer para se retirar, iria vomitar ali mesmo sobre a mesa.

— Bem, preciso me retirar, pois o dever me chama.

— Não é melhor descansar um pouco como faz todos os dias? Não facilite, pode passar mal outra vez!

— Já me sinto bem. Não se preocupe.

— Tudo bem, você é quem sabe.

Com um ódio terrível ele conversava consigo mesmo: "Tenho de pensar em algo, não permitirei que Lisa siga viagem. Mas o que fazer?".

Ao lado de Jean estava um espírito de baixa vibração, que, zombando e rindo, falou:

— Pense, seu idiota, senão ela vai seguir viagem. E quem sabe não arruma outro amante? Vai, seu burro, ela quer se livrar de você.

Nutrindo cada vez mais ódio, Jean foi se sentindo cada vez pior. Caiu ao chão e ali ficou.

Em sua insegurança, Jean não era capaz de perceber que tudo o que Lisa mais almejava era sua simpatia e bondade, além de ter de volta a harmonia de uma família de verdade. Mas Jean preferia deixar a emoção de outrora arrastá-lo por um abismo sem fim, esquecendo-se completamente da razão, que, por muitas vezes, é o melhor conselheiro que rege a nosso favor. O rancor, o ódio, a inveja e o egoísmo são sentimentos lamentáveis, que nutrem espíritos ignorantes e viciosos e causam muitas provações e reparações. Infelizmente, Jean era um desses encarnados que em vez de saldar as dívidas, amealhava mais adeptos que simpatizavam com ele.

Jean pensava: "Você, Lisa, não vai viajar, não compartilhará a alegria das meninas, você merece dor e tristeza. Como não pensei nisso antes? Lisa possui os tranquilizantes que Jardel prescreveu. Darei um jeito de ela tomar alguns desses infalíveis remédios, assim ela não viaja e eu não magoo minha filha".

Embora estivesse se sentindo muito mal, estava decidido. Em seus péssimos pensamentos só cabia discórdia: "Se ela pensa que pode desfrutar de passeios em Paris está muito enganada. E ainda por cima pensa que me engana; quer é ver aquele moleque bastardo. Jurei que ela nunca mais seria feliz. Vou cumprir, ela não terá um só momento de paz. Ela tem de pagar pelos seus pecados, prejudicou-me demais e ainda pensa que pode usufruir o amor e a companhia de minha filha?".

* * *

Às sete horas da noite todos estavam sentados à mesa para jantar. Lia, Lisa e Nicole estavam felizes. Jean sofria com seus próprios venenos, mas fingia muito bem, estava solícito e bem-humorado.

— Lia, gostaria que trouxesse um bom par de botas para seu pai — disse Jean para a filha.

— Claro, papai! Deseja mais alguma coisa?

Lisa interferiu gentilmente:

— Está precisando de bons lenços; afinal, não sai de casa sem levar pelo menos dois.

Jean se corroía por dentro, não suportava ver tanta felicidade nos olhos de Lisa, mas, controlando-se, respondeu:

— Claro. Estou precisando mesmo, foi bom lembrar.

O jantar transcorreu na mais "pura" e aparente harmonia. Lisa e as meninas se recolheram e Jean se fechou no escritório. Afinal, tinha de pensar em como dar os remédios para a esposa sem que ninguém percebesse. Teria de ter paciência, tudo seria uma questão de minutos. O maquiavélico senhor foi à cozinha sondar Julliete.

— O senhor na cozinha a esta hora? Precisa de alguma coisa?

— Pensei em lhe pedir um chá, mas deixa para lá, já é tarde, não quero incomodá-la.

— Que é isso, sr. Jean? Não é incomodo nenhum. Às dez horas vou preparar um chá para a sra. Lisa e se o senhor quiser posso preparar um para o senhor agora mesmo!

— Pensando bem... Um chá antes de deitar seria muito bom. Quando preparar o da sua patroa, prepare um para mim também. Que chá Lisa costuma tomar?

— Chá calmante. Diz que é muito bom para dormir. Desculpe perguntar, mas o senhor está bem?

— Ora, Julliete, por quê?

— O senhor nunca me pediu chá!

— Sempre antes de dormir tomo um cálice de vinho, porém hoje resolvi acompanhar Lisa. Sabe, Julliete, tenho errado muito, mas me arrependi. Por essa razão hoje tomarei um chá com Lisa.

— É, senhor, tenho notado que está mais calmo; a sra. Lisa está muito feliz nos últimos tempos.

— Também fico feliz — disse bem-humorado.

— Ainda bem que estão se acertando.

— Estarei no escritório, tenho alguns documentos para despachar pela manhã. Assim que o chá estiver pronto, leve-me, pois faço questão de dar a Lisa.

— Pode deixar.

Jean saiu e Julliete estranhou, mas, ao mesmo tempo, ficou feliz, pois havia muito tempo que não reinava a tranquilidade naquela casa.

"Ah, Henry, meu garoto, você ficaria feliz por ver seus pais se entendendo!", pensou Julliete emocionada.

* * *

No quarto, as três mulheres conversavam animadamente; não cabiam de felicidade.

— Meninas, já arrumaram as malas?

— Claro, mamãe, estou levando muitos vestidos.

— Para que tantas roupas? Voltaremos amanhã mesmo!

— Ah, mamãe, podíamos ficar uns dois ou três dias!

— Ficou maluca, minha filha? Seu pai não vai gostar!

— Pensei em tudo. Só depois que estivermos lá, nós o avisamos!

— Nem pensar, seu pai vai perder a confiança e eu perderei a credibilidade que ele voltou a depositar em mim! E, depois, como vamos avisá-lo? Sabe muito bem que não temos telefone.

— O papai é bem chato mesmo! Todos já possuem telefone, só nós é que ainda não temos! Isso facilita muito a vida das pessoas, sabia?

— Eu sei, minha querida. Mas é melhor irmos devagar, com paciência chegaremos lá. Por hora, já está bom demais que seu pai tenha melhorado o humor. Não vamos abusar, não é, dona Lia? Um passo de cada vez. Portanto, sairemos bem cedo, faremos compras, passaremos para ver Henry e Patrick e à noitinha voltamos.

— Está bem. Acho que a senhora tem razão.

— Não falei que esse negócio de ficarmos dois ou três dias não ia dar certo? — disse Nicole decepcionada.

— Não dá certo porque tenho um pai ignorante, pois muitas moças não só vão a Paris, como se instalam nos hotéis por vários dias.

— Lisa e Nicole riram muito do desapontamento da jovem e sonhadora Lia.

— Bem, meninas, já é tarde, vamos dormir, senão amanhã não vão acordar, e nada de sairmos com pressa, quero que tomem um bom café da manhã antes de embarcarmos.

— Falando nisso, Julliete separou os doces e biscoitos de Henry? — perguntou Lia.

— Com certeza, eu mesma a ajudei — disse Nicole prestativa.

— Então, meninas, para seus quartos que já é tarde.

Lia e Nicole beijaram Lisa e foram dormir. Julliete, no andar debaixo, bateu na porta do escritório e entrou:

— Com licença, senhor.

— Pode entrar, Julliete.

— Aqui está o chá como a sra. Lisa gosta. O senhor está tão ocupado, quer que eu o leve?

— Muito obrigado, Julliete, mas eu mesmo levo.

— Então, boa noite, senhor.

— Boa noite, Julliete.

Jean pegou o remédio que havia colocado na gaveta e sorrateiramente diluiu em grande quantidade a droga no líquido quente. Com remorso, pensou na filha: "Não posso fazer isso com Lia, ela está tão animada com a viagem!".

Ficou ali remoendo seus lastimáveis pensamentos até que resolveu: "O que importa se vou magoá-la? Não vou desistir! Que a sonsa da Nicole lhe faça companhia, oras... O que não posso permitir é o desfrute de Lisa viver e viajar toda feliz, enquanto eu, vítima de sua traição, fique aqui sofrendo".

Na mesma hora, ele criou coragem e levou o chá para Lisa.

— Jean? Você? — admirou-se a esposa.

— Sim, Lisa. Posso entrar?

— Claro... — respondeu meio confusa.

— Eu lhe trouxe o chá, vim em paz. — disse com timidez, pelo menos foi o que quis aparentar, concluindo: — Para provar que não quero mais brigas trouxe para mim também. Fiz questão de trazer para você. Perdoe-me, nunca mais quero falar do passado, daqui para a frente será vida nova.

Lisa se comoveu, e por desejar tanto a felicidade entre eles, acreditou piamente no marido.

— Bem, Jean, meu coração também pede paz. Quero acreditar realmente que tudo é passado. E que você me perdoe também. Daqui para a frente será vida nova para nós dois.

— Então vamos tomar nosso chá antes que esfrie — disse Jean de forma cínica.

Lisa concordou com a cabeça e sorriu. Jean, olhando-a degustar o chá, ria por dentro com prazer: "Perdoá-la, sua ingrata? Vagabunda. Se pensa que vai ver aquele 'mediquinho' bastardo está enganada".

Conforme ele alimentava pensamentos cruéis, mais prazer sua alma exaltava. Afogado no prazer, continuou conversando com Lisa, esperando apenas que ela caísse em sono profundo. Lisa sentiu os braços pesados e mal conseguia segurar a xícara. Jean tirou-a de suas mãos antes que caísse sobre seu corpo. Lisa dormiu instantaneamente.

"Isso, minha querida, durma com os anjos, serei um marido bonzinho, solícito, gentil e muito preocupado. Nunca descobrirão nada. Estarei ao seu lado, meu amor, para ajudá-la e fazer-lhe companhia, pois você é tão frágil e desprotegida, que até a deixei viajar a Paris. Para todos, serei como um marido perfeito", pensou.

Jean, absorto em seus delírios, conversava consigo mesmo. Arrumou a esposa na espaçosa cama para que ninguém suspeitasse de nada. Havia muito que Jean e Lisa não dormiam no mesmo quarto. Jean ainda contemplava a beleza que existia na mulher que ele desprezava com amargor: "Que pena, Lisa, você é ainda tão bela! Pena que fez a escolha errada. Por que nunca me amou? Por que me trocou por outro? Agora sou obrigado a desprezá-la como um dia fez comigo... Eu, sim, era o homem perfeito para você. Agora, só me resta fazê-la sofrer como eu. Por que só havia olhos para ele? Eu juro que não queria enganá-la, mas você me obrigou. Você é culpada por nós três sofrermos tanto. Quando ele viajou para ver a mãe que adoecera gravemente, aproveitei sua demora e inventei toda aquela história de que ele não voltaria mais e que em breve iria se casar com outra. Escondi todas as cartas que ele endereçou a você, mas agora não adianta querer saber onde estão, pois as queimei, não deixei uma sequer. Também, para que guardá-las? Ele está morto mesmo. E você, vulnerável pela decepção de ter sido abandonada pelo homem que jurou amor eterno, confiou e achou consolo em meus braços, até que a engravidei de caso pensado. E, diante de seus pais, honrei com minhas responsabilidades assumindo o compromisso de casar-me com você. Fui o homem mais feliz do mundo. E sei que chegou a gostar de mim! Lisa, eu dava minha vida por você. Planejei tudo tão bem! Quando Lia nasceu, estávamos muito bem casados. Mas aquele meu sócio maldito tinha de aparecer e estragar tudo! E você, quando soube de sua volta, recebeu-o aqui em nossa casa e, descobrindo que tudo era mentira minha, ficou furiosa por eu tê-la enganado. Ofereci-lhe tudo o que eu tinha, até minha parte da sociedade queria lhe dar, mas ele não quis. Só queria saber de você, e eu, sem alternativa, tive de acabar com ele. E quer saber? Não me arrependo, espero que esteja no quinto dos infernos, onde é seu lugar. Só não esperava que você, a mulher que mais amei me traísse, deixando a vergonha para eu criar. Não vou perdoá-la nunca. Agora já é tarde, você terá de conviver ao meu lado até o fim de nossos dias. Você é a única culpada, pois rejeita o meu amor; não a tenho, mas amargará todos os dias por não ter o amor dele também. E se depender de mim nunca mais verá seu filho".

Esgotado de tanto remoer memórias insolúveis, ele adormeceu ao lado de Lisa. Acordou quando já passava das cinco horas da manhã. Olhou para Lisa, que dormia profundamente, e saiu às pressas para o seu quarto.

Às seis horas em ponto as meninas desceram para tomar café.

— Vocês devem se alimentar muito bem antes de embarcarem — disse Julliete carinhosamente.

— Nós sabemos, Julliete — respondeu Lia feliz.

— E a mamãe, já tomou café? Ela sempre se adianta quando tem compromissos.

— Não, senhorita Lia, sua mãe ainda não desceu.

Nicole olhou para Lia.

— Tome seu café tranquila, Lia. Vou chamá-la.

Nicole bateu na porta e não obteve respostas. Então, abriu-a bem devagar e entrou.

— Senhora Lisa, ainda está dormindo? Senhora... Senhora...

Lisa se mexeu, mas não conseguiu abrir os olhos, virando-se para o outro lado. Nicole, assustada, começou a gritar.

Julliete e Lia, preocupadas, entraram no quarto.

— O que foi, Nicole? Por que essa gritaria?

— Sua mãe, Lia, ela não acorda!

— Como assim?!

Lia se aproximou e pegou em suas mãos, sentiu que estava quente e normal.

— Ela está dormindo. — Lia começou a chorar e a chacoalhar a mãe. — Mamãe, acorde... O que aconteceu?

Lisa, com muito esforço, disse pausadamente sem abrir os olhos:

— Não sei... Não me sinto bem. Não tenho forças.

Julliete, assustada, pensou: "Será que fiz o chá muito forte?".

Jean entrou no quarto dissimulado, com ar de assustado, e fez seu teatro:

— Que gritaria é esta? Vocês podem me explicar?

— Papai, ainda bem que acordou, a mamãe não está bem! O que houve?

— Deixe-me, ver. Lisa, Lisa... Está me escutando? — chamou-a carinhosamente. — Acorde, Lisa. As meninas estão prontas para viagem!

— Não consigo, Jean, estou sem forças.

— Como não consegue? Faça um esforço.

As meninas ficaram assustadas e Jean procurou contemporizar.

— Calma, vocês ficam se desesperando e me deixam mais nervoso! Sua mãe não está passando mal, Lia! Vai ver está apenas indisposta.

— Mamãe, é Lia, a senhora está me ouvindo?

— Sim, claro, minha filha.

— Então, por que não se levanta?

— Não consigo, estou sem forças e um pouco enjoada.

— Bem, meninas, vocês terão de ir sem Lisa, senão perderão o trem. Ou marquem para outro dia!

— Mas como ir e deixar mamãe assim?

— Lia, não seja dramática, isso não é nada. Vocês podem ir, eu cuido dela.

— Não sei se devemos. E se for algo grave?

Jean tinha de convencer Lia, pois ele sabia que aquilo era apenas efeito dos calmantes.

— Minha filha, não confia em mim?

— Claro que confio, papai, mas é que...

— Não confia, não! Pelo menos confia em Julliete?

Lia estava confusa, não sabia o que decidir. Jean continuou:

— Julliete, por favor, chame Michael!

— Sim, senhor.

— E você, Lia, confie em mim. Acha que vou maltratar sua mãe? Tenho me esforçado muito para que haja paz nesta casa! Até as deixe ir a Paris. É difícil para mim, sou um burro velho, mas as amo-as muito — disse Jean dramaticamente, mantendo a aparência de bom marido.

Lia ficou envergonhada e teve de reconhecer que ele estava tentando melhorar. Era bobagem duvidar.

— Desculpe, papai, realmente fiquei com receio de deixar mamãe.

— Se não confia em mim, confie em Julliete e no dr. Jardel.

Jean nem bem terminou a frase teatral e Michael entrou no quarto.

— O senhor me chamou?

— Sim, Michael. Por favor, busque o dr. Jardel para examinar Lisa. E você, Lia, já resolveu? Vão ou não a Paris? Se forem, peguem as bagagens que Michael as leva até a estação. Na volta traz o doutor. — Jean, muito esperto, falou muito rápido, para que não desse tempo de a filha raciocinar.

— O senhor acha mesmo que devo?

— Acho sim, vão fazer compras. O dr. Jardel, Julliete e eu vamos cuidar muito bem de sua mãe.

— Fique tranquila, menina Lia, seu pai tem razão. Vamos cuidar bem de sua mãe — manifestou-se Julliete conciliadora.

E assim foi feito, depois da dramaticidade de Jean, Lia e Nicole desembarcaram em Paris, lamentando a ausência de Lisa, porém, mais tranquilas. Por certo todos cuidariam bem da senhora.

Capítulo 9
LISA ACORDA

Já haviam se passado duas horas desde que as meninas saíram quando Lisa despertou e viu ao seu lado Jean e Julliete.

— O que houve? Por que estão aqui ao meu lado?

Julliete olhou para Jean esperando que ele se pronunciasse.

— Calma, Lisa, está tudo bem.

— E as meninas, já estão prontas?

— Você amanheceu um pouco indisposta, talvez ansiosa demais pela viagem, não sei ao certo, a única coisa que sabemos é que dormiu profundamente e não acordou a tempo de acompanhá-las. Você está sentindo alguma coisa? Por favor, não esconda nada. Se não estiver bem, conte-nos.

Jean não dava tempo de Lisa responder. Sua intenção era deixá-la confusa.

— Você nos deixou muito preocupados, até chamamos o dr. Jardel. Não é, Julliete?

— É sim, senhora. Sim, *mis lady*, ficamos muito preocupados.

— Parem, por favor. Querem me deixar falar por um momento?

— Claro — respondeu Jean.

— Não precisam se preocupar, estou me sentindo muito bem. O que eu quero é saber de Lia e Nicole!

— As meninas já se foram, *mademoiselle* — respondeu Julliete.

— Como? Sem mim? Quem as acompanhou?

— Elas foram sozinhas.

— Jean, você está brincando comigo! Deixou-as irem sozinhas?

O velho produtor de vinhos, compreensivo, respondeu com carinho:

— Lisa, mantenha a calma e me escute.

— Como quer que eu tenha calma?

— Eu não a entendo, se as proíbo, sou ruim, ignorante, se as deixo ir, você briga comigo. Não sei como agir! Temos de entrar em um consenso!

Lisa parou, ponderou, ficou sem ação, realmente Jean estava mudado, parecia outro homem. Ela realmente não tinha motivos para brigar com ele.

— Desculpe, Jean. Não quis ofendê-lo, apenas fiquei meio confusa; afinal, nunca deixou Lia ir a Paris sozinha!

— Sempre tem a primeira vez. E depois, Lia não está sozinha, Nicole está com ela.

— Por que, justamente esta noite eu tinha de dormir tanto? Como eu gostaria de estar com elas e ver...

— Não precisa ficar com medo de falar, Lisa. Eu sei que ia visitar Henry. E, se quer saber, lamento muito. Sei bem como são as mães. Você tem todo o direito de ver seu filho, estamos de relação cortada porque, infelizmente, ainda não mudei de opinião sobre ele seguir a carreira médica. Sei que sou um homem rude e preconceituoso, mas juro que estou me esforçando para mudar!

Lisa e Julliete ficaram emocionadas, sentiram franqueza nas palavras de Jean, porém não disseram nada.

— Bom... Já que perdi a viagem, vou me levantar e tomar um bom banho.

— De jeito nenhum, você vai ficar quieta pelo menos por meia hora. O dr. Jardel fez essa recomendação.

— Mas não tenho nada, estou muito bem, apenas dormi demais, só isso.

— Ah, senhora, concordo com o sr. Jean. O que custa ficar mais um pouco deitada?

— Está bem, vocês me convenceram.

Capítulo 10
Em Paris

As belas jovens chegaram bem e foram direto para a república onde Henry estudava e residia. Estavam tão felizes e eufóricas que até se esqueceram de Lisa. Desceram do táxi e entraram por um portão enorme. Estavam completamente excitadas por tantas informações e novidades.

— Nicole, que lugar maravilhoso! Nunca pensei que um dia pudesse entrar em uma república! Parece mais uma cidade de tão grande que é!

Depois de alguns longos minutos chegaram à portaria e se dirigiram à recepção.

— Por favor, senhor, informaram-nos que este é o prédio dos estudantes de Medicina. Estou certa?

— É aqui mesmo, senhorita. Em que posso ajudá-la?

— Procuro meu irmão. Seu nome é Henry.

— É aqui mesmo, seu quarto é o 21, fica no segundo andar, mas ele não está.

— Será que demora?

— Não costuma se atrasar, se eu estiver certo, logo chegará.

— Obrigada, senhor, não podemos subir e esperá-lo em seu quarto?

— Infelizmente não é permitido, mas se quiserem deixar seus pertences, eu os guardo.

— Nós lhe agradecemos a gentileza.

Lia e Nicole deixaram as coisas guardadas com o porteiro e foram circular pela faculdade. Tudo era novidade para as duas jovens que viviam escondidas em meio a uma plantação de uvas.

— Como eu gostaria de continuar meus estudos também! Tudo é tão bonito por aqui.

— Ah, Lia, mas você tem tudo o que quer, para que estudar mais?

— Para quê? Acorde, Nicole! Olhe para essas moças. É muita gente bonita, estou amando tudo isso!

E, depois, minha cara, estudar é muito bom, repare nos estudantes; está mais que evidente que são filhos de pessoas ricas. Nicole, não vê que tudo está mudando e que até um tempo atrás não havia tantas moças cursando faculdade? Agora, repare quantas já vimos até agora com livros nas mãos? Isso é o progresso, e nós estamos por fora dessa modernidade toda.

— Você quer dizer que essas moças todas circulando são estudantes?

— Mas é óbvio! Repare, elas não são diferentes?

Nicole ficou arrasada só de pensar que Henry convivia com aquelas moças todos os dias, o tempo todo. Ainda mais ele, que fazia amizade até com os cachorros na rua.

— Diferente em quê? Você se veste muito melhor que elas.

— Nicole, não falo de roupas ou coisas da moda, falo de como elas se comportam, como são mais extrovertidas, simpáticas, andam com o nariz empinado e não se intimidam. Enfim, sabem o que querem, lutam pelos seus objetivos. Não são iguais a nós, naquele mundinho onde nos ensinam prendas domésticas! Credo! Que antiquada que eu sou!

Nicole sentiu um grande aperto no peito; jamais teria condições de se comparar a elas. Devia ter pelo menos uma dúzia de jovens interessadas nele. E como o ciúme não é bom conselheiro, só couberam pensamentos negativos naquela mente não muito estimulada: "Meu Deus, Henry deve estar namorando. Será que será médica como ele? Por essa razão nunca respondeu a carta que lhe mandei!".

De repente, Nicole sentiu-se mal e começou a chorar compulsivamente. Tentou se segurar, mas não houve tempo, foi ao chão.

— Nicole! O que aconteceu? Por favor, alguém me ajude! — desesperou-se Lia.

Em poucos instantes, muitos estudantes se aproximaram para saber o que havia acontecido. Um deles a pegou nos braços e a levou para a enfermaria da faculdade. Lia, claro, seguiu-os. Assim que o jovem entrou na enfermaria, pediu ajuda:

— Por favor, preciso de um médico — falou para a enfermeira.

— O que houve?

— Não sei, eu a vi caída no chão e outra garota pedindo socorro — respondeu o estudante.

— E quem é essa moça?

— Não sei. Mas a outra garota que estava com ela está lá fora, na sala de espera.

— Vá chamá-la, por favor; e avise na sala dos médicos para um deles vir até aqui com urgência.

O rapaz saiu à procura de Lia, que estava rodeada de estudantes curiosos.

— Por favor, a garota que estava... — não foi preciso terminar seu raciocínio.

— Sou eu, moço. Como ela está?

— Ainda não sabemos, a enfermeira pediu que chamasse um médico, mas fique tranquila, pois ele já está chegando. Vamos, é melhor acompanhá-la — disse o rapaz gentil.

— Você também estuda Medicina?

— Eu? Ah, não. Sou estudante de Engenharia Civil.

— Muito prazer, sou Lia. E você? — perguntou Lia estendendo-lhe a mão.

— Sou Junior; o prazer é meu.

Enquanto se dirigiam à enfermaria, Lia, muito extrovertida, fez amizade com ele.

— Enfermeira, esta é Lia, a acompanhante da jovem.

— Lia. Já medi a pressão de sua irmã e está tudo bem. Agora é só aguardar o médico, está bem?

— Eu lhe agradeço muito.

— Mas diga-me o que houve.

Quando Lia ia começar a explicar, o médico entrou.

— Com licença, o que houve com a jovem?

— Não sabemos, doutor. Mas já medi sua pressão e tudo indica que não é nada grave — respondeu a enfermeira, solícita.

Aos poucos, Nicole voltou ao normal.

— Meu Deus, o que aconteceu? — perguntou assustada.

Lia correu para abraçá-la.

— Calma Nicole, você está na enfermaria da faculdade.

— Que vergonha. Não sei o que me deu! — Nicole passou as mãos no rosto, envergonhada.

— Não se preocupem, meninas, essas coisas acontecem quase todos os dias; garanto que médico não vai faltar para cuidar das senhoritas — brincou o doutor para acalmá-las.

Nicole sorriu encabulada:

— Agora me conte, Nicole, o que sentiu? — perguntou o médico.

— Não sei ao certo; estávamos passeando pela faculdade... — Nicole narrou tudo o que aconteceu, finalizando: — desculpe, doutor, o transtorno que causei a todos. Viemos visitar e trazer boas notícias para o irmão de Lia e, no fim, estou dando trabalho.

— Não se preocupe, minha jovem, as coisas acontecem mesmo sem querer. Quando menos esperamos vem algo para atrapalhar nosso caminho. O importante é que não passou de um susto fora de hora. Temos de ter controle e não deixarmos que a emoção atropele a razão.

Lia e Nicole se olharam e falaram juntas:

— Nossa, parece Henry falando.

Antony deu uma sonora risada.

— Eu já vou, meninas, não se preocupem, estão em boas mãos.

— Antony, agradeço-lhe. Se não fosse você eu não saberia o que fazer — finalizou Lia.

— Não exagere, se não fosse eu com certeza seria outro a socorrê-la.

— Bem, tenho de ir, estou atrasado. Boa visita, até mais, pai.

— Até mais, meu filho, vemo-nos mais tarde.

— A propósito, pai, o senhor percebeu que a visita é para o seu aluno predileto? — Junior riu sonoramente e se retirou.

Lia e Nicole se entreolharam, sem entender nada.

— Desculpe, doutor, o rapaz é seu filho? — perguntou Lia atrevidamente.

— Sim. E tudo isso não é mera coincidência...

— Como pode ter certeza? O senhor fala igualzinho ao meu irmão!

— Porque foi ele mesmo que me fez observar melhor tudo o que acontece ao nosso redor.

— Doutor, perdoe-me, mas tenho de lhe fazer mais uma pergunta.

— Pode perguntar.

— Seu filho é pretensioso e arrogante ou foi impressão minha?

— Lia! Que falta de educação, eles nos socorreram e você os trata assim?

— Não tem importância, Nicole. Eu admiro a espontaneidade nas pessoas, julgo-a como uma virtude e não como um defeito. Logo que cheguei pressenti que eram parentes de Henry. Sabe por quê? Porque ele vive falando de vocês e da mãe. Que, se não me engano chama-se Lisa, não é? — perguntou o médico sorrindo.

— Sim, minha mãe se chama Lisa.

— Junior não é pretensioso nem arrogante, apenas brincou comigo porque no início sentiu certo ciúme de Henry; porém, depois que o conheceu tornaram-se bons amigos. Vivem juntos sempre que há oportunidade, por isso, a observação dele. Mesmo assim, até hoje, sempre que pode, Junior faz essas brincadeiras: "Henry é o aluno predileto do papai...". Isso responde à sua pergunta?

Todos estavam na enfermaria e riram muito do humor do dr. Village. Lia, envergonhada, disse:

— Doutor, desculpe. O senhor e seu filho gostam de meu irmão, e eu que fui arrogante e mimada.

— Tudo bem, o mais importante é que nada de grave aconteceu com nossa querida Nicole, se é que posso tratá-la assim.

Para nos esquecermos dessa confusão toda, que tal procurar Henry e tomarmos um delicioso lanche?

— Estou bem, sou uma boba mesmo, nunca tive esses chiliques de garota rica.

— Não disse que nada é coincidência? Vamos logo, senão Henry almoçará e vocês não terão o prazer de sua companhia.

Os três saíram e agradeceram os cuidados da enfermeira. Andaram algumas quadras e logo chegaram à frente do prédio de Henry, que estava preocupado, pois o porteiro havia dito que as duas o haviam procurado. A poucos metros, Henry as viu. Lia saiu correndo e os dois irmãos saudosos se abraçaram deixando a emoção tomar conta do coração. As lágrimas desciam copiosamente da jovem irmã. Henry, como sempre, manteve o controle, embora os olhos estivessem rasos d'água. Não foi preciso dizer nada, ambos permaneceram abraçados e deixaram o amor invadir a alma sedenta de companheirismo e amizade. Tão logo a emoção abrandou, Henry, por cima do ombro da irmã, avistou Nicole, o amor de sua vida. O moço não deixou transparecer o que seus olhos teimavam em dizer secretamente. Lia afrouxou o abraço do irmão e ele não conseguiu concatenar o que estava realmente querendo dizer seu coração, mas o impulso foi maior. Ele deixou que o destino trilhasse seu caminho e abriu os braços para que Nicole se aninhasse nele, unificando um dos sentimentos mais fortes e nobres. Nicole, por sua vez, sem temer a reação de Lia, disse com a voz entrecortada e o coração batendo acelerado:

— Meu coração estava morrendo um pouco todos os dias de tanta saudade!

Controlando a emoção, como é rotineiro a um médico, Henry disse baixinho em seu ouvido:

— Acalme-se, por favor, depois conversaremos, está bem?

Nicole se afastou um pouco para olhar Henry. Ele, com toda ternura e gentileza, próprios de sua alma generosa, disse-lhe, olhando fixamente em seus olhos:

— Tenha calma, tudo tem sua hora. Conversaremos depois.

Nicole, completamente embevecida de amor, abraçou-o com mais força. Village, percebendo que o jovem estudante não conseguia soltar a moça, de pronto foi ao seu socorro.

— Bem, menina, chega de abraços, vocês terão todo o tempo do mundo para matar as saudades.

O médico, muito mais experiente, pegou as meninas pelo braço e, de mãos dadas com as duas, falou:

— Bem, meu caro Henry, roubarei suas duas belas jovens para um lanche. Com certeza devem estar famintas!

Lia, meio assustada pela cena que havia presenciado, colaborou com o médico apaziguando o embaraçoso clima:

— Eu, por exemplo, estou morrendo de fome. E você, meu irmão, não está?

— Comeria um boi se pudesse — brincou Henry.

Assim que chegaram à cantina e se acomodaram, Henry fez mil perguntas para a irmã.

— Calma, meu irmão, como responder a todas as perguntas de uma só vez?

— Tudo bem, começarei de novo. Preciso saber de mamãe. Como ela está?

— Nossa mãe viria conosco, mas...

— Mas... O que houve?

Lia contou tudo o que havia acontecido e finalizou:

— Papai fez questão que nós viéssemos. Ele jurou que cuidaria dela.

— E você acreditou?

— Claro que sim. Henry, papai mudou muito de uns tempos para cá. Eu acredito nele.

— Lia, não quero ser pessimista, mas não acredito nessa mudança repentina.

— Ai... Pare de se preocupar tanto! Eu e Nicole somos testemunhas de que ele está melhor, sim. Até chamou o dr. Jardel para cuidar de nossa mãe!

— O que você não entende é que, se precisou da presença do dr. Jardel, é porque mamãe não estava bem.

— Henry, acalme-se. Já estamos aqui; por hora não há o que fazer.

Henry não queria ser mal-educado; afinal, não se viam havia mais de um ano. Não seria gentil de sua parte se insistisse no assunto. Contudo, o jovem não engoliu que o pai havia mudado, como elas acreditavam.

— Tem razão, minha irmã, estou feliz que estejam aqui comigo. Senti muitas saudades de vocês.

O silêncio se fez por alguns instantes, Nicole e Henry não paravam de se olhar. Henry até que era bem discreto, sempre mantinha o controle de suas emoções. A bem da verdade, ele era perseverante em seus objetivos e fazia jus ao que viera cumprir. Na sua área, todos eram treinados para não se envolverem emocionalmente com pacientes, e a razão sempre se fazia presente àqueles profissionais perseverantes e dedicados. Não é por acaso que estudam com afinco por muitos anos. E não pensem vocês que tendo em mãos o diploma, o curso está concluído como em outras profissões. Estudar... estudar... e estudar... Isso sempre fará parte da vida desses fabulosos colaboradores de Deus, que nunca param. Vida própria? Quase nunca têm. Esses fantásticos homens de branco foram preparados por muitas encarnações na eminência prática do bem. Henry não era diferente, sempre fora muito discreto e era quase impossível saber realmente o que sentia ou o que pensava. Era o homem certo, para a profissão certa. Village não só apreciava a sincera amizade do jovem estudante, como o admirava a cada dia por sua postura madura e discreta. Não o via como um rapaz de sua idade, não sabia definir com exatidão, mas ele era diferente. Por muitas vezes depois das aulas, à noitinha, entregavam-se, sem perceberem, em reconfortantes palestras. Village e Henry estabeleceram uma sólida amizade, gostavam realmente de ficar juntos. O estudante aprendia muito com o médico já maduro e sentia-se à vontade para desabafar seus segredos. E a recíproca era verdadeira; enfim, tornaram-se cúmplices de profissão e de laços verdadeiros de amizade.

Como amigos servem para todas as horas, Village tentou trazer Henry para a realidade, enquanto Nicole demonstrava todo o amor que sentia pelo amigo, sem sequer fazer questão de esconder.

— Henry, sei que está muito feliz com a visita dessas moças tão lindas, mas o estudo o espera. Já sabe, há muito tempo que um médico tem de se dedicar muito; portanto, faltam apenas dez minutos para retornar às aulas!

— Tem razão, preciso ir, mas estou preocupado. Onde vocês ficarão? No prédio não é permitida a entrada de moças!

— Não se preocupe, meu irmão, nós íamos voltar hoje mesmo para casa, mas resolvi ficar mais um dia, portanto ficaremos em um hotel.

— Você enlouqueceu? — perguntou Henry perplexo.

— Por quê? Nem ficamos juntos! Mal tomamos um lanche! Preciso saber muitas coisas ainda.

— Como o quê, por exemplo?

Lia ficou sem ação diante das negativas do irmão. Jamais esperava aquela reação dele.

— Bem, como por exemplo... Ah, sei lá, Henry — Lia respeitava muito o irmão e como começou a gaguejar. Henry se adiantou:

— Como, por exemplo, ver Patrick, eu suponho?! — respondeu Henry meio contrariado.

— É você quem está dizendo. Eu não falei nada!

— Pelo que estou vendo está mais preocupada com sua vida do que...

— O que está querendo dizer?

— Estou querendo dizer que mamãe ficou sozinha e você está preocupada em ver Patrick! E para ser mais claro, não estou querendo dizer, estou afirmando! Você tem de voltar ainda hoje para casa, entendeu?

Village, intercedeu:

— Henry, desculpe-me, mas você está sendo muito duro com sua irmã. Afinal; ela tem muita consideração por você, veio com a maior das boas intenções visitá-lo. É melhor que reflita e se acalme um pouco. Cobre-se menos responsabilidades. Desde que nos conhecemos reparei que você cobra algo que não está em suas mãos nem nas de sua irmã. Desculpe, mas é melhor ser realista, meu filho. Você ainda é apenas um garoto. Viva mais sua vida que mal começou, seus pais fizeram suas escolhas e não compete a você querer mudá-las. Henry, desculpe mais uma vez, sabe que o tenho como um filho, você já faz parte da minha vida e de todos da minha família. Mas pense bem em tudo o que acabei de falar e procure aproveitar mais os momentos felizes, não seja duro consigo mesmo. Não queira acertar sempre. Nós não temos esse poder, como você mesmo ensinou, o que não podemos resolver passamos às mãos de Deus. Isso, Henry, aplica-se também a você.

Todos silenciaram. Nicole, preocupada, pousou sua mão sobre a de Henry e completou:

— É verdade, dr. Village tem razão, você ainda é muito jovem para sofrer dessa maneira.

— Henry tem razão, deixei minha mãe sem saber o que realmente estava se passando com ela. Fui muito egoísta, vou embora hoje mesmo — disse Lia.

— Desculpe, Lia, fui muito insensível, vocês não merecem. Desculpe, dr. Village e Nicole, eu não tinha o direito de cobrar nada. Mas, infelizmente, meu tempo terminou, preciso voltar às aulas.

Henry pegou nas mãos da irmã e disse:

— Por favor, minha irmã, instale-se em um hotel. À noite irei com Patrick vê-las. Quer dizer, se o sr. Village permitir que Patrick me acompanhe!.

— Por que, se o dr. Village permitir? — perguntou Lia esquecendo-se da mãe.

— Por que Patrick é funcionário dele.

— Eu sabia, eu sabia que você iria ajudá-lo! — exclamou Lia eufórica.

— É, minha irmã, você não tem jeito mesmo! Tudo bem. Não quero mais discutir, minha irmã.

Henry se levantou para ir embora.

— Lia, preste atenção, o número do telefone é esse, assim que se instalarem deixe um recado com Joseph, o porteiro. Quando eu chegar, ligo para você, entendeu?

— Vá tranquilo, Henry, eu mesmo vou instalá-las em um hotel. Não se preocupe.

— Muito obrigado mais uma vez, doutor.

Assim, Henry voltou às aulas. O médico gentilmente instalou Lia e Nicole em um bom hotel. Não era perto, mas de onde elas estavam dava para apreciar a Torre Eiffel. Nicole estava maravilhada com a cidade e as pessoas elegantes que transitavam por toda parte.

— Paris é uma cidade maravilhosa!

— Até parece que nunca esteve aqui!

— Ah... Sei lá... Mas tudo parece tão mais bonito!

— Parece? — retrucou Lia com cinismo.

— Por que o deboche?

— Por quê? Pensa que não percebi sua paixão pelo meu irmão? Aliás, não fez questão nenhuma de esconder, qualquer um veria em seus olhos. Por esse motivo acha tudo muito mais bonito, não é?

— Sabe, Lia, quando cruzamos o olhar com o de quem amamos o mundo para, é como se existisse apenas nós dois, tudo se torna mágico. Nada mais importa. Quando estive nos braços de Henry, senti-me segura, com uma paz infinita, como se ele fosse a minha força, segurança, alma... Foi como se ele estivesse dentro de mim, como se fôssemos um só ser. Eu o

POR TODA A MINHA VIDA

amo tanto que às vezes sinto um medo terrível, não sei descrever. É como se eu lutasse para tê-lo em meus braços, mas uma força o tira de mim.

Nicole, olhando para um ponto qualquer, deixou que as lágrimas fluíssem pelo seu rosto dando vazão ao medo que a apavorava.

— Se um dia Henry vier a me amar como eu o amo, lutarei com todas as forças para tê-lo. Até seu pai não me impedirá de ser feliz ao lado de seu irmão.

— Credo, Nicole, você fala de um jeito que me dá arrepio. Até parece impossível de esse amor acontecer!

— Para mim só será impossível se Henry não me amar.

— E você fala com essa calma?

— Não é questão de ter calma e sim de bom-senso. Pôr em prática tudo o que Henry e eu estudamos sobre o mundo dos espíritos. Se o amor for realmente verdadeiro transporá muitas e muitas encarnações, contudo, estará sempre à nossa espera. Como diz Henry: o amor nos liberta e nunca escraviza.

— Como assim? Quando amamos alguém queremos ter a pessoa conosco!

— Aí é que está! Para o seu irmão tudo tem uma explicação plausível. Se por algum motivo não temos esse amor, não devemos ser egoístas, possessivos... Nós, aqui da Terra, temos uma ideia de amor, cultivamos o sentimento de posse; contudo, o ser amado não é um objeto qualquer que definimos de "meu".

— Nossa, Nicole, tudo isso é muito complexo. Como amar e não ser egoísta? Se amamos, queremos ser correspondidas, e se somos correspondidas, quereremos a pessoa conosco.

— Eu entendo, Lia. Eu, como a maior parte dos humanos, pensa e compartilha das mesmas ideias que você. Mas Henry diz que não é bem assim. Não existe sentimento de egoísmo. Se existir, não é amor.

— Então, que graça tem amarmos e sermos correspondidos? Eu, por exemplo, não abro mão do meu amor, sinto-me egoísta!

— Vou tentar lhe explicar. Para Henry, os valores e sentimentos vêm do nosso espírito e não da parte carnal. Se por algum motivo, alheio ao nosso entendimento, nossos caminhos se desviarem, devemos renunciar à nossa felicidade em prol do ser amado. Entendeu?

— E do que isso me vale?

— Lia... Deixe para lá. Eu só preciso ter muita calma em relação ao seu irmão, preciso usar de muita cautela, pois ele não se deixa envolver tão facilmente.

— Não sei por quê, depois do que vi hoje acho que ficou claro que seu amor é correspondido!

— Lia, tomara que sim. Ele até pode negar, mas em meus braços senti uma forte vibração. Não é possível que só eu a tenha sentido!

— Então, qual é o problema, Nicole?

— O problema é que seu irmão nunca demonstra os sentimentos, o que vai no coração dele. Sei que não devia, mas não suporto esse controle que ele mantém de tudo e de todos!

— É mesmo, eu concordo com você, meu irmão é muito frio. Será que é coisa de médico?

— Eu penso que não. Henry sempre foi assim. Claro que agora vai piorar!

— Bem, Nicole, é melhor não pensarmos mais nisso. Vamos dar umas voltas, fazer compras para espairecer; afinal, hoje vamos ver os dois e eu quero me sentir bonita.

— Não quero nem pensar. Se seu pai souber, mata-nos.

— Pare de pensar em meu pai, vamos ser felizes. E as compras fazem parte da vida e nos deixam alegres!

Nicole, rindo intimamente, foi obrigada a concordar com Henry: Lia era cabeça fresca, não cultivava responsabilidade. Deixava que a vida seguisse o curso das ilusões.

Capítulo 11

Uma declaração de amor

Henry chegou à seu quarto e se deixou cair na cama, estava cansado e preocupado. Pegou um pequeno pedaço de papel, abriu e leu: "Henry, instalei-as em um bom hotel, fique despreocupado. Segue o endereço. Abraços do amigo Village".

O jovem sorriu feliz pelo professor considerá-lo um amigo. Pensou: " O dr. Village tem razão, preciso relaxar, tornar-me tranquilo. Se minha mãe escolheu o caminho certo ou errado, foi sua escolha. Terá de aceitar as provações com resignação mesmo que tiver de colher tempestade para no futuro usufruir a bonança com harmonia, ou tiver de passar por caminhos tortuosos, sofrimentos, para encontrar o derradeiro entendimento e a evolução. E lógico que acima de tudo temos de arcar com nossas responsabilidades. Sempre haverá A Lei de Causa e Efeito". A esses pensamentos, Henry

lembrou-se de Nicole. "Como enfrentar? Até quando esconder?" O jovem acomodou-se na cama e fez fervorosa prece pedindo auxílio ao Criador.

— Deus, Pai de infinita misericórdia, sei que muito extensos são os pedidos de auxílio e socorro de seus filhos. Contudo, se for de meu merecimento peço-lhe que esclareça os sentimentos e pensamentos constantes em meu espírito. Já não consigo esconder o que sinto por tão venturosa criatura que é Nicole. Ajude-me, Pai, pois sei que devo contar apenas comigo e com sua salutar bênção.

Henry elevava suas preces sinceras ao plano espiritual com tanta fé e verdade que sentiu a presença de um amigo ao seu lado.

— Como está, meu amigo Henry? Que Deus nosso pai abençoe a todos nós...

— Eu sabia que viria! — exclamou Henry feliz.

— Todo filho de Deus é socorrido, meu jovem. Eles podem não possuir o dom da vidência, mas sempre serão socorridos pelo plano espiritual. Todos são filhos do mesmo Pai.

— Eu sei. Não quis ser pretensioso nem me julgar melhor. Mas quando sinto sua presença recobro as forças.

— Bem, Henry, sei por que está aflito, mas deve confiar na providência divina. Deixe que o rio percorra seu curso natural, pois ele sempre chegará ao seu destino. Você, como muitos, foi preparado para a tarefa de curar com dedicação os irmãos que a você chegarem. O que temos de separar é o joio do trigo.

— Como assim? Não estou entendendo.

— Deve se manter fiel e dedicado à profissão que escolheu. Contudo, não viverá só de curas e auxílio ao próximo.

Você acha que há sentimento tão nobre e forte como o amor, se o próprio Criador plantou em cada um de seus filhos a semente que gera grandes transformações? Não importa o sentido do amor, amamos pais, irmãos consanguíneos, amigos, filhos; enfim, amamos sempre, não importa quem.

— Perdoe, sei que é egoísmo e tolice de minha parte.

— Então, por que a insegurança? Se ama, deixe que seu coração o leve. Não queira que tudo seja perfeito, não queira controlar tudo à sua volta. Encontrará muitos obstáculos em seu caminho, na busca incessante da evolução, mas ame, ame sempre com muita força e verdade, pois o grande segredo da humanidade está em amar. O amor nos eleva com a mais pura e forte vibração em busca do equilíbrio do planeta que habitamos. Espero que eu tenha esclarecido seus anseios.

Henry pensou por alguns instantes, depois se pronunciou:

— Tem razão, amor é amor, e se nós sentimos, por que temê-los?

— Então, permita-me dizer-lhe: deixe que esse sentimento se resolva por si só, saberá o que fazer na hora certa. Deixe que flua, você verá que a vida é bela e proporciona não só momentos de lutas e aprendizado, mas de felicidade plena também.

Henry conversava mentalmente, por frequência de ondas, com o amigo do plano invisível. Sentia-se muito à vontade, como se fossem amigos do mesmo estágio de evolução.

— Agradeço-lhe de coração por vir ao meu auxilio. Que Deus possa iluminá-lo sempre — falou Henry.

— Preciso ir. Sempre que estiver precisando de esclarecimento estarei ao seu lado. Que Deus de misericórdia possa iluminá-lo...

O amável morador do plano invisível voltou à sua labuta. Henry serenou, agradeceu em prece aos amigos amparadores e já refeito levantou-se e foi tomar um banho. Assim que ficou pronto, esperou por Patrick, que logo chegou. Os dois saíram animados, porém Patrick mostrava sinais de nervosismo e ansiedade, pois ninguém sabia, pelo menos ele acreditava que não sabiam de seu amor por Lia. Mas Henry quis deixá-lo à vontade e quebrou o silêncio:

— Aconteceu alguma coisa? Está tão calado!

— Comigo? Não... Não aconteceu nada.

— Se está tudo bem, por que esse vinco de preocupação em sua testa?

— Não estou preocupado. Por que está dizendo isso?

— Como vão as coisas na casa do dr. Village? — perguntou o jovem médico mudando de assunto.

— Graças a Deus está tudo bem. Já tenho meus documentos em ordem. Sou um homem habilitado e bom motorista. O dr. Village providenciou tudo, é claro que fiz algumas aulas práticas, mas passei e me sinto mais tranquilo. Tenho uma novidade — disse Patrick eufórico. — A senhora Françoise me propôs que eu terminasse meus estudos.

— Patrick, que boa notícia, fico feliz! Quando começa?

— Ainda não sei, quem está providenciando tudo é Marseille. Logo começarei a estudar no turno da noite.

— Mais isso é muito bom, melhor do que eu esperava!

— Eu estou muito feliz, até me sinto gente. Só que estou com medo, faz tempo que não leio um livro.

— Que é isso, Patrick? Logo volta ao ritmo. O que não pode é perder essa oportunidade.

— Não vou perder, pode ter certeza.

Henry ficou muito feliz por Patrick estar aproveitando as oportunidades que vinham ao seu encontro. Tudo mudaria para melhor.

— Patrick, mas é só isso que tem de novidade para me contar?

— Claro que é! Por quê?

— Por nada, meu amigo, por nada.

Henry e Patrick chegaram à recepção do hotel.

— Boa noite, senhor, *mademoiselle* Lia? — cumprimentou o simpático jovem Henry.

— Por gentileza, qual o nome de vocês?

— Henry e Patrick.

— Ah, sim... As senhoritas os esperam. É no terceiro andar, quarto 303, podem subir.

Os jovens rapazes agradeceram e se dirigiram ao elevador. O recepcionista ligou e avisou-as que os visitantes estavam subindo.

Lia desligou o telefone e gritou excitada:

— Ai, Nicole... Eles estão subindo!

— Ai, Lia... Meu coração vai saltar pela boca. O que faço? — Tentando se situar, disse: — Calma Nicole, você é uma pessoa muito calma.

Bateram à porta. Lia ajeitou a roupa, olhou-se no espelho e foi atender. Henry abraçou a irmã. Em compensação, Patrick se limitou a estender a mão.

— Como tem passado, Patrick? Prazer em revê-lo — cumprimentou Lia, sem graça.

— Estou bem. E você?

125

— Bem...

Henry se aproximou de Nicole e pousou um beijo em seu rosto. Nicole ficou parada como uma estátua, mal respirava. Todos sentiram um clima estranho no ar. Lia, Nicole e Patrick estavam se sentindo como diz o dito popular numa "saia justa". Apenas Henry estava muito à vontade. Assim, ele quebrou o clima tenso:

— O que houve com vocês? Perderam a língua? Lia, convide-nos, pelo menos, para sentar! Não é porque vieram a Paris que perderam a educação.

— Ah, meu irmão, perdoe-me. Por favor, sentem-se. Fiquem à vontade, vou pedir o jantar.

— Por favor, Lia, agora não. Preciso conversar com Nicole. Mas... em particular, se vocês não se incomodarem!

Patrick e Lia se olharam sem entender nada. Ficaram mudos, sem reação.

— Patrick, Lia, estou facilitando as coisas para vocês e ambos ficam parados como dois de paus?! Já está na hora de todos nos entendermos. Portanto, Lia, tem minha permissão para dar uma volta com Patrick pela cidade, e, claro, matar as saudades.

Patrick e Lia ficaram surpresos. Sentiram-se sem chão. A impressão que tiveram é de que Henry era o mais velho e experiente cidadão dentre eles. A força espiritual do jovem estudante de Medicina se impunha, contudo, não propositadamente, simplesmente fazia parte de sua pessoa. Era como se todos esperassem por uma decisão, uma autorização de sua parte.

— Patrick, tem permissão para acompanhar minha irmã, confio piamente no bom-senso de vocês; afinal, já são adultos. Não preciso lembrá-los de que são responsáveis pelos próprios atos.

Patrick não sabia o que dizer diante de tudo o que Henry já sabia, mas não imaginava como ele sabia.

— Henry, preciso lhe dizer que... — Henry o cortou:

— Não precisa dizer nada, Patrick. Em primeiro lugar, é preciso saber o que vocês querem. Depois poderemos conversar.

Patrick nem se atreveu a perguntar o que ele queria com a irmã Nicole. Por muitas vezes, sentia raiva de si mesmo por não conseguir se impor como gostaria. Henry era ainda um moleque. Pelo menos era o que Patrick achava.

Lia, sem mais demora, puxou Patrick e saiu, deixando o irmão e Nicole sozinhos. O jovem pegou carinhosamente nas delicadas mãos de Nicole e pediu de forma amável:

— Sente-se aqui perto de mim, precisamos conversar.

Nicole começou a tremer apenas pelo toque das mãos do amado.

— Calma, Nicole. Não é preciso ficar assim; afinal, sou o Henry, lembra-se?

Nicole o amava muito. Seu coração batia descompassado.

— Bem, Nicole, desde que me escreveu aquela carta não penso em outra coisa.

Nicole ficou apreensiva com medo de não ouvir o que sua alma almejava com veemência. Sem suportar o amor reprimido desde a infância pensou em fração de segundos: "Ah, meu Deus, por favor, faça com que ele não rejeite meu amor. Não suportarei".

— Por favor, Henry, não despreze meu amor. Por favor. Não suportarei! — disse começando a chorar desesperadamente.

Henry ponderou, mas Nicole, com a explosão contida em seu coração, tocou profundamente o amor já existente na alma nobre do futuro médico.

— Calma, Nicole. Eu a amo tanto ou mais que você a mim. Por favor, não chore e não sofra antecipadamente.

Naquele momento, ele se deixou levar como havia aconselhado seu mentor espiritual:

— Abrace-me com força, é tudo de que eu preciso neste momento!

Como bálsamo para os ouvidos de Nicole, aquelas palavras tão esperadas elevaram seu coração, dando lugar ao imenso amor que sentira naquela hora venturosa em que Deus abençoara um grande amor. Henry, com a voz embargada, pediu ditoso:

— Nicole, olhe para mim.

Ela, com as lágrimas a lavarem seu rosto, afrouxou o abraço eloquente, cruzando os olhos de Henry que, não contendo mais os impetuosos e alvoroçados hormônios, beijou-a nos lábios repetidas vezes. A jovem apaixonada se deixou levar pelo embalo maravilhoso que a enlouquecia. O que queria era entregar-se para Henry e sentir tudo o que o amor verdadeiro poderia lhe oferecer. Henry a beijava mais e mais, esquecendo-se de tudo e de todos. E, sem ter de dizer absolutamente nada, pegou-a nos braços e fizeram amor. A alma deles exaltava um só sentimento de amor infinitamente ligado por laços de vidas passadas. Nada mais importava, nada mais os separaria. Quando embriagados de amor e exaustos, Henry agasalhou-a em seu peito e disse completamente tocado por tudo o que vivenciaram:

— Nicole, eu a amo muito. Peço-lhe que confie em mim. Sinceramente, tentei esquecê-la, pois cheguei a pensar que o que sentíamos fosse apenas ilusão de infância. E você, mais que ninguém, sabe que penso e repenso antes de tomar qualquer resolução. E, sem omitir nenhum fato ocorrido, quero que saiba que conheci muitas garotas, mas fracassei com todas, não consegui me relacionar. Só me entrego quando realmente acredito naquilo que almejo para a minha vida. Embora eu tenha lutado muito contra esse sentimento, não há mais como viver sem você.

Nicole, sedenta por ouvir tão precisas palavras, iluminava sua alma com o amor que arrebatava todo o seu ser.

— Tive tanto medo de não ser correspondida. Quantas vezes orei a Deus para que eu conseguisse penetrar em seus pensamentos para saber o que ia na sua alma. Mas nunca obtive êxito. Muitas vezes, odiei seu gênio de garoto frio e durão.

Henry riu sonoramente.

— Do que está rindo? Estou aqui abrindo meu coração e lhe contando tudo o que sofri e você zomba de mim?

— Não estou zombando de você, bobinha. É que sempre soube de seu amor por mim.

— Ah, é? Seu pretensioso.

— Alguém tinha de ter juízo! Eu não podia me envolver. Primeiro, por causa de meus pais; segundo, porque tínhamos de ter certeza de nossos sentimentos, para mais tarde não nos arrependermos. E, terceiro, porque éramos muitos jovens; quer dizer, ainda somos muito jovens.

Nicole beijou seus lábios fazendo com que ele se calasse. E novamente eles se uniram em um só corpo.

Capítulo 12

Romantismo no ar

Patrick e Lia, quando se viram sozinhos, beijaram-se e se abraçaram apaixonadamente, pois a saudade era imensa. Assim que o elevador parou no saguão eles deram as mãos. Patrick sentia uma felicidade imensa.

— Eu estava morrendo de saudade de você.
— Seu mentiroso, pensa que não sei que é motorista de belas garotas?

Patrick respondeu rindo do ciúme de Lia:
— Mas é você que amo.
— Jura?
— Claro que eu juro!
— E essas garotas são mais bonitas do que eu?
— Pare com isso, Lia, elas são minhas patroas. E, depois, você acha que por onde passo as mulheres caem aos meus pés?

— É... Mas não se esqueça de que eu também já fui sua patroa, portanto isso não é desculpa!

— Mas você tem de concordar comigo, sempre a respeitei, só declarei meu amor quando fui despedido e não era mais empregado da quinta dos vinhos.

— Está bem, você venceu. Mas sinto ciúme de você nesta cidade; há tantas mulheres maravilhosas, enquanto eu fico longe!

— Vamos parar com esse assunto. Aliás, aonde vamos até que seu irmão converse com Nicole?

— Vamos dar uma volta, há tantas coisas bonitas para vermos.

Patrick e Lia saíram tranquilos por Henry já estar a par do romance entre eles. Entraram em uma doçaria, sentaram-se e pediram um suco para passar o tempo. Aproveitaram a companhia um do outro. Contudo, Patrick estava impaciente, e Lia, claro, notou:

— O que foi? Estou aqui pertinho de você e não está inteiro. O que o está preocupando?

— Sabe o que é, Lia? Tenho de perguntar, senão terei um infarto!

— Pergunte — disse Lia.

— O que Henry quer com a minha irmã?

— Eu sabia, estava demorando!

Lia riu com gosto e concluiu:

— Aquele fedelho... — a moça o irritou ainda mais: — "Lia, tem minha permissão para dar uma volta com Patrick pela cidade, e, claro, matar as saudades. Patrick, tem permissão para acompanhar minha irmã". — A moça descontraída, continuou debochando da cara de Patrick.

— E você acha graça? — perguntou Patrick muito bravo.

— Mas, Patrick, para que...

— Por que não consigo me impor para Henry? Eu fico como um idiota, dizendo amém a tudo!

Lia não aguentou a cara dele e riu sonoramente, porém, por pouco tempo, pois o irmão de Nicole estava muito bravo. Lia retratou-se:

— É muito simples, é porque há muito pouco tempo ele mandava e desmandava mesmo, era ele quem lhe dava ordens. Esqueceu-se de que trabalhou por muito tempo sob as ordens de meu irmão? Isso faz com que se intimide.

— Não, Lia. Não é isso! Quando trabalhávamos juntos, Henry sempre me tratou com respeito, de igual para igual. Nunca se aproveitou de sua posição. Para falar a verdade, sempre me tratou como um irmão! Esse moleque é topetudo! Não consigo entender com exatidão, mas ele se julga um homem.

— Mas temos de reconhecer, embora não pareça, Henry é homem feito, é responsável. Sabe bem o que quer. É maravilhoso, às vezes me incomoda esse seu jeito sempre muito sério, sóbrio, mas confio nele.

— É, Lia, preciso me acostumar com esse topetudo, é alma velha em um corpo de menino. Mas não pense que engoli o assunto que quer tratar com minha irmã.

— Fique tranquilo, Patrick! Henry ama sua irmã. E, com certeza, a esta altura Nicole já deve estar pisando nas nuvens. Porque se o conheço bem já se entenderam. Henry deve ter pensado e repensado, mas no fim teve de admitir que a ama também.

— Não acredito no que está me contando, eu sabia que Nicole o amava, mas ele, nunca notei absolutamente nada.

— Pois é, Patrick, nunca sabemos o que ele sente ou pensa. Só descobrimos quando ele admite, caso contrário, nunca sabemos o que se passa com ele. Quer saber? Eu não ligo mais, já me habituei.

— Puxa, Lia. Quer dizer que ele está se declarando? Não acredito!

— É isso sim, mas vamos mudar de assunto, porque enquanto eles estão lá juntinhos e se entendendo, nós estamos aqui perdendo tempo. Henry não precisa que nos preocupemos com ele.

— Mesmo assim, estou preocupado.

— Mas, por que, Patrick?

— Ah, Lia... Seu irmão pode ser isso, aquilo, mas está lá no quarto sozinho com minha irmã! E a palha perto do fogo, já viu, *né*?

— Ah, Patrick. O máximo que pode acontecer é pegar fogo.

— E você diz isso com essa calma? É minha irmã que está lá, sabia?

— Patrick, por favor, economize seu vocabulário, Henry pode ser tudo, mas garanto que jamais fugiria às suas responsabilidades. E vamos parar por aí. Tenho absoluta certeza de que nem sequer estão se lembrando de nós. Não quero mais falar sobre esse assunto, quero falar de nós!

— Desculpe, meu amor. Não quero ficar remoendo o que estão ou não fazendo. Vamos aproveitar nosso momento; tenho um montão de novidades! — disse Patrick.

Contou tudo o que acontecera desde que chegara à república. E finalizou dizendo que retomaria os estudos. Lia não cabia em si de tanta felicidade.

— Patrick, meu amor, essa foi a melhor notícia que você poderia me dar. — Eufórica, ela gritou: — Eu o amo! Você merece tudo de bom que está acontecendo.

A jovem se levantou da cadeira e o abraçou, beijando-o repetidas vezes, sem se importar onde estavam.

— Lia, você é maluca mesmo!

Patrick também a abraçou com alegria.

Capítulo 13
O compromisso

Lisa já estava mais bem disposta, porém se perguntava: "O que terá acontecido? Por que não consegui me levantar no horário?".

Com tantas dúvidas, foi sondar Julliete:

— Julliete, o chá que me fez na noite passada devia estar muito forte, há tempos que não dormia tão pesado!

— A senhora está desconfiando de mim?

— Claro que não, Julliete, sempre confiei em você. De onde tirou essa ideia?

— Por que *madame* está me questionando. Sempre fiz seu chá do mesmo jeito e nunca perdeu a hora.

— Deixe para lá, Julliete, tive alguns pensamentos, mas é bobagem minha, esqueça este assunto.

As duas senhoras conversavam e não repararam que Jean estava à espreita escutando como

sempre, é, claro. Ele pensou: "Preciso ficar atento, por alguns dias não poderei ministrar-lhe o remédio, pois ela está cismada, não posso deixar que descubra".

Lisa se dirigiu ao escritório para ler um livro. Jean se retirou. Por mais que não quisesse pensar no assunto, Lisa continuou cismada: "Não pode ser... Ah, Lisa tire essas bobagens dos pensamentos. Mas Jean está tão mudado! O que será que está acontecendo? Bem, pode ser que sentiu que estou disposta a defender meus filhos. Ou será que percebeu que não vou deixar-me pressionar? Não deve ser só por isso... Deve ser por causa de nossa filha. Ele tem medo de que Lia o rejeite. Ah, filha querida, amo-a tanto! Como será que está se saindo em Paris? Lisa... Pare de se preocupar. Lia tem o irmão a seu lado, e Henry é um filho maravilhoso. E Patrick? Como será que se arranjou? Estou tão ansiosa para saber as novidades. Deixem eles se virarem, estão todos juntos. Vou me tranquilizar, sei que estão bem...". Lisa sentia-se feliz, confiava no filho querido. Sorrindo para si mesma, escolheu um livro e foi se sentar na sala. Assim que entrou na ensolarada sala, deparou com Jean sentado em uma poltrona.

— O que houve, Jean? Não vai cuidar dos vinhos?

— Lisa? Onde estava? Não a vi entrar.

— Não saí daqui de dentro! Estou estranhando-o sentado a esta hora do dia pensando!

— Não é nada não, a não ser...

— A não ser? — perguntou Lisa curiosa.

— Já faz alguns dias que me sinto cansado e indisposto.

— Você, Jean? Não acredito, nunca o vi cansado!

Realmente, Jean não estava bem, mas o orgulho não perdia nunca.

— E não vai ver nunca, não sou homem de ficar dentro de casa me lamentando, fazendo corpo mole. Já estou indo, com licença.

Jean pegou o chapéu e saiu. Contudo, estava realmente sentindo um grande mal-estar, parecia carregar o mundo nas costas. Na verdade, não era o mundo, mas um grande companheiro de vibração, um espírito sombrio a tentar seus pensamentos. Mas o que se há de se fazer? Isso quase sempre acontece com encarnados que cultivam a maledicência, preocupam-se com o sucesso alheio, invejam a luz espiritual do outro, permitem serem coitadinhos etc. E Jean, embora prosperasse em bens materiais e enriquecesse ao longo de sua caminhada, era pobre de espírito. Mais uma vez trazia a doença de cobiçar o que não lhe pertencia e, consequentemente, fracassava em benquerença, amor, acolhida familiar e bem-estar com a vida.

Na vida, temos de lutar, trabalhar para alcançarmos benefícios honestamente. Todos nós não só merecemos como devemos desejar o melhor, tanto material como afetivamente. Isso não é pecado, desde que não cobicemos o que não nos pertence. Devemos fazer por merecer. Se for de merecimento de cada um, a prosperidade, com certeza, é alcançada.

* * *

Henry olhou o relógio e viu o adiantado da hora. Deu um pulo assustado.

— Nicole, vamos nos vestir. Seu irmão e Lia logo estarão de volta, e, com certeza, não vão gostar nada do que fizemos!

— Ah, Henry, fique mais um pouquinho perto de mim.

Henry suavemente segurou seu rosto e disse:

— Nicole, por mim ficaria aqui o resto dos meus dias, porém, não devemos decepcionar as pessoas que amamos, principalmente Patrick; ele não merece.

Henry, consciente de seus atos, pousou um beijo nos lábios de Nicole e concluiu:

— Amo-a mais que tudo em minha vida, mas precisamos sempre, em todas as circunstâncias, respeitar quem nos respeita.

— Você me ama mais que a Medicina?

— Nicole, isso é pergunta?

— Responde, vai.

— Por mais que a ame, sem a Medicina jamais poderíamos nos casar, sua mimada. Portanto, vista-se.

— Não, só se jurar que vai me amar como hoje e casar-se comigo.

Henry amava muito Nicole e, rendendo-se aos seus encantos, respondeu com ternura:

— Eu juro, aqui e agora, prometo-lhe que me esforçarei muito, mas muito mesmo, e tão logo me forme, vamos nos casar.

Nicole não disse uma palavra, beijou os lábios de Henry e foi vestir-se. Já havia passado uma hora, e os dois amantes apaixonados conversavam felizes quando Patrick e Lia chegaram. Lia, como sempre, muito bem-humorada, entrou perguntando:

— E os pombinhos, como estão?

Henry nunca perdia a presença de espírito firme e seguro de si; e respondeu com outra pergunta:

— Eu é que lhe pergunto. Como vão vocês, já se entenderam?

— Você, hein? Nunca leva nada na brincadeira!

— Desculpe, eu e Nicole nos entendemos muitíssimo bem. Agora, reformulando a minha pergunta: E vocês, já se entenderam?

Patrick, por mais que se esforçasse em manter tranquilidade diante de Henry não conseguia; seus pensamentos eram os mesmos: "Esse moleque é atrevido demais".

— Lia e eu... Bem, nós...

Henry, dissimulado, perguntou:

— Meu querido Patrick, por que lhe causo tanto nervosismo?

Lia o defendeu:

— Também, Henry... Do jeito que você pressiona, até eu fico sem reação!

— Está bem, vamos ver se eu os ajudo.

Até Nicole o achava frio, às vezes. Para ele não havia meio-termo, a resposta tinha de estar na ponta da língua: ou era ou não era. Ainda por cima tinha de dar explicações dos porquês das dúvidas.

— Patrick, você assumiu o namoro com minha irmã? Sim ou não?

— Sim — limitou-se Patrick na resposta.

Henry não queria achar graça, mas não teve como, o rapaz tremia diante do "moleque".

— Tudo bem. Eu, como irmão, preciso saber se esse relacionamento é sério, concorda ou não?

— Concordo, é claro.

Lia intercedeu mais uma vez muito brava:

— Mas que droga, Henry! Qual é o problema? Nicole é irmã de Patrick e nem por isso ele o está interrogando!

Henry começou a gargalhar sonoramente, e, olhando para eles, concluiu cinicamente:

— Estou brincando! É que não aguento ver a cara de Patrick apavorado! — Henry ria sem parar.

Lia foi para cima do irmão e deu-lhe uns tapas.

— Seu bobo, você quase nos pegou!

Henry estava muito feliz, depois de rir muito, abraçou a irmã com ternura:

— Lia, eu a amo muito, e Patrick também. Desejo de todo meu coração que sejam felizes.

Patrick, mais descontraído, falou:

— E você, Henry, quais as suas intenções com minha irmã?

As duas jovens pararam de rir na hora e se olharam sérias. Mas o jovem estudante nunca perdia o jogo de cintura, sempre se saia bem:

— Bem, meu cunhado, minhas intenções são as melhores possíveis. Até já a pedi em casamento.

Patrick não contava com uma resposta tão precisa. Nicole, com a felicidade pulsando em seu coração, abraçou Henry sem cerimônia e disse:

— Sou a mulher mais feliz do mundo!

— Mulher? Nicole, ainda nem saiu dos cueiros! Não tem idade para se casar — respondeu Patrick preocupado.

— Patrick, claro que não é para agora, preciso me formar primeiro.

— Mas você a pediu em casamento!

— Eu sei o que quero. Para dizer a verdade, lutei muito até chegar a essa conclusão. Ou você acha que não sei o meu lugar? Eu e a Nicole não temos idade para nos casarmos, por enquanto.

— Você está brincando conosco, não é, meu irmão?

— Não, irmã, não estou. Assim que me formar pedirei oficialmente Nicole em casamento.

Patrick ficou emocionado com a determinação do jovem e pensou: "Esse moleque é mais atrevido do que eu supunha".

— Henry, você é muito jovem ainda, mas devo confessar que o admiro e me surpreendo a cada dia. Gostaria muito de ser como você: seguro e decidido. Desejo-lhes toda a felicidade do mundo!

— Agradeço, mas você pode dar o seu melhor também. Caso sirva de incentivo, não deve perder a oportunidade que Marseille e sua família estão lhe oferecendo. Estude para graduar-se e seja sempre firme em seus propósitos. Com certeza, alcançará seus objetivos. Muitas vezes é difícil, mas não é impossível. Desejo os meus sinceros parabéns a vocês.

Patrick baixou a cabeça bastante emocionado. Sempre admirou Henry, por ser trabalhador e esforçado; nunca o via desanimado, até mesmo quando seu pai o humilhava. Patrick, naquele momento, pediu em pensamento que Deus não o abandonasse.

— Não precisa ficar tão tocado, tudo que eu lhe disse é para o seu próprio bem. Sempre fui firme em minhas convicções, mas Jesus é muito mais; esse nosso irmão de luz está lhe dando oportunidade de evoluir material e espiritualmente. Nada é por acaso, tudo já está escrito. Elimine os medos e as inseguranças de sua alma e siga em frente. Jesus espera muito de você e um futuro promissor o aguarda.

Não teve quem não se emocionasse com as palavras bem colocadas do garoto. Lia e Patrick, sem cerimônias, deixaram cair algumas abençoadas lágrimas. Ambos o abraçaram com carinho, exceto Nicole, que se sentia insegura com as novas amizades de seu eterno amor.

— Quem é Marseille?

Os três voltaram de seus fraternos abraços e olharam fixamente para Nicole. Henry, como sempre, respondeu seguramente:

— Marseille é uma das filhas do dr. Village.

— E você, pelo visto, conhece-a muito bem, *né*?

Henry, preciso e frio, respondeu:

— Mas claro que as conheço, já tive o privilégio de ir algumas vezes lá! São três irmãos maravilhosos, duas moças, Marseille e Melissa, e um rapaz, Antony Village. Tenho certeza de que logo vocês vão conhecê-los!

Nicole apenas olhou emburrada para Lia, que, na mesma hora mudou de assunto:

— Que tal se pedíssemos o jantar?!

— Eu acho uma ótima ideia, estou com fome — respondeu Henry conciliador e muito esperto.

— O que preferem? Podem escolher o que quiser. Esta noite é por minha conta.

Nicole, ainda emburrada e insegura, respondeu:

— Para mim pode ser qualquer coisa, não estou com fome!

— Já que é por sua conta, faço questão de um bom champanhe para celebrarmos o dia em que Patrick e eu, não só nos tornamos bons amigos, mas cunhados também! — respondeu Henry fingindo não entender o ciúme de Nicole. O sábio futuro médico não se influenciava por energias negativas de brigas e discussões. Para ele isso era perda de tempo, uma vez que acreditava que ninguém estava na vida de ninguém à toa; era preciso ter sabedoria de convivência, e o fato de essa convivência incluir também a mulher por quem ele se apaixonara fez com que o clima de felicidade permanecesse. E com um belo sorriso no rosto aproximou-se de Nicole e a beijou no rosto com muito amor. Lia, de soslaio, olhou com admiração o irmão.

Capítulo 14
A PAIXÃO DE MARSEILLE

Passaram-se alguns meses e tudo era felicidade para os casais apaixonados. A plenitude se mantinha na caminhada evolutiva de cada um dos irmãos que se dispuseram a retornar do mundo espiritual para o mundo material.

Patrick começou a estudar com o apoio da família Village. Em pouco tempo, abriu uma pequena loja de instrumentos cirúrgicos em sociedade com Marseille, que também ingressou para a Medicina realizando o sonho do pai. Como na maior parte do tempo Marseille era obrigada a se dedicar aos estudos, Patrick tomou a frente dos negócios mostrando-se um bom comerciante.

Mas algo o incomodava. A bela francesa Marseille o ajudara a montar a loja porque tinha grande interesse em Henry. Tanto que escolhera Medicina

como profissão para agradar ao pai e ao mesmo tempo estar mais perto do futuro médico. Patrick, embora fosse leal com o cunhado e com Marseille, não se sentia confortável com a situação, parecia não estar fazendo a coisa certa.

Ser confidente da jovem moça rica não estava lhe fazendo bem por vários motivos. Marseille era moça de princípios e de educação singular; a bem da verdade nunca forçou qualquer intenção em relação ao promissor médico. Marseille era muito discreta, porém por muitas vezes era em seu ombro que ela chorava a dor do amor que sentia pelo cunhado. Patrick ficava entre a cruz e a espada.

Marseille e Patrick, com a harmoniosa convivência, tornaram-se bons amigos.

— Marseille, pare de se maltratar, tire esse amor de seu coração. É muito difícil para eu falar sobre isso. Sabe muito bem que Henry ama Nicole. Olhe para você... É tão bonita, generosa, inteligente, conhece os melhores partidos da sociedade de Paris. São tantos os rapazes aos seus pés! Dê uma oportunidade ao seu coração. Não gosto de vê-la sofrer assim, você se tornou mais que uma amiga para mim, estimo-a como se fosse da minha família.

Marseille deixou descer algumas lágrimas pelo seu rosto e se lamuriou:

— É, eu sei, Patrick. Tudo o que diz é verdade, mas o amo tanto que não me importo em guardá-lo em meu coração e em meus pensamentos. Juro que luto todos dias para tirá-lo de meu peito, de minha alma, mas vejo que é inútil, não consigo esquecê-lo um só minuto. Durmo pensando nele e acordo com sua imagem singela em meus olhos. Ah! Aquele sorriso contagiante. Por que, Patrick? Por que Deus é injusto comigo? Se não era para ser meu, por que o deixou entrar em meu caminho?

— Sinceramente, Marseille, não sei o que lhe responder. Apegue-se nos amigos do plano espiritual, peça auxílio para acalmar seu coração. Eles são tão bons, sempre têm uma palavra de conforto e de carinho. Quem sabe não terá uma resposta?

— Eu sei qual é a resposta. É dar sem esperar nada em troca. Pensa que já não pedi socorro?

Patrick abraçou-a com pena, pois Marseille não precisava se magoar com um amor não correspondido.

— Ainda bem que tenho você para ouvir minhas lamentações. Sou muito grata por sua amizade, mas pode ter certeza de que é recíproca, você sabe que pode contar comigo em qualquer circunstância. O que você ou Lia precisarem, podem contar comigo, amo muito vocês.

Marseille afrouxou o abraço e, limpando as lágrimas que desciam, perguntou com a voz entrecortada:

— Falando em Lia, quando ela virá nos ver?

— Tínhamos marcado para daqui a uma semana, mas agora não sei muito bem. A sra. Lisa e o sr. Jean não estão bem de saúde.

— Espero que não seja nada grave. Fico preocupada, Henry ama tanto a mãe.

— E você já está falando outra vez em Henry! Não é necessário que se preocupe, Marseille. Ele já está bem crescidinho.

— Você tem razão, por que me preocupar se ele mesmo nem me contou nada?

— Bem... Aí sou obrigado a defendê-lo; sabe tanto quanto eu que ele nunca nos trouxe problemas particulares, nem a mim traz qualquer preocupação. Só sei porque Lia comenta.

— Nem problemas particulares nem qualquer outro, você quer dizer, não é? — disse Marseille sorrindo.

Patrick riu sonoramente só em se lembrar da imagem certinha de Henry.

— Ô garoto sem graça, viu? — concluiu Marseille brincando. — Bem, Patrick, já vou indo, estudei muito e auxiliei nosso residente em muitas consultas. Estou muito cansada, preciso tomar um banho e relaxar um pouco.

— Tudo bem... Fique tranquila que eu fecho tudo direitinho aqui. Tome seu banho; mais tarde passo em sua casa. Posso lhe dar mais um conselho? Tantos residentes e médicos precisando de ajuda, por que tem de ficar justamente ao lado de Henry?

Marseille ia responder, mas Patrick se adiantou:

— Não... Não precisa dizer. Acho que sei a resposta — brincou seu fiel amigo.

— Por que, ele comentou alguma coisa com você?

— Pronto. Não deveria ter comentado nada. Marseille, vá para casa. Esqueça que seu amigo quis aconselhá-la — disse Patrick, empurrando-a em direção à porta de saída.

— Por favor, Patrick, se sabe de alguma coisa, conte-me.

— Marseille, por que abri minha boca? — retrucou Patrick.

— Fale logo!

— Está bem — respondeu. — Bem, minha amiga, sabe que Henry é osso duro de roer, nunca se abre, porém...

POR TODA A MINHA VIDA

— Porém? — adiantou-se Marseille muito ansiosa.

— Ele comentou, sim.

— O quê? Conte logo!

— Não deveria. Sabe que me sinto um grande traidor?

— Patrick, se enrolar mais uma vez para contar, fico de mal de você!

— Henry sofre muito por você. É isso. Pronto, contei!

— Como assim? Você me deixa agoniada!

— Ele pensa muito em você, mas com preocupação. Ele já sabe que é apaixonada por ele.

— Meu Deus, ele sabe?! — insistiu Marseille admirada.

— Sabe, e há muito tempo, mas não quer magoá-la.

— E por que diz que não quer me magoar?

— Porque ele a acha linda, simpática, esforçada, com todas as possibilidades do mundo para ter alguém que a mereça de verdade. Vendo seu sofrimento, ele também sofre.

— Eu não quero que ele sofra; desejo que ele seja feliz com sua escolha e, depois, não considero sua irmã minha rival. Apenas por ironia do destino amo o mesmo homem que ela. Mas se sua felicidade for ao lado de sua irmã, que se case e seja feliz!

— E você? Como fica nessa história? Será que ainda não entendeu que Henry sofre justamente por esse motivo? Henry não está preocupado se vai ou não se casar tão logo com Nicole, mesmo porque, ele sempre fez o que quis, não é você ou outra pessoa que dirá o que fazer ou como agir. Ele não quer que sofra, ele não quer que você perca seu tempo em amá-lo, entendeu?

Marseille, sem se conter, voltou a chorar. Patrick fora muito duro com ela.

— Quer saber de uma coisa? O amor é meu, e ninguém tem nada a ver com isso. E tem mais, não lutarei para tirá-lo do meu coração. E você, Patrick, diz que não, mas está defendendo sua irmã, sim!

Marseille saiu muito nervosa.

— Marseille, espere, não é nada disso!

Marseille não quis ouvir mais nada e foi embora. Deixou o amigo muito triste. Patrick não estava defendendo a irmã, apenas gostaria que a amiga se desiludisse de uma vez.

— Meu Deus, como é difícil permanecer imparcial!

Capítulo 15
Uma descoberta

O tempo passou e cada um trilhava seu caminho em busca do entendimento e da evolução, fortalecendo os méritos de suas provações. Lia e Nicole se entretinham com o enxoval do casamento auxiliadas por Lisa, que mantinha segredo. A cada quinze dias, as duas jovens iam a Paris visitar os respectivos noivos. Foi a única saída que encontraram para que Jean não suspeitasse de nada. Ele nunca mais tocara no nome de Henry nem de Patrick. Lisa não estava bem de saúde, pois Jean adquirira remédios calmantes ilegalmente e ministrava soníferos em dias alternados, deixando-a a cada dia mais fraca. Por passar muito tempo deitada, aos poucos ficou abatida e magra. Sem ânimo, só pensava em ficar trancada no quarto. Nem descia para as refeições. Nas poucas vezes que se alimentava, Julliete, com a ajuda das meninas, forçava-a a comer

um pouco. Jean, por sua vez, com o peso de suas maldades estava perturbado e às vezes tinha alguns distúrbios mentais.

— Lia, não acha que sua mãe precisa de um tratamento? Não estou gostando desse desânimo que tem se apoderado dela — disse Nicole.

— É muito injusto. Temos um médico praticamente formado que não pode vir visitá-la. Henry tem o direito de saber e de estar aqui ao seu lado, não acha?

— Acho sim, mas como conseguir isso? Seu pai não o quer aqui!

— Hoje à noite, na hora do jantar, vou pedir a ele que deixe Henry vir até aqui para ver mamãe.

— Não sei não, será que ele vai concordar?

— Desconfio que sim, meu pai está mudado.

— Eu acho que temos de tomar cuidado, não confio em seu pai.

— Por quê? Deixe de bobagens, acho que ele mudou muito. Nem fala mais de Henry e de Patrick.

— Quer saber minha opinião? Deve chamar seu irmão, pois algo muito estranho está acontecendo aqui nesta casa.

— Você acha, Nicole? Está me deixando com medo.

— Não é preciso ficar com medo; mas deve mandar buscar Henry.

— Vou tentar, não posso mais adiar, ainda mais agora que você despertou essas dúvidas.

Na hora do jantar, como sempre, Lisa não desceu. Disse não se sentir muito bem. Jean nem estranhou; afinal, em parte a culpa era dele. Lisa também era um tanto culpada, mostrava-se fraca e covarde e aceitava passivamente sua enfermidade, condenando-se pelo passado e sentindo pena de si mesma. Todos julgavam Jean como um homem ruim e ignorante. Apesar de geralmente as pessoas terem consciência de seus erros, não é necessário carregar esse peso esperando compaixão, pois sentir pena de si mesmo é um dos piores sentimentos.

Na hora do jantar, Jean nem bem se acomodou e Lia tocou no assunto.

— Papai, sinto que mamãe não está bem, acho que precisamos tomar uma providência. Já pensei em tudo; acho que Henry deve visitá-la.

— Sua mãe não tem nada, apenas não tem apetite, isso acontece. Não é motivo de seu irmão vir vê-la! — disse Jean com as têmporas pegando fogo.

— E por que não? Ele já é um médico muito bem conceituado! Nada melhor do que ele para cuidar de mamãe!

— Ele ainda não é um médico... Está treinando para ser um doutorzinho.

— Como pode falar assim? Nunca vi um pai implicar tanto com um filho!

Nicole sentiu um grande enjoo, pediu licença e se retirou. Depois de alguns minutos voltou:

— Aonde foi, Nicole? Estou falando com papai e você some!

— Desculpe.

— O que acha de Henry vir ver a mamãe? — perguntou Lia sem notar a palidez da futura cunhada.

— Ah, minha opinião é que o sr. Jean poderia chamá-lo; afinal, o que custa ele vir examinar a sra. Lisa?

— Poderia, mas não o farei, não o quero aqui em casa.

— Mas esta casa também pertence a ele! — disse Lia.

Jean ia gritar, mas pensou e ponderou:

— Eu sei, mas a partir do momento em que nos deixou não faz mais parte da família.

— Henry sempre fará parte da família, um dia o senhor vai se arrepender por sua atitude impensada! — Lia ficou completamente contrariada.

— Minha filha, até parece que sou o culpado por seu irmão ter ido embora. Foi ele que nos abandonou e foi embora por conta dessa porcaria de Medicina!

— Tudo bem, papai, pense como quiser, mas, por favor, quem sabe mamãe não se anima e comece a reagir? Vai ver está com saudades dele, é muito tempo que não se veem. Saudade também deixa as pessoas doentes. O senhor sabia?

Jean pensou, mas não disse nada, não suportava a ideia daquele bastardo em sua casa. Contudo, reavaliou e considerou o pedido, não podia levantar suspeita. Mas ficou temeroso, pois sabia que assim que aquele insuportável sabe-tudo chegasse, constataria que a mãe não estava doente.

— Está bem, minha filha, você venceu. Peça que Michael mande chamá-lo.

— Obrigada, papai, amanhã mesmo pedirei que Michael vá buscá-lo! Sabia que o senhor iria atender ao meu pedido. Eu o amo!

Lia beijou o rosto do pai. Jean, surpreendido com o carinho da filha, acalmou o coração rancoroso.

— Aonde vai a esta hora, minha filha?

— Vou com Nicole avisar Michael.

— Mas é tarde, amanhã você o avisa!

— Não posso esperar amanhã, quero avisá-lo hoje para que ele possa sair bem cedo.

* * *

Na manhã seguinte, bem cedo, Michael foi a Paris buscar Henry. Jean e Lia estavam à mesa tomando café.

— Julliete, onde está Nicole que ainda não veio tomar café?

— Nicole ainda não se levantou.

— Aconteceu algo, Julliete? — perguntou Lia, preocupada.

— Acho que não, deve ter perdido a hora.

— Está bem, prepare o café da mamãe que assim que eu terminar o meu vou levá-lo; depois vá ver se está tudo bem com Nicole.

— Sim, *mademoiselle.*

Julliete deixou a bandeja de Lisa pronta e foi ver o que havia acontecido com Nicole. Bateu à porta e ouviu Nicole responder:

— Quem é?

— Sou eu, Julliete!

— Pode entrar, estou terminando de me arrumar.

— Com licença, srta. Nicole. A srta. Lia perguntou por você.

— Julliete, pare de me tratar como senhorita, não está perto do sr. Jean.

— O patrão não quer intimidades — concluiu Julliete rindo.

— Que coisa! Senhorita para lá, senhorita para cá... Deixe de ser boba, quando ele não estiver não precisa dessa cerimônia toda.

— Mas e se ele estiver por aí escondido?

— Que ideia, Julliete! Agora me dê um abraço apertado, vai — disse Nicole puxando-a pelo braço.

— Por que não desceu para o café? Lia sentiu sua falta.

— Já estava descendo. Não sei o que está acontecendo, mas ando com um sono pesado, acabei perdendo a hora.

— Perdeu mesmo, já passa das nove horas da manhã.

— Meu Deus, como dormi!

— Não tem importância, deixei seu café quentinho lá na cozinha.

— Não se preocupe, não estou com fome. Depois, sempre que faço minhas refeições sinto enjoo, acho que não estou bem do estômago.

Julliete não quis se intrometer, mas não gostou nada dos enjoos de Nicole.

— Precisa comer alguma coisa, uma fruta pelo menos, senão, quando Henry chegar, não vai aprovar nada que sua noiva esteja tão magra e abatida — brincou Julliete.

O coração de Nicole disparou instintivamente só de pensar que Henry logo chegaria.

— Ah, Julliete! Nem acredito que o amor da minha vida virá aqui! Quanto tempo que partiu e nunca mais voltou. Eu o amo tanto, que às vezes me bate certo medo.

— Não fale bobagens, Nicole. Está tudo bem, até a sra. Lisa abençoou a união de vocês!

— A sra. Lisa é maravilhosa, mas o sr. Jean! Se descobrir, nem sei o que poderá acontecer.

— E ele precisa saber? Quando se der conta, vocês já estarão casados e bem longe daqui. Tenho certeza de que Henry nunca mais voltará a morar aqui, sei que a sra. Lisa está sofrendo de saudade, mas ele não merece conviver com um pai tão ruim!

— Mal posso esperar. Logo Henry estará formado. Sabe que o dr. Village está montando um consultório com ele? Henry já é um bom médico, está adquirindo experiência e já atende a alguns pacientes do dr. Village, que já gostam muito dele. Isso me deixa muito feliz.

— Desculpe minha ignorância, mas por que Henry está atendendo aos pacientes do dr. Village?

— Por que ainda não é um médico formado, é residente. Só pode atender em hospitais sob o comando de um médico responsável. Mas tenho absoluta certeza de que já é muito competente. Ele nasceu para essa profissão; ama o que faz e, acima de tudo, ama o ser humano.

— Agora entendi, ele atende como qualquer médico, porém ainda não assina como um médico formado, é isso?

— É isso mesmo, Julliete, mas falta pouco para ter a credencial dos médicos, logo estará formado.

— Esse menino sempre soube mais do que devia! — disse Julliete emocionada.

— Realmente, Henry é muito sábio e eu sinto muito orgulho de ser amada por um espírito de luz como ele. Henry veio a este mundo como um instrumento de Deus para cuidar das pessoas; ele é realmente um médico de Deus.

— Nossa, Nicole, que palavras bonitas você disse!

— É, Julliete, Henry não é bonito só por fora, mas por tudo o que sua alma veio nos ensinar. Obrigada por se preocupar comigo, Julliete, mas agora preciso ver a sra. Lisa. Pode ir, daqui a pouco eu desço.

Lisa estava bem melhor. Tomava café em seu quarto quando Nicole bateu à porta e entrou:

— Com licença, *madame*.

— Pode entrar, minha querida. Já tomou café?

— Ainda não, acabei perdendo a hora. Como a senhora se sente?

— Minha querida, estou melhor, apenas um pouco fraca.

— Então, termine seu café, arrume-se bem bonita e vamos dar uma volta lá fora. O dia está muito bonito.

— Já terminei, seu convite me animou, ajude-me a levantar.

Quando Nicole foi ajudá-la sentiu uma vertigem e por pouco não caiu. Se não fosse a cabeceira da cama onde se apoiou, teria ido ao chão.

— Nossa, minha filha, está pior que eu! O que houve?

— Não sei, senhora, já faz alguns dias que ando sentindo umas coisas estranhas. Acho que tenho de ir ao médico, deve ser algum problema no estômago.

Lisa, com sua experiência de vida, perguntou preocupada:

— O que está sentindo realmente, Nicole?

— Não é nada, não se preocupe com isso, o importante aqui é a senhora. Deve ser a emoção do casamento chegando —

disse, segurando carinhosamente nas mãos da futura sogra.

— Se não fosse a senhora, talvez este casamento nem se realizasse, agradeço muito sua bondade. Eu a amo.

Lisa deu uma pausa de alguns instantes, depois disse, séria:

— Nicole, preste atenção, preciso saber direitinho o que houve entre você e Henry nessas idas a Paris.

— Não estou entendendo, senhora.

— Você é bastante crescidinha para saber do que estou falando, você e meu filho por um acaso dormiram juntos?

Nicole soltou das mãos da senhora, chocada pela pergunta inesperada e, envergonhada, virou o rosto.

— Nicole, olhe para mim, por favor — Nicole permaneceu do mesmo jeito, não teve coragem de encarar a sogra. — Não é preciso responder. Nicole, não precisa sentir medo ou vergonha de mim.

Nicole lentamente se virou para Lisa e olhando em seus olhos começou a chorar.

— Perdoe-me, senhora, pela confiança que depositou em mim, mas amo seu filho loucamente, não pude evitar, foi mais forte do que eu. Não me arrependo de absolutamente nada, mesmo que ele não me queira mais como esposa e desista do casamento, faria tudo outra vez, foi o sentimento maior e mais profundo que senti em toda a minha vida. Como não me entregar a ele, se tudo o que sonhei foi estar em seus braços e amá-lo com todo o desejo do mundo?

Chorando compulsivamente, a jovem se ajoelhou e suplicou:

— Senhora, perdoe-me. Henry não teve culpa nenhuma!

Lisa, emocionada, agasalhou-a no peito e, acariciando seus cabelos como faz uma mãe com a filha, disse:

— Não precisa me pedir perdão, tampouco inocentar meu filho. Tudo o que aconteceu entre vocês cabe aos dois. Sei que há muito tempo Henry a ama. Conheço meu filho e sei que se ele declarou na hora certa. Sempre confiei no bom--senso dele.

Lisa, passando as mãos no rosto de Nicole na tentativa de aliviar suas inseguranças, disse:

— Quem sou eu para recriminar um ato nobre de amor, para atirar a primeira pedra por terem se entregado tão somente por amor? Quem sou eu, minha querida, para censurar a pureza de um grande ato de amor concebendo um fruto vindo dos céus em forma de anjo com as bênçãos do Criador? Nunca tema ou se envergonhe do filho que está se formando dentro de você. Confie na Providência Divina sempre, e quando ele chegar o abrace com força e diga com todo amor e ventura: "Meu filho, você é a coisa mais importante de toda a minha existência, sempre que precisar estarei aqui, você é motivo de orgulho e felicidade plena. Agradeço a Deus todos os dias por ter tido a oportunidade de tê-lo em meus braços, por você enfrentarei o mundo e o defenderei sempre!". Não desperdice de forma alguma a demonstração de amor. Perca tudo em sua vida, menos a luta de defendê-lo.

Nicole, entorpecida pelas palavras sinceras de Lisa, chorava sua felicidade por ter descoberto que esperava um filho de Henry. E as duas, abraçadas, entregaram-se àquele momento de prazer.

Tão logo se refizeram das emoções, Lisa perguntou:

POR TODA A MINHA VIDA

— Minha querida, você entendeu tudo o que eu quis dizer?

— A senhora acha que estou esperando um filho de Henry?

— Sim. E eu vou ser avó — respondeu Lisa com o coração aos saltos.

De repente, Lisa, voltando a si, sentiu um temor percorrer-lhe o corpo.

— Preste atenção, Nicole, embora seja hora de júbilo, ninguém poderá saber da gravidez. Você está entendendo?

— Nem Henry?

— Muito menos ele, por favor. Nicole, prometa-me!

— Eu lhe prometo, se isso a tranquiliza. Mas achei que...

— Por enquanto não deve achar nada.

— A senhora está me assustando!

— Pelo amor de Deus, Nicole, eu sei o que estou lhe pedindo. Se Henry souber, e eu o conheço bem, vai enfrentar o mundo por vocês, e ainda não é o momento. Por enquanto deve ser um segredo nosso. E não se esqueça, procure se alimentar bem, porém, antes ou depois de Lia e Jean, nunca juntos. Promete-me, Nicole?

— Sim. Mas por que tudo isso?

— Por que quando se alimentar sentirá enjoo e as pessoas mais experientes vão notar. Você terá de fazer tudo direitinho. Por favor, por enquanto não conte nem para sua mãe.

— Mas, senhora, é minha mãe! — resmungou a jovem.

— Nicole, preste atenção, quero protegê-la, só isso. Confie em mim, quero todo o bem do mundo para você, meu filho e meu neto.

163

Depois da conversa, ambas desceram. Encontraram Lia a todo vapor dirigindo e instruindo os empregados, poupando a mãe de algumas tarefas domésticas. Até que a jovem sonhadora estava se saindo bem.

— Que bom, mamãe, que a senhora saiu daquele quarto! Já não era sem tempo. E você, Nicole, por que não desceu para o café? Aconteceu alguma coisa?

— Não, é que fui ver sua mãe antes de descer e acabamos esquecendo a hora.

Lia não tocou no assunto sobre a chegada do irmão. Na noite anterior, havia combinado de fazer uma surpresa para a mãe.

Capítulo 16

Uma surpresa

Passava das cinco horas da tarde e Lisa estava lendo um livro na biblioteca, envolvida na história. Nicole e Lia estavam na varanda conversando animadamente sobre o enxoval, quando avistaram um automóvel se aproximando. Assim que o veículo estacionou, Henry desceu. Lia e Nicole foram ao seu encontro. Lia o abraçou primeiro.

— Henry, que saudades! Que bom que chegou!

— Como você está, minha irmã?

— Estou bem e você me parece mais bonito, com ar de homem responsável.

— Por que, antes não era homem nem responsável?

— Ah, como é bobo!

Após cumprimentar a irmã, ele abriu um contagiante sorriso para Nicole, que estava logo atrás.

Notou, de imediato, que ela estava abatida e magra e ficou preocupado.

Nicole o abraçou com força. Jean, que vinha ao longe, montado no cavalo, viu quando Henry abraçou-a por longos minutos. Ele parou e ficou observando-os. Henry beijou os lábios de Nicole apaixonadamente.

— Como você está?

— Estou bem melhor agora que chegou, estava morrendo de saudade.

— Eu a amo, sabia? — disse Henry carinhoso.

Jean confirmou o que já desconfiava havia muito tempo e lembrou-se de quando dizia a Lisa: "Essa menina só fica atrás de Henry, não tem o que fazer, não? Primeiro, juntou-se a nós porque ajudava nos afazeres domésticos, depois, porque não era de bom-tom ficar sem estudar, já que convivia com nossos filhos". Jean ria escandalosamente de Lisa e pensava: "E, agora, Lisa? Qual será a desculpa? Por essa você não esperava, não é mesmo? Criou cobra, agora aguente o veneno, pois ela já fisgou seu filhinho do coração!".

Mas ele não gostou do que viu e seus pensamentos cruéis deram vazão à maldade: "Ah, mas isso não vai ficar assim! Se esse bastardo pensa que pode ser feliz está muito enganado! Esse moleque estragou minha vida com Lisa, agora é minha chance de estragar a dele. Não sou feliz, mas você também não será".

Aquele homem, em sua ignorância, alimentava espíritos que vibravam como ele, perdidos entre os dois mundos, mentalmente doentes, com medo, fome, frio e totalmente atormentados por escolhas errôneas. Intitulados de vampiros, saíam à procura de suas vítimas sugando toda a energia benéfica centralizada em volta da aura cósmica dos encarnados. Jean, totalmente alheio aos ensinamentos de amor e caridade, alimentava-os, e a cada dia fortalecia os laços de afinidade com eles, que nutriam os mesmos sentimentos de vingança e egoísmo.

Henry, comedido como sempre, logo se afastou de Nicole. Ela entendeu e não disse nada.

— Vamos entrar? — convidou Lia muito feliz.

Quando entraram, Julliete e outros empregados da casa correram para receber o jovem médico. Todos choraram de alegria. Afinal, eram muitos anos de ausência.

— Hei, senhoritas, podem parar de chorar, vão ter de me aguentar por muito tempo aqui! — disse Henry solícito.

Entre sorrisos, choros e abraços, Lisa, assustada, deixou o livro que estava lendo sobre a poltrona do escritório e se dirigiu à sala para ver o que estava acontecendo. Quando alcançou a porta não pôde acreditar no que seus olhos, já em lágrimas, viram. E, num misto de felicidade e amor, deu um bom e sonoro grito:

— Henry, meu filho!

Ele correu para abraçá-la. Nos braços da mãe, Henry extravasou a emoção que sentia havia alguns anos com a ausência do amor materno. Mãe e filho, sedentos por se encontrarem, permaneceram abraçados por longos minutos. O silêncio se fez entre todos. Apenas lágrimas puderam interferir naquele encontro providencial. O colaborador do plano espiritual, emocionado, também estava presente humildemente em um canto, contemplando a imensa felicidade de todos.

— Não acredito. Deixe-me olhar para você, meu querido.

— Estava com muita saudade, minha mãe.

— Meu Pai de misericórdia, agradeço-lhe imensamente por ter meu filho de volta, em meus braços — falava Lisa. — Não acredito, é você mesmo, meu filho?

— Claro que sim, mãe. Mas, agora, trate de se acalmar. Vim especialmente para vê-la.

— Não consigo sequer falar!

— Não precisa dizer nada, minha mãe, apenas se acalme, teremos todo o tempo do mundo para falarmos o que quisermos.

Lisa, passando as mãos em seus cabelos, em seu rosto, como se quisesse ter certeza de que aquele menino de dezessete anos tornara-se realmente aquele rapaz à sua frente.

— Como está bonito, meu filho! Meu menino querido, perdoe-me por não ter sido a mãe que merecia. Já se passaram tantos anos e você está aqui à minha frente!

Lisa sentia grande emoção.

— Por favor, mãe, pare com isso, não há nenhum culpado aqui. Não quero que se culpe por não poder estar comigo. Nem sempre as coisas são como gostaríamos. Pense que tudo o que nos aconteceu é um grande aprendizado. Estamos aqui para aprender; que graça teria se já soubéssemos tudo? A graça, mãe querida, está em descobrirmos todos os dias coisas novas. Agora, abrace-me e vamos aproveitar esses momentos felizes, porque são momentos como estes que nos fortalecem para uma nova jornada. É por eles que vale a pena estarmos vivos e com amor no coração! Não acham, senhoritas? — brincou Henry com humor.

Todos riram. Julliete, aproveitando o momento de alegria, disse com entusiasmo:

— Nossa, senhor doutor Henry, está tão bonito! Imagino quantas moças dizem estar doentes só para serem atendidas pelo senhor.

Todos mais uma vez riram muito, mas Henry, para não desagradar Nicole, respondeu:

— É, Julliete, você está me adulando; mas eu quero saber é dos doces maravilhosos que você faz.

— Pensa que não me preparei? Fiz muitos doces às escondidas, pois as meninas quiseram fazer uma surpresa para sua mãe.

Lisa, mais refeita da emoção, interveio:

— Agora chega; cada um com suas tarefas, todos já viram que Henry está muito bem. Quero meu filho só para mim.

O jovem médico, muito gentil, virou-se para a irmã e Nicole e pediu:

— Bem, meninas, subirei com mamãe. Hoje ela é só minha, temos muito o que conversar! Mais tarde colocaremos as novidades em dia.

Lisa e Henry subiram ao quarto. O jovem gostava muito de brincar, mas estava preocupado com o chamado de Michael, principalmente porque seu pai havia permitido sua visita. Acomodados na antessala do quarto da mãe, Henry perguntou:

— O que está acontecendo com a senhora?

— Não se preocupe, não está acontecendo nada, meu filho.

— Mas Michael me adiantou, diz que fica trancada no quarto e quase não se alimenta.

Diante da insistência de Henry sobre o estado da saúde dela, Lisa foi obrigada a lhe contar o que estava sentindo nos últimos dias. Henry a examinou e realmente não percebeu nada, mas por via das dúvidas resolveu que lhe pediria alguns exames.

— Bem, clinicamente a senhora me parece bem, mas amanhã bem cedo vamos à cidade e faremos alguns exames. Só vou embora quando tiver os resultados.

— Está bem, meu filho. Se acha que é necessário, não vou discutir. Afinal, você é o médico — brincou Lisa.

— Acho muito bom, viu?! Com médico não se discute.

Henry e a mãe colocaram as novidades em dia. Ele se abriu sobre o amor que sentia por Nicole, que para sua mãe não era novidade nenhuma. Lisa pediu que não comentasse nada por hora. Mas o moço insistiu:

— Por que guardar segredo? Meu pai ter cortado relação comigo por causa do curso não lhe dá o direito de se intrometer em meu relacionamento com Nicole.

Lisa ficou cabisbaixa. Mas o filho insistiu:

— Mamãe, por favor, diga-me por que meu pai nunca se afeiçoou a mim como todo pai?

Lisa começou a chorar. Embora quisesse demonstrar ao filho segurança e firmeza não foi convincente.

— Meu querido, o que importa isso? Afinal, já está um homem feito, tem uma brilhante carreira para seguir. Não precisará mais dele. Filho, siga seu caminho, sei que é feliz com a escolha que fez para si. Esqueça tudo. Não enxerga que seu pai é ignorante? E que nós precisamos de você, de sua compreensão? Eu lhe peço, meu filho, faça de seus sonhos sua realidade. Faça de sua vida uma vida feliz, não importa onde esteja. Talvez hoje eu consiga compreender que os filhos não nos pertencem. Que Deus os coloca no mundo, porém chega o momento em que temos de deixá-los ir, independente de nossa vontade. Meu filho, não sabe como foi doloroso quando saiu de casa tão jovem, com apenas dezessete anos. Mas tive de suportar e mudar meus pensamentos e desejos. Hoje você está um homem feito e preciso que siga seu caminho, não precisa mais de mim nem de seu pai, já provou que é capaz. Peço-lhe, pelo amor que tenho por você, não se preocupe mais comigo. Orgulhe-se de sua profissão, faça tudo o que estiver ao seu alcance para salvar vidas e seja muito feliz. Se estiver feliz, eu também estarei, mesmo que não possa mais participar e dividir essa felicidade.

Lisa sentiu uma dor profunda a invadir o seu ser, mas tinha de fazer com que seu filho continuasse seu caminho de modo a valer a pena. Henry, pela primeira vez, deixou que as lágrimas descessem pelo seu rosto formoso e marcante.

— Mãe, tem estudado os livros que lhe deixei? Fico orgulhoso de ver que está colocando em prática tudo o que aprendeu. Só posso agradecer a Deus por tão valiosa mãe que me concedeu. Eu a amo muito, tenha certeza. Sempre estará em meu coração, mesmo que estivermos distantes. Prometo-lhe que não mais a questionarei sobre meu pai. Hoje aprendi muito com suas palavras. Está no seu direito de não falar o que pertence somente à senhora.

Lisa abraçou o filho com a nítida sensação de abandono, de deixar o filho órfão. Henry, em silêncio, compreendeu que para sua mãe era muito difícil falar sobre o pai e prometeu a si mesmo que não tocaria mais no assunto. Depois de refeitos, ambos desceram para o jantar e só se deram conta do adiantado da hora porque Lia os chamou. Estavam todos à mesa, inclusive os empregados à volta, pois o jovem médico irradiava harmonia e felicidade. Somente o lugar de Jean estava vazio o que causou certo alívio em Lisa. A paz reinava naquela hora tão sagrada de confraternização.

O jantar transcorreu maravilhosamente, e Henry abusou dos doces que foram feitos especialmente para ele e nem notou que Nicole mais conversou do que se alimentou por conta dos enjoos. Após o harmonioso jantar, Lisa, os filhos e Nicole sentaram-se na varanda para colocarem as novidades em dia. A noite estava calma e edificante e tudo contribuiu para que Henry se sentisse bem em sua casa.

No dia seguinte, bem cedo, Henry levou a mãe para fazer os exames, pois antes de retornar a Paris gostaria de avaliar os resultados que ficariam prontos no fim da mesma tarde.

O jovem aproveitou a companhia da irmã e de Nicole e foi visitar toda a quinta de vinhos e os empregados que ele considerava como amigos. Foi uma grande festa para todos, pois, embora já fosse quase um doutor, eles notaram que ele ainda mantinha a humildade e o amor do menino que havia alguns anos tinha ido embora. Suas virtudes se mantinham intactas. Nada havia mudado, sua alma generosa nutria amor e reconhecimento a todos os que prestavam serviço na vasta fazenda. Lia já havia ido embora a fim de deixar o casal sozinho.

Henry e Nicole sentaram-se debaixo de uma árvore para matar a saudade latente no coração deles. Henry abraçou-a e a cobriu de beijos.

— Hei, calma. Seu pai pode aparecer — disse Nicole sorrindo feliz.

— É? Quer dizer que venho de longe e nem sequer ganho uns beijinhos?

— Henry, tenho medo de seu pai!

— Não é preciso ter medo, aqui sempre foi nosso refúgio. Lembra de quando não queríamos que nos achassem?

— Claro que me lembro, seu bobo. Eu morrendo de vontade que me agarrasse e você nada, *né*?

— Então, agora que eu quero agarrá-la, você fica com medo?!

Henry pegou em suas mãos delicadas e as beijou com muito carinho. Apesar dos avisos de Lisa, Nicole não resistiu e deixou que Henry a envolvesse em seus braços. A paixão que as duas almas traziam de outras vidas não foi suficiente na paciência e na espera. Completamente envolvidos pelos toques e carícias, eles se entregaram. Henry dizia em seu ouvido: "Ah, Nicole, que saudade! Quantas vezes me pego pensando no quanto a amo! Que saudade do seu corpo e do seu amor...

Completamente apaixonado, ele a beijava nos lábios, liberando com eloquência os hormônios e entregando-se ao perfume inebriante da mulher amada. Mas o que ele não poderia imaginar é que o pai estava a certa distância observando-os. E como se tivesse vencido todos os obstáculos de sua vida pensou sinistramente: "Ah, era tudo o que eu precisava ver. Esse bastardo está feliz. Mas como quem espera sempre alcança, ele terá o que merece. Matarei dois coelhos com uma cajadada só. Vingarei mãe e filho ao mesmo tempo! Isso é muito bom para ser verdade! Mas como farei para infelicitar esses dois traidores? Sempre achei Nicole exibida e oferecida demais. Será que estão juntos com as bênçãos de Lisa? Jean, como você é burro! Claro que sim! Mas isso é muito bom, me estimula cada vez mais. Mas como farei para que Lisa sofra tudo o que me fez sofrer? Tenho de ter calma e atenção. Vou dar um jeito, ah, se vou!".

Jean não cabia em si de tanta felicidade e ódio ao mesmo tempo. Para seu entendimento, Lisa era culpada por tudo. Ele não se sentia culpado. Não entendia que sofria as causas de tudo o que fizera, que todas as suas ações vinham acompanhadas de efeitos.

De repente, saiu chispando dali na companhia de um amigo das sombras, que lhe incentivava pensamentos de ódio, vingança, inveja e egoísmo. Ambos haviam se tornado um só ser.

* * *

Henry e Nicole faziam planos para um futuro próximo. Assim que chegaram a casa, o jovem foi tomar banho. Nicole, sentindo ligeiro desconforto no estômago, dirigiu-se à cozinha para comer uma fruta e tentar aliviar os insistentes enjoos.

— Julliete, preciso comer uma fruta.

— Pode pegar. Mas não seria melhor esperar o jantar? Está quase pronto, já vou arrumar a mesa.

— Julliete, não me fale em comida. Não suporto nem o cheiro, credo!

Nicole falou tão espontânea que quando se deu conta Julliete já estava perguntando:

— Por um acaso a menina está com enjoos?

— Não falei isso, Julliete!

— Então a senhorita disse o quê?

— Que coisa, Julliete, sempre querendo saber tudo!

— E a sra. Lisa, já sabe da novidade?

— De que novidade está falando?

— Do bebê que está esperando do dr. Henry!

— Ficou louca, Julliete? Perdeu o juízo? — questionou Nicole assustada.

— Não, senhorita. Quem perdeu o juízo foi você! Pensa que não percebi que está grávida?

— Por favor, Julliete, fale baixo. Ninguém pode saber.

— Então está mesmo? E o dr. Henry já sabe?

— Claro que não. Ainda não é hora! Fique com essa boca fechada. Prometi a *mis lady* que seria um segredo só nosso. Está ouvindo, Julliete?

— Está bem. Ah, meu Deus, depois de tanto tempo uma criança em casa! Isso é um presente, *mademoiselle*!

— Chega, Julliete. Contenha essa empolgação se quiser que tudo dê certo. Promete?

— Eu juro que minha boca é um túmulo! Agora coma uma laranja, que é tiro e queda! — disse baixinho.

Nicole comeu a laranja e logo tomar banho. Queria aproveitar ao máximo a presença de Henry.

Assim que se retirou, Jean entrou na cozinha como quem não quer nada.

— O jantar está pronto, Julliete?

— Sim, senhor. Por que, não vai jantar?

— Claro que vou, só perguntei para ver se dá tempo de eu tomar um banho.

— Claro que dá, patrão. Eu perguntei por que desde que seu filho chegou o senhor não faz as refeições como antes.

— Pare de bobagens, só não estive presente porque minhas responsabilidades não permitiram.

— É que pensei que...

— Você não é paga para entender, muito menos para tirar conclusões. Deixe meu lugar à mesa e pronto.

— Sim, senhor, não precisa se zangar.

Jean foi se arrumar. Quando estava pronto, bateu à porta do quarto de Lisa e entrou. Deparou com Henry, que esperava a mãe terminar de se arrumar.

— Como está, meu pai? — perguntou o filho sem se abalar.

— Estou muito bem. E você?

— Bem, graças a Deus. Quanto tempo não nos falamos!

— É verdade, mas antes de qualquer coisa quero lhe dizer que estou em paz, quero aproveitar a presença de sua mãe e pedir-lhe desculpas por tudo o que lhe fiz e por privar sua vinda a esta casa, que também é sua. De hoje em diante, gostaria de esquecer nossas diferenças e começar vida nova.

Jean estendeu a mão para cumprimentar o filho. Lisa ficou emocionada, sem saber como lidar com a situação. Henry, como sempre, estava em paz e saiu-se bem, estendeu sua mão e cumprimentou o pai. Jean, ainda segurando a mão do filho, olhou em seus olhos e disse:

— Henry, não quero ficar brigado com você, de hoje em diante sempre será bem-vindo. Venha quando quiser.

— Muito obrigado, meu pai, pode ter certeza de que fico feliz de estar ao lado de todos.

Em seguida, Jean posou de pai amoroso. Desceram para o jantar despertando admiração de Lia. Sentaram-se à mesa sem dizer nada. Henry quebrou o silêncio:

— Bem, vocês devem estar se perguntando o que houve, mas se tranquilizem, pois meu pai e eu já nos entendemos. Por essa razão, quero lhes dizer que me encontro feliz de poder estar entre todos que amo. Há muito que gostaria de estar reunido em família como hoje. Contudo, antes de começarmos a nossa refeição quero formalizar um pedido.

— Que pedido, meu filho? — perguntou Lisa feliz.

— Gostaria neste momento de fazer uma prece agradecendo a Deus por tão bem-aventurança.

Todos os presentes, inclusive os empregados, olharam-se com receio de Jean. A bem da verdade, ele estava se enojando com aquela ladainha toda, mas ponderou e mais uma vez fez seu teatro:

— Por que me olham? Podemos fazer uma prece; afinal, Henry tem razão, o momento é de felicidade para todos!

Henry iniciou a prece com enlevo; suas palavras sublimes e edificantes tocaram todos. Jean, envolto por espíritos bons, que praticavam o bem e a caridade, começou a sentir-se mal.

O amigo anônimo de Henry estava atrás de seu protegido espalmando as mãos sobre ele com o intuito de fortalecê-lo.

Tempos atrás, no plano espiritual, Henry e Nicole haviam combinado de voltar à vida terrena para ajudar Jean em suas provações. O amigo espiritual acompanhava Henry desde o seu nascimento na tentativa de ampará-lo para que fossem concluídas as dívidas que ainda os mantinham unidos por desavenças de outrora.

O trabalho seria árduo, mas Henry teria de lutar mais uma vez. Quando as preces terminaram, Jean suava frio e sentia enjoo. Lisa, notando seu mal-estar, levantou-se para acudi-lo.

— O que está acontecendo, Jean?

— Não sei, não me sinto bem!

Henry correu, abriu os botões da camisa e, ao tocá-lo, sentiu um arrepio percorrer-lhe o corpo. De imediato, passou a sentir os mesmos sintomas. O moço elevou os pensamentos a Deus e pediu orientação ao amigo espiritual, que permanecia ao seu lado. Completamente atordoado, ele perguntou o que estava acontecendo e o espírito, benevolente e lúcido, respondeu:

"Não se desespere, você tem de ser forte".

"Mas por quê? Pensei que estivesse tudo em paz!"

"Querido Henry, nunca acredite somente no que seus olhos veem, pois as aparências enganam. Não deve ficar desatento, e sim enxergar e sentir com a alma".

"Não é possível, pensei que ele estava sendo sincero. Não posso ter me enganado, sempre estou em comunhão com Deus, nosso Pai!"

"Mas você, meu caro Henry, por egoísmo, desejou acreditar, impor sua presença e acabou vacilando, entrou na vibração dele; por essa razão, meu querido, esteja sempre em vigília, pois muitas vezes os encarnados nos mostram a verdade de suas mentiras!"

"Por que está me dizendo tudo isso?"

"Lembre-se, Henry, tudo tem seu tempo e sua hora. Peço-lhe que se fortaleça e ore muito. Sempre que precisar estarei ao seu lado. Por hora, devo lhe dizer que não desanime e continue a cuidar de sua mãe. Um abraço. Que Deus, nosso Pai, ilumine-o."

Henry por mais que ponderasse tudo à sua volta, ficou intrigado com as palavras do amigo espiritual. Seus pensamentos ainda permaneciam viajando.

— Henry? Você está bem? — e como se estivesse fora do corpo, em um piscar de olhos voltou e ouviu a mãe chamando-o.

— Sim. E o senhor, pai, como se sente?

— Estou bem. Não sei o que está acontecendo comigo. Várias vezes, de uns tempos para cá, sinto essas crises.

— Trabalha demais e nunca vai ao médico! — disse Lisa irritada.

— Eu sei, Lisa. Meu tempo é curto.

— Pai, prometa que vai ao médico? — pediu Lia.

— Sim, minha filha, prometo-lhe.

— Bem, agora que está tudo bem, podemos jantar?

— Sim, mamãe — confirmou Henry ainda intrigado.

Depois que tudo se acalmou, o jantar transcorreu bem. Henry não acreditava que seu pai fingia um comportamento não condizente, mas procurou não pensar no assunto naquele momento.

No dia seguinte, bem cedo, o jovem e a mãe tomaram café e foram à cidade buscar os resultados dos exames.

— Mamãe, não gostaria ser inconveniente, mas insista para o papai ir ao médico.

— Vou tentar, meu filho, mas você sabe muito bem como ele é, nunca acredita em nada, nem nos médicos.

— Bem, então vamos, mamãe, se os resultados forem negativos, e eu espero que sejam, voltarei para Paris.

— Mas já, meu filho? Fique mais um pouco comigo.

— Ah, mamãe! A senhora sabe muito bem que não posso me ausentar por muito tempo. O hospital e o dr. Village contam com minha ajuda. Todos os dias passam por lá muitos pacientes que precisam de todos nós.

— Mas me prometa que logo virá nos visitar?

— Com certeza, agora que tudo está em paz eu virei mais vezes.

— Ah, meu filho, estou tão feliz que custa-me acreditar.

— Eu sei, mas quero lhe fazer um pedido.

— Sim, fale.

— A senhora está estudando os livros espíritas, não está?

— Estou sim, meu filho, estou adorando!

— Então, agora que se interessa por esse assunto faça suas orações todos os dias, fará bem para o seu corpo material e principalmente para o seu espírito. Se estiver em comunhão com Deus, atrairá luz e entendimento. E muitas respostas para suas dúvidas também.

Por toda a minha vida

— Se está me pedindo isso é porque já teve boas experiências. Prometo-lhe que de hoje em diante farei minhas orações regularmente.

— Fico feliz. Vamos?

— Mas esse médico está muito responsável, mesmo! — brincou a mãe.

— Sou responsável mesmo; mas o mais importante é que eu gosto do que faço!

Henry e a mãe pegaram os exames e ele pôde checar que a maioria deu negativo, com exceção de um, que indicou anemia. Contudo, nada que preocupasse o jovem médico. Lisa ficou satisfeita, pois tinha certeza de que estava tudo bem. Mesmo assim, o filho receitou algumas vitaminas e deixou prescrita uma dieta alimentar para suprir as necessidades de que o corpo dela necessitava.

Os exames de Lisa não acusaram nada porque Jean não lhe ministrava o sonífero todos os dias. Muito esperto ele intercalava os dias, para não causar dano maior ao corpo físico dela. Naquela época, se algum exame acusasse algo, a medicina teria de fazer uma avaliação por meio de um minucioso exame específico que detectasse algum tipo de droga no organismo dela.

Eles retornaram antes do almoço. Lia e Nicole ficaram tristes pela pressa que Henry colocou à sua volta. Ele se despediu de todos com um caloroso abraço. Primeiro a mãe, Julliete, Lia e, por último, Nicole, que foi solicitada a acompanhá-lo até o automóvel que se encontrava à sua espera.

— Nicole, meu amor, assim que eu chegar a Paris darei entrada nos proclamas de nosso casamento. Aluguei uma modesta casa, mas para isso...

181

Nicole não o deixou terminar de falar, beijou-o repetidas vezes e por fim gritou de alegria:

— Eu o amo... eu o amo...

A felicidade tomou conta de seu coração e de sua alma apaixonada. Tinha dificuldade de se expressar tamanha a emoção.

— Jura que já alugou uma casinha para ficarmos juntinhos?

— Juro... E quero que você, Lia e mamãe vão a Paris para decorarmos nosso novo lar. Ficarei muito feliz de comprar tudo a seu gosto!

Henry, embora não deixasse transparecer suas emoções, também estava feliz. Puxando-a para perto de si, disse completamente apaixonado:

— Nicole, olhe bem dentro dos meus olhos. É isso mesmo que deseja? Estou quase me formando e sei que terá de privar-se de alguns luxos, mas se for o que realmente quer, viverei ao seu lado o resto dos meus dias. Eu a amo muito, deve acreditar.

Nicole beijou os lábios do jovem médico apaixonadamente por longos instantes; depois, respondeu:

— É tudo o que sonhei todos os dias de minha vida desde meus doze anos. Casar e viver ao seu lado é mais que uma bênção que Deus me promoveu. E, acredite, eu o amo mais que minha própria existência. Vivo porque você existe.
— De repente, Nicole agarrou-o e chorou compulsivamente, em desespero. Com a voz entrecortada, disse sem tréguas:
— Ah, Deus, se o Senhor atendeu o meu pedido, ajude-nos a

sermos fortes. Henry, aconteça o que acontecer, nunca deixaremos de nos amar, não é? Por favor, diga que sim!

Henry, vendo o desespero e o medo tomar conta de Nicole, segurou seus braços firmes e falou:

— O que é isso, Nicole? Olhe para mim. Este momento é só de alegria para todos nós, pare de temer, eu juro que não vai acontecer nada, a não ser nos casarmos.

Nicole, aos poucos, foi serenando. Henry, embora tivesse ficado assustado com o comportamento dela, não disse nada, apenas abraçou-a com força até ela se sentir segura.

— Tudo já passou. Está tudo bem. Não tenha medo de nada, acredite em nosso amor.

Mais calma, ela afrouxou o abraço e, olhando dentro dos olhos de Henry, disse como se nada houvesse acontecido:

— Eu acredito em nosso amor, nada vai nos separar.

Lisa, Lia e Julliete assistiram a tudo sem entender de fato o que havia acontecido. Aquelas palavras caíram sobre Nicole como um bálsamo reconfortante:

— Está bem?

Nicole balançou a cabeça positivamente.

— Nicole, você pertence a mim e eu a você. Escute bem, nada vai mudar, mesmo que um dia... Preste bem atenção no que vou dizer, mesmo que um dia, por qualquer motivo, não consigamos ficar juntos, não se desespere porque...

E os dois jovens prometidos falaram juntos:

"O amor verdadeiro nunca morre... O que é o amor carnal diante da eternidade"?!

— Isso, meu amor, é assim que deve ser sempre. Jamais estarei longe de você. Entendeu?

Os dois, mais uma vez se beijaram apaixonadamente, e Henry, apertando as mãos dela entrou no caro e foi embora. Nicole ficou ali parada, até que o carro sumisse de suas vistas. Lisa, sentindo que a jovem precisava de apoio, foi abraçá-la e juntas elas entraram.

Capítulo 17
Em tempos remotos

Passava das dez horas da noite quando Henry se deitou em sua cama para descansar. Após fervorosa prece adormeceu.

Sonhou novamente com a mesma casa. Estava feliz em companhia de Rosa tomando café. Conversavam prazerosamente quando bateram à porta:

— Bom dia, sr. Germano!

— Bom dia, Rosa. Por favor, o Januário está?

— Claro, tenha a bondade de entrar — convidou a jovem. Em seguida, chamou o marido.

— Senhor, já não combinamos sobre a viagem?

— Não é sobre isso que vim lhe falar.

— Diga, patrão, parece aflito!

— Se Rosa não se incomodar é um assunto particular.

— Claro que não me incomodo. Com licença, fiquem à vontade — disse gentilmente, saindo.

— Pois fale, patrão!

— É seu irmão.

— Outra vez? O que ele aprontou agora?

— Você sabe, sou viúvo e criei Cláudia sozinho. Foi muito difícil, mas, com muito carinho e amor, cumpri com o meu dever de pai.

— Sei sim, senhor patrão.

— Vim lhe contar que seu irmão vive rodeando-a e sinto que Cláudia está iludida. Você vai me desculpar, confio plenamente em você, mas não em seu irmão!

— O patrão viu alguma coisa de que não gostou?

— Januário, você não está entendendo. Não preciso ver nada, não quero seu irmão ao lado de Cláudia!

— Acalme-se, patrão. Fique sossegado, hoje mesmo falarei com ele. Tenho certeza de que vai me ouvir.

— Eu lhe agradeço muito. Faça isso, meu filho, fale com ele, senão terei de tomar minhas providências. Gosto muito de você, Januário, mas se seu irmão não se afastar de Cláudia terei de despedi-lo. Você sabe que só o seguro aqui por sua causa, não sabe?

— Eu sei sim, senhor, mas lhe prometo que darei um jeito nessa situação.

— Obrigado, Januário. Faça boa viagem.

Depois dessa conversa, o peão seguiu viagem com a comitiva. Como sempre, o irmão reclamava de tudo, nada estava bom. O que João almejava era ter boa vida e casar-se com Cláudia. Como havia prometido, o peão disse ao irmão que não estava nada satisfeito com os sermões do patrão por conta de seu comportamento.

— Por que se preocupa tanto com Cláudia? Uma mulher só não lhe basta?

— Pare de rodear, entendeu muito bem o que eu quis dizer. O patrão não está gostando que você está andando atrás da filha dele. Depois, não vá reclamar e pedir para eu interceder, como sempre faz.

— Por que você e ele podem se dar bem? Eu também quero unir o útil ao agradável. Até que Cláudia é uma patroa bonita... Que mal há de eu me casar com ela? E depois, o pai tem muito dinheiro!

— Você pode parar. Se quer fortuna, lute e trabalhe. Sua atitude não é de um homem de bem.

— E quem disso para você que estou preocupado com isso?

— Eu o estou avisando pela última vez: tome tento, se você não criar juízo, não vou querer vê-lo nem pintado de ouro. Você terá de se virar sozinho, entendeu?

João não respondeu, deu meia-volta e saiu com o cavalo em disparada, continuando a viagem ao lado de outros peões. Seus pensamentos eram os piores possíveis: "Quem ele pensa que é? Já tem Rosa, o que ele quer mais? Não vou aguentar sua pose de homem trabalhador e gentil. Não vou mesmo! Ele tem jeito de sonso, mas não me engana! Como Rosa pôde escolhê-lo? Com certeza, ela seria mais feliz comigo! Mas esses dois não perdem por esperar. Você, meu irmão, vai ver o que vou aprontar para vocês. O que é seu está guardado. Depois será a vez do sr. Germano. Eu odeio vocês".

Passaram alguns dias da viagem aguentando chuva, sol e poeira. Numa noite, acamparam perto de um ribeirão, acenderam a fogueira e cantaram moda de viola até tarde, para matar a saudade da família. Riram e contaram muitas histórias dos sertões solitários. Na manhã seguinte, Januário foi o primeiro a acordar. Espreguiçando-se, lembrou-se da esposa querida: "Estou voltando... Espere-me, Rosa, estou voltando".

Satisfeito por ter cumprido a missão e entregado a boiada, fez o café para os companheiros e os chamou:

— Levante, peãozada, é hora de partir. Quem lida com boiada, nunca há de fugir.

Era uma paródia que alguns cantavam por terem vencido mais um dia de luta. Eram vaqueiros de longas e duras estradas.

Todos tomaram café e levantaram acampamento. Saíram em tropa com os cavalos a correrem por aqueles sertões sem fim. Tinham vontade de rever os filhos, as mulheres... Já estavam bem próximos da cidade quando, de repente, a cela de Januário se partiu e o arremessou ao longe, deixando-o desacordado. Moacir e outros companheiros o socorreram e o levaram até um pequeno hospital da região. O homem foi atendido pelo único médico que havia, pois os hospitais das redondezas ainda eram muito primitivos. Não foram necessários equipamentos de alta tecnologia para que o doutor detectasse que Januário ficara paraplégico. E, claro, o responsável por tudo isso fora o irmão João.

Capítulo 18
Um amor para sempre

Henry acordou desesperado, banhado em suor. Pressentiu que talvez pudesse ser um aviso. Levantou-se, lavou o rosto, tomou água e, mais calmo, procurou em seus pensamentos entender aquele funesto sonho.

"Meu Deus, acalme meu coração." Naquele momento de angústia a imagem de Nicole se formou nitidamente à sua frente e ele pôde ver que Rosa era Nicole?! "Meu Deus, tenho certeza, eu não esqueceria aquele rosto. Mas o que pode acontecer de ruim?"

Henry, com o copo de água ainda na mão, levou seus pensamentos em prece: "Deus, Pai de misericórdia, proteja minha mãe, Nicole e minha irmã.

Os pensamentos embaralhados não o deixavam concentrar-se na prece. O jovem se sentou na

beira da cama tentando entender por que aquele sonho parecia tão real. E o amigo do invisível se postou à frente de seu protegido e espalmou suas mãos sobre sua cabeça dizendo:

— Querido Henry, não se aflija, tenha fé, o desespero não é bom conselheiro. Onde está sua fé? Onde está a confiança em Deus?

— Mas por que sempre sonho com as mesmas pessoas e com o mesmo lugar?

— Henry, os sonhos têm suas variantes, às vezes são buscas incessantes do aperfeiçoamento do espírito; outras, são preocupações rotineiras do corpo físico. Não tente adivinhar, e sim perseverar. Você, meu caro amigo, saiu da casa de sua mãe preocupado, nada mais natural que seu subconsciente vivencie receios, inseguranças e preocupações. Procure pôr em prática os ensinamentos de Jesus, que, por muitas vezes, você mesmo cobra das pessoas à sua volta. Afinal, reconhece e acredita ou é apenas um modo de convencer a si próprio que a perseverança é um dos mais valiosos mandamentos do mestre Jesus?

— Mas sinto que algo está para acontecer. Primeiro, quando toquei em meu pai, agora este sonho! Por Deus, você é meu amigo, está sempre ao meu lado, tenho de saber por que sinto essas coisas com tanta veracidade!

— Sabe, Henry, por amá-lo e ser seu amigo é que não posso passar por cima das divindades do Criador. Lembre-se de que desde o primeiro contato que tivemos alguns anos atrás, deixei muito bem esclarecido que, por mais ajuda que eu queira ofertar-lhe, nem sempre poderei interferir. A minha missão é orientá-lo e ensiná-lo pelos caminhos que suas provas porventura vierem lhe cobrar; contudo, o mérito de fazer a caminhada pertence a você.

— Mas se está sempre presente em minhas dúvidas por que não posso ter esse conhecimento?

— Aí que justamente entram os seus méritos. Não seja egoísta de pensar que só existe você nessa situação. Quantos perecem sem ter ao menos entendimento? Quantos não sabem nem fazer uma prece? Quantos desorientados não entendem que sempre terão um espírito protetor a socorrê-los nos momentos de aflições? Na casa de meu Pai há muitas moradas. Não existe somente o seu planeta a passar por percalços cruelmente dolorosos. Há muitos outros mundos, o universo é infinito. Muitos sofrem amargamente anos de desalinho por contraírem apenas a ignorância, por não acreditarem na Lei de Causa e Efeito, por apenas viverem a vida da carne e não a do espírito, que será por toda a eternidade a essência absoluta do Criador. Amado amigo, pense bem sobre tudo isso que lhe falei. Você tem tudo a seu favor, mas não basta somente ler, é preciso estudar com fé e colocar em prática os benéficos e salutares ensinamentos de nosso irmão de pátria Allan Kardec. Assim como a maioria dos encarnados, você escolheu, traçou seu caminho antes de chegar a este planeta. Em sua história de vida reencarnatória existem mais envolvidos que precisarão de sua sabedoria.

— Confesso que às vezes é difícil, tudo parece fugir do meu controle.

— E você não gosta. Não é mesmo?

— Por mais que eu queira esconder, você sabe o que penso e o que sinto. Portanto, minha resposta à sua pergunta é não. Gosto de manter o controle sobre mim. Ver-me vulnerável não me agrada. Mas você tem razão, tenho de perseverar e confiar nos desígnios de Deus. Vou procurar raciocinar com mais compreensão.

— Nada acontece sem que Deus permita. E Ele não nos dá um fardo maior do que o que podemos carregar. Sinto-o mais confiante e estou feliz por isso. Meu tempo já terminou, preciso regressar. Feche seus olhos e vamos nos entregar em reconfortante oração.

Henry e o amigo espiritual fizeram uma linda prece agradecendo ao plano superior por mais uma oportunidade confiada. O jovem, muito mais tranquilo com as bênçãos ofertadas, voltou a dormir em sono reparador.

Na manhã seguinte, acordou bem-disposto e foi cumprir com mais um dia de dedicação a seus mais que pacientes. Marseille também cursava Medicina. Logo que viu Henry andando apressado, como sempre, chamou-o:

— Henry, Henry...

— Bom dia, Marseille! — cumprimentou-a com alegria.

— Bom dia! Parece estar feliz. Ou é impressão minha?

— Não é impressão. Estou sempre feliz! — brincou Henry.

— Acho que nunca o vi de mau humor.

— Mas a vida é tão boa, por que não estar feliz todos os dias?

— Nem sempre podemos estar felizes, Henry.

— O que houve? Sinto que não está muito bem.

Por toda a minha vida

— Sabe o que é, Henry, estou naquele dia não muito feliz. Será que tem uns minutinhos para mim?

— Para você tenho todo o tempo do mundo! — brincou mais uma vez.

— Estou falando sério!.. Gostaria muito de lhe falar...

O moço pareceu preocupado e, olhando nos olhos da amiga, sentiu que ela estava precisando dele.

— O que foi, Marseille? Parece triste.

A moça, quase chorando, também o olhou nos olhos e pensou: "É agora ou nunca. Ah, meu Deus, ajude-me".

— Fale, Marseille, está me deixando preocupado! Seus pais e irmãos estão bem?

— Estão... O problema é comigo. Quero falar com você em um lugar reservado.

Henry segurou as mãos dela com carinho e abriu um lindo sorriso.

— Ah, é particular? E o que a faz pensar que eu, um médico quase formado, tenho algo para falar em particular com uma simples estudante? Eu nunca tive oportunidade de ter uma linda médica como você a me ouvir em particular, não! — brincou descontraído.

Henry sempre brincava quando se sentia enrolado com assuntos aparentemente sérios, principalmente vindo das mulheres. A bem da verdade, ele era mestre em se safar das garotas que davam em cima dele. Sabia que por trás daqueles rostinhos lindos e sedutores das francesas havia grande perigo. Contudo, com Marseille era diferente, ele considerava sua família como se fossem parentes muito próximos, além de respeitar Village. O amável médico, mas não menos esperto, sabia que uma hora teria de ouvir da linda Marseille o que ele teimava em adiar.

A moça sorriu, tentando não demonstrar fraqueza. Mas as lágrimas traiçoeiras surgiram sem pedir licença. A garota mal conseguia se sustentar em pé. Desta vez, o rapaz sentiu que o assunto era sério mesmo. Pegando em suas mãos, disse, tentando controlar a situação:

— Venha comigo. Conheço um lugar especial aonde levo as enfermeiras para tirar umas casquinhas.

Marseille, entre lágrimas e risos, acompanhou-o.

Assim que entraram na sala vazia, Marseille ficou perplexa.

— Mas o que está fazendo? Este consultório é do meu pai!

— Eu sei, por esse motivo a trouxe aqui. Ninguém vai nos interromper; a não ser ele mesmo. Agora que já estamos sozinhos, diga-me o que a está incomodando.

Marseille, em vez de falar o que estava sentindo, não o fez. Começou a chora copiosamente. Henry não moveu um só músculo, esperou pacientemente que ela extravasasse o que estava reprimido havia muito tempo. Ele sabia que só assim, no limite de um amor platônico, ela poria para fora tudo o que sua alma sofria em segredo. De repente, a moça desabafou:

— Eu o amo desde o dia em que entrou em minha casa pela primeira vez. Minha irmã Melissa me alertou várias vezes sobre o que eu estava sentindo, mas eu não quis acreditar, achei que ela estava delirando. Mas tenho de reconhecer que agora quem delira sou eu. Meu sentimento cresce dia a dia, e se você pensa que não quero ouvir algo reconfortante, está enganado. Preciso ouvir que se Nicole não existisse eu seria a mulher da sua vida! Juro que não quero mal a ela, pois ela já existia quando nos conhecemos. Mas dói muito saber que nunca vou tê-lo.

Henry se emocionou, porém nada se notou. Apenas deixou que ela falasse sem parar, expondo um sentimento tocante e maravilhoso. Após serenar a loucura de amor que a jovem expunha sem vergonha nenhuma, Henry puxou uma cadeira, sentou-se à sua frente e, carinhosamente, segurou suas delicadas mãos.

— O que sou para merecer um amor tão grande?

— Para mim tudo o que há de melhor no mundo! Daria minha vida se preciso fosse para ter o seu amor.

— Não diga isso, ninguém vale tanto assim. Sou um cara comum como qualquer outro.

— Você vale. É diferente. Nunca conheci uma pessoa como você. Não faz distinção de ninguém, não discrimina ninguém, sempre tem uma palavra de carinho e de conforto. Se perguntar a qualquer um, todos vão ter a mesma opinião sobre você. Você sempre conquista idosos, crianças, jovens e adultos. Todos são iguais. Você transmite amor, compreensão e carinho.

— Você está vendo virtudes que não existem. Você me idealizou assim, Marseille, mas sou muito falho, tenho medos, inseguranças e incertezas. Meus sonhos são iguais ao de todos os encarnados.

— Será que não nota as pessoas à sua volta? O bem-sucedido e o mais humilde são importantes para você, que os trata de igual para igual. Para você somos todos iguais.

— Porque sou igual a todo mundo. E, depois, não há nada de mais nesses predicados. Nossa obrigação é tratarmos todos iguais. Você, mais do que minha própria irmã, sabe que meu lema é: "Doando que se recebe".

— Será mesmo? Estou aqui lhe entregando meu amor. E você, vai entregar o seu a mim? — Marseille queria deixá-lo com sentimento de culpa.

— Marseille, não se faça de desentendida, isso é covardia! Você entendeu meu raciocínio! Sabe que gosto muito de você. Tê-la ao meu lado me traz alegria.

— Patrick me traz alegria também! É meu melhor amigo! Mas falo de amor, Henry. Amor entre um homem e uma mulher.

Impulsivamente, Marseille beijou os lábios de Henry, que não correspondeu ao beijo. Delicadamente, ele segurou suas mãos e as beijou com respeito. O jovem tentou acalmar os desejos e a ânsia da garota.

— Marseille, você tem razão, se não fosse o amor que sinto por Nicole, você seria a mulher dos meus sonhos. Mas, por hora, só posso lhe dar meu carinho e minha amizade.

— Que raiva ouvir isso!

— Marseille, é absolutamente verdadeiro o que acabei de lhe dizer. Aliás, você é a mulher dos sonhos de muitos homens, não só meu!

— Mas dói muito, sabia?

— Com toda a certeza. E você colocou Nicole no pedestal por motivos óbvios.

— Não entendi!

— Você disse há pouco que não tem nada contra Nicole, pois ela já existia, não foi? Contudo, foi apenas para se redimir.

A verdade é que se pudesse a mataria com as próprias mãos. Acertei?

Marseille ficou sem graça, não sabia o que responder. Lá no fundo, era exatamente essa a sua vontade.

— Você me diferencia das outras pessoas por causa de seus sentimentos. Quando abrimos nossos sentimentos de amor e benquerença, abrimos também nossas ilusões. Não sou esse homem cheio de virtudes que você enxerga. Agora, quanto aos meus sentimentos, pode ter absoluta certeza, eles são verdadeiros. Vejo-a como uma mulher forte, generosa, que luta pelo que deseja e, acima de tudo, leva sua profissão com empenho e verdade. E se quer saber, sinto muito por não amá-la. Desde o primeiro momento em que a conheci senti muitas afinidades com você. Senti que íamos nos dar muitíssimo bem. Percebi que você seria mais minha amiga do que Melissa!

— Boa comparação. Minha irmã é completamente alienada de tudo, o negócio dela é apenas representar! Eu o amo muito! Agora, o que importam essas afinidades?

— Deixe-me terminar para que não fique nenhum mal--estar entre nós. Não estou aqui para medir o amor que diz sentir por mim, apenas estou abrindo meu coração, sendo verdadeiro com os sentimentos que cultivo por você. O amor para mim está acima de qualquer outro sentimento que possamos sentir. Por muitas vezes, ludibriamos quem nos rodeia e acabamos não dizendo as verdades. O amor para mim está acima de ter ou não a pessoa amada ao lado. Se não posso usufruir esse amor é porque não a amo de verdade ou porque não nos foi permitido que nesta encarnação ficássemos juntos, por esse motivo chamamos a isso de provação. Muitas vezes, a situação não é agradável, mas é preciso continuar, mesmo que tenhamos de renunciar a nossos sentimentos. O amor verdadeiro vai se transportar por meio das vidas e temos de esperar, não há saída. Não quero que você me tenha como uma pessoal especial, só desejo que você aceite e respeite como sou e o que posso lhe oferecer. Não quero que se menospreze nem se compare com Nicole. Você tem suas virtudes e seus defeitos, e ela também. Então, nunca compare seu amor com o dela, tampouco pense que é uma questão de escolha. Não quero vê-la se diminuindo por eu não poder lhe dar o que você espera; ou melhor, o que você merece. O que você sente por mim é muito valioso para fazermos comparações, e pode ter certeza de que vou valorizar por todos os meus dias esse sentimento. Não vou esquecer a coragem que teve de falar do seu amor por mim, e em qualquer circunstância a terei em meu coração.

Marseille estava serena e admirada por Henry se abrir, expondo seus sentimentos.

— Fico feliz por confiar em mim e se abrir comigo — disse Marseille, enxugando as lágrimas. — Acho que o entendi. Jamais vou esquecê-lo. Se você fosse qualquer outro rapaz, não perderia a oportunidade de satisfazer seu ego e ficaria com as duas até que uma ganhasse realmente seu coração. Os homens em geral são infiéis.

— Mas isso não é uma competição, estamos falando de um ser humano, e não de uma coisa qualquer. A evolução, com certeza, acontecerá nos próximos anos. Mas o ser humano

POR TODA A MINHA VIDA

continuará sendo a invenção mais perfeita de Deus. Por tudo isso, eu a respeito. Se não fosse sincero com você, não estaria respeitando a obra insuperável de todos os tempos.

— Henry, embora não fosse o que eu gostaria de ouvir, eu o entendo. Mas posso lhe fazer um pedido?

— Faça. Se eu puder atendê-la...

— Eu gostaria... não, eu desejo mais um beijo seu, para guardar de lembrança.

— Mas você já roubou um beijo meu. Aliás, eu não esperava, você me pegou de surpresa!

— Mas você não correspondeu ao meu beijo.

Henry beijou novamente suas delicadas mãos, pensou, e em seguida concluiu:

— Marseille, se eu lhe der um beijo, você não vai se contentar, vai querer mais e mais. Eu sei o que está sentindo e sei também que é muito doloroso amar alguém que não podemos ter inteiramente. Se eu lhe der um beijo, que para mim, é claro, seria tão bom quanto para você, amanhã daríamos outro, e outro, e outro, porque é impossível uma pessoa se revelar por inteiro, entregar-se por inteiro e a outra parte não sentir nada. Como não ser feliz quando sabemos que somos amados? Mas quero lhe dizer que eu não sou diferente dos outros homens! Sou igual e sinto desejo também. Daqui a pouco esse beijo que me pede, não fartará mais nossos desejos. Aí então, irei contra todos os meus dogmas. Marseille, é por prezá-la muito que não posso agir assim, pois amanhã você poderá me odiar. Não quero que sofra por mim, mas também não quero que me odeie. Será que me entende?

Marseille parecia ter tirado um fardo das costas por ter conseguido revelar seu amor. Seu sentimento não mudou, porém ela aceitou a situação. Mais leve, brincou:

— Mas você, hein? É duro na queda!

— Você sabe que não sou. Tenho certeza de que vai pensar melhor e me dar razão.

A linda francesa pousou um beijo no rosto do jovem e finalizou:

— Sinto muito ir contra seus dogmas, mas pode passar o tempo que passar eu o amarei... E se precisar de mim estarei sempre ao seu dispor. E também vou ficar o resto de minha vida desejando seu beijo — exclamou Marseille brincando.

Henry riu sonoramente e a puxou, abraçando-a com ternura.

— Bem, *mademoiselle* residente, agora que já tivemos uma longa conversa em particular, vamos trabalhar que já abusamos da hora.

Naquele exato momento Village entrou em sua sala. Demonstrou surpresa e preocupação com a filha, pois seus olhos ainda estavam vermelhos.

— Henry... Marseille... O que fazem aqui?

— Bom dia, para o senhor também, dr. Village — cumprimentou com ironia Henry.

— Desculpe, Henry, bom dia a vocês.

— Pelo que eu saiba, quando encontramos com alguém, antes de qualquer coisa, ou precisamente "antes de questioná-lo", nós o cumprimentamos gentilmente!

— Desculpe, bom dia! Está bem assim?

POR TODA A MINHA VIDA

— Agora sim. Vou responder à sua pergunta! Marseille e eu estávamos trocando apenas algumas ideias.

— Mas por que em minha sala? Era tão particular assim?

Os dois riram sonoramente.

— Do que estão rindo?

— Papai, era um assunto particular, por esse motivo escolhemos sua sala, pois sabíamos que aqui ninguém iria nos incomodar. Mas pode tirar esse ar de curiosidade porque senão o assunto que era particular, vai se tornar público, não é mesmo, Henry?

— Está bem. Não está mais aqui quem perguntou!

Village não insistiu, mas ficou preocupado. Já havia percebido que a filha estava triste e apática.

— Bem, se me derem licença, vou trabalhar — afirmou Henry.

Village deu um beijo na filha e pediu que Henry ficasse.

— Pois não, dr. Village. É algo sobre algum paciente?

— É sim, tem algo que precisamos conversar — e, olhando para a filha, concluiu:

— Você não está atrasada? Uma boa médica cumpre horários.

— Está certo, papai, já estou indo.

Marseille deu uma olhada para Henry e saiu.

— Bem, doutor, já estamos sozinhos.

— Gostaria de saber sobre a paciente que deu entrada por volta das cinco horas da tarde de ontem, no quarto 1301.

— Qual é o seu nome e a causa?

— Seu nome é Desirée Vermont, tem 35 anos, e deu entrada com fortes dores abdominais. Quando chegou estava com uma pequena hemorragia estomacal; pedi alguns exames, que provavelmente já devem estar prontos. Não é nada tão grave, em minha opinião é uma úlcera mal tratada. Mas não podemos afirmar sem os exames nas mãos. Então, Henry, adiante isso para mim e depois me avise. É a esposa de um amigo muito querido.

— Sem problemas, assim que eu estiver com os exames em mãos o aviso, fique sossegado.

Henry estava abrindo a porta para sair quando foi surpreendido por Village:

— Seria muito abuso se eu perguntasse o que está havendo com Marseille? Estou muito preocupado.

— Até achei que estava demorando muito para perguntar.

— Pelo amor de Deus, Henry, é minha filha!

— Não está com ciúmes de mim ou está? — brincou Henry.

— Ah, por favor, não é hora para brincadeiras!

— Desculpe, não era minha intenção. Tranquilize-se, não é nada grave; apenas importante.

— Do que se trata, então? Fale, pelo amor de Deus.

— Sou eu o seu problema.

— E você me fala com essa calma? Mas, espere aí, por que você é o problema dela?

— Doutor Village, não se preocupe, Marseille está muito bem, confie em mim.

— Mas por que estava chorando?

— Estou lhe dizendo que não há nada para ficar assim preocupado. Não posso e não devo lhe dizer o que sua filha

POR TODA A MINHA VIDA

queria comigo. Isso é um assunto que cabe somente a nós dois. Agora, se o senhor insistir é um direito que lhe cabe como pai. Mas pergunte a ela.

— Por que não pode me dizer?

— Doutor, eu prezo muito sua amizade, o senhor é como se fosse meu pai e o senhor sabe disso. Portanto, é um direito meu não querer comentar nada. Fale com Marseille. Se ela lhe contar prometo que estarei à sua disposição para esclarecer qualquer dúvida.

— Doutor Henry, nunca falou comigo assim!

— Esse doutor é um elogio ou cinismo?

— Ah, Henry, Patrick já me disse que às vezes é difícil lidar com você, e eu nunca acreditei!

— Não sou difícil, vocês é quem complicam as coisas! Estou dizendo que como pai o senhor tem todo o direito de saber; porém não será por meio de minha pessoa. Isso não me torna difícil.

Village silenciou, pois seria contraditório entre afirmações anteriores e atuais, entre palavras e ações. Experiente, ele sabia que não se enganara a respeito do aluno que aprendeu a amar incondicionalmente.

— Você tem razão, não é obrigado a me contar nada. Deixei-me levar pela emoção.

— Doutor Village, o senhor confia ou não em mim?

— Claro que confio, mas não posso agir normalmente como se nada estivesse acontecendo!

— Doutor Village, hoje cheguei mais cedo por não ter tido uma noite muito boa. Nem comecei minhas atividades e

tive de lidar com uma emoção forte. Não sou difícil, não sou diferente, nem frio como muitos me julgam, sou como qualquer mortal e sinto e sofro as variações das emoções. Portanto, vamos parar por aqui, não quero que mude a harmonia e a benquerença que durante anos se fez entre nós. Se me dá licença, vou ver sua paciente. Fique tranquilo; com certeza sua filha vai lhe contar.

Henry pegou a maleta e saiu. Village ficou pensando: "Sou um tolo mesmo, do jeito que o conheço não conseguiria mesmo arrancar qualquer coisa dele. O topetudo é bom médico, mas às vezes é insuportável como pessoa!".

Village saiu e foi atrás da filha, mas no meio do caminho parou e pensou: "Ah, meu Deus, se Henry pediu que confiasse nele é porque tenho de confiar. O que é isso, Village? Volte e vá cuidar de seus pacientes!".

E foi exatamente o que ele fez.

Capítulo 19
O SEQUESTRO

Henry foi embora e deixou saudades. Jean desconfiou da gravidez de Nicole e começou a segui-la para comprovar se ela estava mesmo esperando um filho do bastardo. Confirmadas as suspeitas não pensava em outra coisa a não ser em como os faria sofrer.

Passados alguns dias, Nicole estava indo para a vila visitar os pais e levar alguns doces que Julliete fizera a pedido de Lisa. No meio do caminho, foi bruscamente abordada por Jean e Michael, seu braço direito. Rapidamente, eles taparam sua boca e colocaram-na em cima do cavalo saindo em disparada. Chegaram a um local distante. Apavorada, Nicole olhava tudo à sua volta. Era um lugar descampado com uma pequena casa, no meio da mata virgem. Levaram-na até a casa e jogaram-na em

cima da cama. Nicole, assustada, chorava descontroladamente. Não sabia como agir. Jean vibrava por dentro ao ver a namoradinha do bastardo em pânico.

— Escute aqui, sua pretensiosa, você tem apenas dois caminhos, abortar esse filho de Henry e nunca mais procurá-lo ou aceitar a proposta que farei a você. Contudo, quero alertá-la de que se insistir nessa gravidez terei de dar cabo da vida de seu bebê — gritava Jean enlouquecido.

Nicole sentiu o pavor tomar conta de sua alma. Naquele momento, não conseguia raciocinar direito. Com a voz sumida perguntou:

— Proposta? Que proposta, sr. Jean?

— Minha proposta é a seguinte... Se for boazinha e me obedecer terá seu filho com todo o conforto, com tudo de melhor que possa existir. Terá também uma bela casa. Prometo-lhe que não deixarei lhe faltar nada, nem a você nem ao bebê — Jean, de forma ameaçadora, passava as mãos no ventre da jovem com o sadismo de um carrasco. Nicole mal respirava diante do rosto tão próximo dele.

— E então? O que me diz? Pensa que não sei que arrumou esse filho com o idiota de Henry porque quer se dar bem na vida?!

A moça, sem saber o que responder, tremia muito. Inesperadamente, passou mal e desfaleceu. Jean furioso e a deixou cair no chão.

— Não fique me olhando, coloque-a na cama! — gritou para Michael. — Tranque a porta e fique vigiando-a. Não descuide um só minuto, entendeu?

— Sim, senhor — respondeu o empregado.

Em seguida, Jean foi à sua casa sondar o ambiente.

A jovem, largada sobre a cama, aos poucos recobrou os sentidos. Olhou à sua volta e com dificuldade levantou-se e se dirigiu até a porta; rodou a maçaneta de um lado para o outro e percebeu que estava trancada — com medo, gritou:

— Tem alguém aí? Por favor, se tiver ajude-me, por favor, alguém me responda!

Michael falou:

— É melhor ficar bem quietinha, o sr. Jean voltará logo!

— Por favor, Michael, ajude-me. Abra a porta, eu lhe suplico. Tenha piedade de mim.

— Não posso, sinto muito, Nicole.

— Por favor, Michael. Se você me deixar sair, nunca o sr. Jean saberá, eu lhe prometo.

— Sinto muito, mas não posso desobedecer às ordens dele.

Michael ficou com pena. Nicole não respondeu, apenas se deixou cair no chão, chorando lágrimas inúteis.

— Nicole, está me ouvindo? — questionou o jovem do lado de fora.

A jovem continuou em silêncio.

— Não quer responder não faz mal... Mas vou dizer mesmo assim, preste atenção... É melhor pensar bem o que vai dizer ao sr. Jean, pois ele não está brincando. Se amar realmente o dr. Henry é melhor ter seu filho bem longe daqui.

Nicole, passando as mãos no rosto molhado, em terrível desespero, ouvia os conselhos do jovem. O medo e a insegurança daquele momento a fez lembrar-se do sorriso maravilhoso de seu amado e das muitas vezes em que ele falava sobre as aflições da vida: "Ore, faça a comunhão com o Criador, não se desespere, tampouco lamente a situação. Não pense que somos esquecidos por Ele, pois um pai jamais esquece os filhos; mantenha a chama da fé em seu coração, que o bem virá".

Com as forças do amor de muitas encarnações ela suplicou a misericórdia divina:

— Ó meu pai, fortifique meu espírito, que eu percorra o melhor caminho. Amo Henry mais que tudo em minha vida, mas se for preciso renunciarei à minha felicidade em prol da dele. Ampare-o por todos os dias de sua vida, proteja-o de qualquer mal que porventura possa acometer-lhe. Que seja feita a Sua vontade.

As rogativas de Nicole foram ouvidas. Ao seu lado estava Clarissa acompanhada de um amigo espiritual. Com vibrações edificantes, ambos espalmaram suas mãos sobre ela com a intenção de orientá-la para que usasse sua sabedoria no momento certo. A encarnada, aos poucos, foi serenando por conta da grande quantidade de luz que penetrava pelo plexo frontal e descia por todo o seu corpo material e espiritual, renovando e energizando suas forças. Ao término dos passes, Nicole sentiu-se melhor. Assim que terminou sua prece, ouviu a porta abrir. Era Jean que havia voltado; ríspido, ele se pronunciou:

— Então, Nicole, já pensou no seu destino e no de Henry?

— Já sim, sr. Jean. Mas há um porém nessa história toda.

— Um porém? Lá vem você querendo ludibriar-me! Pensa que me engana?

— O senhor quer pelo menos me ouvir ou não?

POR TODA A MINHA VIDA

— Do que se trata? Fale logo, não tenho tempo a perder!

— Esse filho que estou esperando não é de Henry.

— Não? — perguntou admirado.

— Não, não é.

— Pensa que vai me enganar? Se pensa, está fazendo a coisa errada!

— É verdade, sr. Jean, acredite se quiser.

— Será mesmo? Não brinque comigo, menina, pois as coisas podem piorar para Henry.

— Que Henry, sr. Jean! Que Henry? Não estou interessada nesse idiota. Esse filho é de outro.

Jean, em sua ilusão, pensando que Henry escolhera uma mulher infiel e traidora, acreditou na história fantasiosa de Nicole. Só em pensar que Henry poderia de alguma maneira ser infeliz também, aceitou a traiçoeira vaidade de pronto.

— E quem é esse outro?

Nicole, sentindo que Jean aceitava suas mentiras, com exatidão continuou:

— Isso não vem ao caso.

— Olha aqui, menina, está me dizendo a verdade? Meus inimigos não me enganam duas vezes!

— Claro que sim, eu juro. Se o senhor quer saber Henry nem sabe sobre esse filho — Nicole, dissimulada, disse com desdém.

— Como não sabe?

— Não sabe. Não lhe contei, ia esperar a oportunidade certa. Pelo visto acho que me dei melhor agora. Como planejei, foi mais fácil do que eu esperava, não vai ser preciso aguentar o idiota do seu filho.

209

Jean ficou tão feliz com a amargura alheia que não percebeu por um segundo que Nicole o estava enganando. Jean só enxergava o que lhe convinha. Feliz, ele concluiu:

— Bem, já que decidiu, vamos ao que interessa.

— Mas antes quero garantias de que realmente vai cumprir com a sua palavra.

— Tem minha palavra, menina.

— O senhor vai deixar meu filho nascer?

— Já disse que tem minha palavra!

Nicole, com a alma em pedaços, engoliu sua dor.

— Michael vai levá-la para dormir com Lia, como é de costume, mas se disser uma só palavra eu mato Henry e você. Está me entendendo? Amanhã bem cedo, antes de o sol raiar, quero que esteja longe daqui. Michael vai encontrá-la na porta da frente para que não esbarre com Julliete. Entendeu tudo o que lhe disse?

— Entendi sim, senhor.

— Agora pode ir, mas lembre-se, a qualquer vacilo acabo com você e Henry sem pestanejar, pode acreditar nisso!

— Já concordei, não concordei? Não sei por que insiste em ameaçar Henry, o senhor é pai dele, sei muito bem que não faria isso com seu próprio filho. Depois, para mim pouco importa seu destino, preciso de garantias para mim, isso sim! — disse Nicole firmemente.

Foi difícil para Nicole manter aquela atitude com relação a Henry. Ela jogou com a sorte. Em compensação, Jean teve de se calar; qual seria a causa para jurar o próprio filho de morte? Afinal, ninguém em sã consciência pensaria em uma barbaridade dessas.

Michael a levou de volta para casa. No caminho, Nicole não abriu a boca, pois não precisava mais encenar o que ela realmente não sentia nem pensava. Aquele homem, braço direito de Jean, sentiu pena de Henry e Nicole, pois os conhecia havia muitos anos e não tinha como não sentir afeição por eles. Como não amar dois jovens honestos e dignos de cultivar forte amizade? Michael, desde que conhecera Henry admirava-o por saber tão cedo administrar os negócios do pai e os empregados. Sua generosidade era singular, nunca usou sua posição de garoto rico para prevalecer-se; sempre, o tempo todo tratou de igual para igual os empregados. Contudo, não podia fazer nada a favor dos enamorados, tinha uma vida boa e era respeitado por todos os outros empregados.

— Nicole, não fique assim, não se entregue. É fato que com o sr. Jean não se brinca, mas pense nesse filho que está esperando. Eu sei que é de Henry, está na cara que vocês se amam, só o sr. Jean preferiu não acreditar. Olhe, se servir de consolo, pode contar comigo, farei de tudo para estar ao seu lado.

Nicole desceu do cavalo e saiu andando, parecia estar morta para o mundo. Na manhã seguinte, antes de o sol despontar, entrou no quarto de Lia sem fazer barulho, aproximou-se tocando em seu braço, e disse:

— Lia, Lia, acorde, por favor.

Lia, sonolenta, remexeu-se na cama, abriu os olhos e viu Nicole.

— O que foi, Nicole? Aconteceu alguma coisa com a mamãe?

— Não, claro que não...

— Então me deixe dormir.

— Lia, preste atenção no que vou lhe dizer.

— O que está falando? Se a mamãe está bem, deixe-me dormir. Amanhã conversamos.

Nicole a chacoalhou com força.

— Lia, diga para o seu irmão que fui embora, que nunca mais me procure, apaixonei-me por outro; peça que siga seu caminho e seja feliz.

Nicole lhe deu as costas e saiu apressada, antes que Lia alarmasse a casa toda. Quando abriu a porta, Michael já estava à sua espera. Ela entrou no automóvel e partiu. Lia ficou atordoada; mas sabia que não se tratava de um sonho. Nicole realmente havia falado tudo aquilo em seu ouvido. A jovem sentou-se na cama e disse a si mesma: "Será mesmo? Imagina... Claro que foi um sonho, ou melhor, um pesadelo, jamais Nicole diria um absurdo desses. Devo estar louca mesmo, Nicole ama meu irmão mais que a própria vida. Quer saber de uma coisa? Vou deixar essas bobagens para lá, devo ter sonhado... Vou dormir mais um pouco".

Lia se deitou, virou para o lado e voltou a dormir.

Nicole sentou-se ao lado de Michael e não deu nem um bom-dia.

— Você está bem? — inquiriu Michael.

Nicole deu de ombros e não respondeu, ele insistiu:

— Sabe para onde estamos indo? Estamos indo para a Itália. O avião embarca daqui a uma hora e meia.

Quando Michael disse Itália foi que Nicole se pronunciou perplexa:

— O quê, para a Itália?

— É, para a Itália.

— Mas por...

— Não me pergunte por que, pois não saberei lhe responder. A única coisa que sei é que já há uma bela casa à sua espera.

— Ficarei na Itália para sempre?

— Acho que não, mas com certeza até seu filho nascer; mas em se tratando do sr. Jean, nunca se sabe!

— Para mim tanto faz, na França, Itália, Espanha, tanto faz. O que me importa agora é meu filho.

— O sr. Jean só vai para lá amanhã ou depois. Sabe-se lá Deus o que vai acontecer quando derem por sua falta na casa dele! Ainda bem que vou estar longe, será uma desgraça só!

Nicole estava com o olhar perdido olhando através do vidro. Sua vida parecia ter se acabado; nada mais importava; mesmo assim, Michael não parava de falar:

— Não quero que fique com raiva de mim, só cumpro ordens, sou pago para atender meu patrão. Mas se quer saber minha opinião, não concordo com essa atitude impensada dele.

As lágrimas verteram nos olhos tristes de Nicole e Michael não sabia o que fazer para tirá-la daquela apatia profunda.

Capítulo 20
Rumo à Itália

Lia, nervosa, subia as escadas que dava para os quartos quando deu um esbarrão no pai que, claro, logo viu que a bomba iria explodir.

— Calma, minha filha, por que está tão nervosa?

— Depois lhe explico, papai.

Lia entrou sem bater no quarto da mãe e logo viu que Nicole também não estava lá. Com os sentidos aguçados, chorando apavorada, gritou:

— Papai... Papai...

— O que foi, menina, por que está tão descontrolada?

— O senhor viu Nicole por aí?

— Claro que não, por que iria saber dessa menina?

— Por que ela não está em parte alguma. Não está em seu quarto nem no quarto da mamãe! Será que dormiu na casa dos pais lá na vila?

— Por que, minha filha, ela foi visitar os pais?

— Foi, ontem à tardinha, e não voltou para o jantar.

— Ah, minha filha, então não se preocupe, com certeza ficou por lá.

— Não sei o que está se passando, mas tem alguma coisa errada, faz algum tempo que Nicole está meio estranha.

— Estranha, como estranha? — insistiu o pai.

— Estranha, papai... Sei lá! Não se alimentava direito, dormia demais, disse até que iria ao médico. Estou ficando preocupada.

— Não se preocupe, minha filha, ela deve estar bem. Apenas quis ficar com os pais. Aliás, sua casa é lá, não aqui, ela está no lugar de onde nunca deveria ter saído!

— O senhor está certo, deve estar lá mesmo. Depois do café irei à casa deles. Acho que acabou dormindo por lá.

— Às vezes precisamos de mãe e pai. Nicole deveria dar mais valor aos pais, mas prefere ficar enfiada aqui em casa! Já falei para a sua mãe que...

— Está bem, papai, já ouvi muitas vezes essa história. Não quero discutir com o senhor a esse respeito. Sei muito bem sua opinião.

Jean parou de falar o que pensava, não era bobo de bater na mesma tecla. Para ele, o problema já estava mais que solucionado, não veria nunca mais a cara de Nicole andando pela casa como se fosse sua.

POR TODA A MINHA VIDA

* * *

Já passava das cinco da tarde quando Marseille chegou à loja:

— Olá, Patrick. Como está?

— Eu bem. E você, como passou o dia?

— Para falar a verdade até que meu dia foi bom.

— É mesmo? E o que aconteceu de bom para estar com essa carinha tão feliz?

Quando Marseille ia responder, o pai entrou na loja:

— Doutor Village, que bons ventos o trazem aqui?

— Estou preocupado, preciso falar com você, filha.

— Ah, papai! Não pode esperar até o jantar?

— Não sei. Quem estava chorando hoje pela manhã era você, minha filha.

— Papai, sabia que ficaria assim. Não precisa se preocupar. Estava até falando para o meu sócio que meu dia foi ótimo.

— Mas você não me disse que havia chorado hoje! — interveio Patrick.

— Papai é exagerado, ele nem me viu chorar.

— Vi sim. Quando entrei em minha sala, seus olhos eram de quem chorava. E depois, você mesma disse que seu assunto com Henry era particular. Pense, filha, entro em minha sala e a vejo nos braços dele. E não quer que eu me preocupe? Sou sei pai, preciso saber.

Patrick olhou para Marseille. Já sabia do que se tratava, mas não quis se meter.

— Claro que vou lhe contar, mas não há nada para se preocupar.

217

— Henry me disse a mesma coisa; combinaram?

— Não acredito que o senhor teve a coragem e a indiscrição de perguntar para ele!

— Minha filha, não deu para segurar. Mas pode desamarrar essa cara; quem tira alguma coisa daquele topetudo?

— Papai, o que é isso? Não posso crer que vai tratá-lo diferente só porque não lhe contou o que conversamos. Henry não tem nada a ver com isso. Pelo contrário, não há pessoa mais generosa e gentil que ele!

— O que está querendo dizer?

— Nada, apenas o estou defendendo; afinal, até ontem não existia rapaz tão bom quanto ele! Ou mudou de opinião?

— Marseille, está dificultando as coisas. Nunca vou mudar de opinião, simplesmente porque não há o que mudar. Eu o admiro muito e continuarei assim, com certeza!

— Então encerramos o assunto?

— Filha, também gostaria de tê-lo próximo de nós, ficaria muito feliz se ele correspondesse ao amor que sente por ele. Foi sobre isso que conversaram?

Marseille começou a chorar pelo segredo que ela pensava esconder. Patrick, como fiel amigo, sensibilizou-se e puxou uma cadeira para que ela pudesse se sentar.

— Por favor, tenha calma — pediu.

O pai, comovido e arrasado, também puxou uma cadeira e sentou-se.

— Desculpe, mas no fundo eu sabia do que se tratava, só não queria aceitar. Por que ele, minha filha? Há tantos rapazes que poderiam fazê-la feliz!

— Por favor, papai, não me cobre nada. Quem pode dizer por quem nosso coração vai se apaixonar? Eu o amo desde o primeiro dia em que foi em casa com Patrick. O senhor se lembra?

— Claro, minha querida. E não se sinta inferior ou rejeitada, muito menos cobrada por mim, pois sei que ninguém explica por que essas coisas acontecem... A paixão chega, sem mais nem menos, e invade o coração. E, às vezes, esse amor chega na hora imprópria. Atrasada, eu diria, você me entende?

— É, papai, eu amei a pessoa certa na hora errada.

Marseille, sem se importar com as lágrimas que desciam, concluiu com a voz entrecortada:

— Papai, o senhor não sabe como o amo! Daria tudo para tê-lo ao meu lado.

— Mas nem sempre as coisas são como gostaríamos. Por que não me procurou? Eu a teria ouvido.

— Porque precisava abrir meu coração para ele. Não o tenho, mas me sinto aliviada por contar-lhe.

— E como foi?

— Eu ouvi as coisas mais bonitas e verdadeiras de toda minha vida. O senhor já o conhece muito mais do que eu. Tem um jeitinho todo especial de ser e sabe conduzir seja lá qual for o assunto. Eu o entendo, ele foi sincero. É nítida a verdade em seus olhos.

O médico experiente silenciou por alguns instantes. Estava em uma situação complexa. Marseille era sua filha, por outro lado, Henry era seu parceiro de todas as horas.

— Marseille, minha filha, não acha que seria melhor...

— Não, papai. Se for pedir que me afaste dele vai perder seu tempo, o senhor é meu pai, amo-o e o respeito muito, mas não posso atendê-lo.

— Mas, querida...

— Patrick, sinto muito por estar ouvindo tudo isso. Sei que Henry ama sua irmã. Sei também que não devíamos discutir esse assunto diante de você; afinal, tem todo direito de ficar magoado. Mas vou deixar bem claro que ninguém vai me impedir de trabalhar com ele. Não vai ter problemas, ele sempre soube do meu amor, nem por isso me tratou diferente ou sem respeito. Pelo contrário, o que ele mais tem é respeito por mim.

— Bem, minha filha, você é quem sabe, eu agiria de outra maneira.

— Mas por quê?

— Porque, minha filha, viver ao lado da pessoa que amamos e não tê-la é um erro, por mais que Henry seja diferente, gentil, generoso, amável etc. Você vai acabar se machucando.

— Não vou, sei o que estou fazendo!

— Como vai encará-lo agora, filha?

— Do mesmo jeito. Por que, ele disse alguma coisa?

— Claro que não. Não quis nem tocar no assunto, disse-me que era assunto de vocês. Mas senti que tudo isso mexeu com ele. Eu amo você, minha filha, porém gosto muito dele e não quero olhá-lo com ares de cobrança.

— Mas não é para cobrá-lo de nada, papai. Sou eu quem o amo, não ele a mim!

— Mas ele pode não querer mais trabalhar conosco. Nicole, poderá não gostar e pressioná-lo. Você entende?

— Doutor Village, agora quem está pressionando é o senhor. Não gostaria de me envolver no assunto, mas diante do que o senhor está afirmando, sou obrigado. Henry é muito bem resolvido com os prováveis problemas que poderão surgir, sempre ponderou todas as suas ações e seus atos. Tanto é que não poderia ter escolhido a profissão mais condizente com ele. Se ninguém tocar no assunto, minha irmã jamais saberá desse amor. Tenho plena convicção, Henry não deixa as emoções se oporem à razão. Eu o conheço muito bem. Do jeito que o senhor está colocando o problema, Marseille vai achar que a culpa é sua. O senhor sabe que nada mudou. Se ele não deve nada, não mudará sua conduta. Ele sempre faz o que quer e acha certo, e não o que as pessoas à sua volta gostariam. Henry, além de ter um temperamento forte, tem a Medicina como sua vida e não como um negócio qualquer para ganhar dinheiro ou se promover diante das pessoas. Por tudo isso, afirmo que Nicole não ousaria interferir.

— Mantenha-se calmo, Patrick. Estamos enveredando por caminhos de discórdia e não é isso o que quero. Marseille precipitou-se. Essa história poderá terminar mal.

— Por que está dizendo isso, papai? Até parece que cometi um crime!

— Não é isso, minha querida, embora Henry não quisesse demonstrar, ficou perturbado.

— O que exatamente ele disse? — perguntou Patrick.

— Vocês todos o têm como um ser acima do bem e do mal, mas ele é humano como nós. E como você, Patrick, também o conheço bem e sei que ficou incomodado.

— Mas o que ele comentou? — insistiu Patrick.

— Deixe-me lembrar... Como foi mesmo? Foi mais ou menos assim: "Ah, doutor Village, nem bem começou o dia e eu tive uma emoção daquelas! Não sou forte o tempo todo".

Marseille até que se animou com a observação, mas nada disse, pois não seria prudente alimentar esperanças.

— Bem, dr. Village, o que está feito está feito. Não temos como voltar atrás. Só não culpe sua filha, pois não foi sua intenção constranger ninguém. Ela apenas o ama, e isso é um ponto pacífico. Nessa hora, o senhor tem de tomar partido de sua filha e não ficar preocupado com o modo que Henry tratará todos nós.

— Por acaso acha que estou mais preocupado com meu relacionamento com Henry do que com minha filha?

— O senhor vai me desculpar, mas é o que parece.

— Marseille, não foi minha intenção, apenas não gostaria que alimentasse esperança. Henry, com suas atitudes, sempre deixou bem claro que ama Nicole.

— Papai, quer saber de uma coisa? O senhor está sim, mais preocupado com Henry do que com qualquer outra coisa. Para mim esse assunto está encerrado. Fique tranquilo, se depender de mim não ficará sem o seu promissor sócio!

Marseille saiu triste.

— Patrick, sempre defende minha filha. Prezo muito sua lealdade, mas você, mais do que ninguém sabe que ela faz Medicina por causa dele e não para ser uma doutora! Embora não pareça, é com isso que me preocupo! — disse o médico, triste. Levantando-se, dirigiu-se à saída.

— Doutor Village, estou de saída, eu o levo para casa.

— Muito obrigado, Patrick, mas prefiro andar um pouco. Às vezes faz bem.

Village saiu aborrecido com tudo o que havia acontecido, precisava ficar sozinho com seus pensamentos. Andou alguns quarteirões e por fim entrou em uma casa de chá. Sentou-se e pediu uma bebida para a garçonete. Estava com os pensamentos longe quando sentiu alguém lhe tocar o ombro:

— Boa noite, dr. Village!

— Henry?! Boa noite. O que faz aqui?

— Eu é que lhe pergunto o que faz aqui sozinho? Por que não está em sua casa com *mis lady* Françoise e seus filhos?

— Sei lá, comecei a andar e acabei parando aqui. Gosto de fazer caminhadas sem rumo. E você, o que faz aqui?

— Combinei com Antony, ele deve estar chegando. Posso me sentar?

— Desculpe a indelicadeza, sente-se. Sabe, Henry, estava justamente pensando em você.

— Espero que sejam bons pensamentos!

— Você mudou muito nossa vida. Gosto de sua amizade com o meu filho.

— Fico feliz por saber; contudo, não foi minha intenção mudar nada.

— Sossegue, as mudanças foram para melhor — brincou.

— Depois que Antony o conheceu, animou-se e entrou na faculdade de Engenharia Civil. Marseille, resolveu ser médica. Melissa optou pelas artes, que não requer muitas responsabilidades, mas não deixa de ser uma ocupação. Você conseguiu o que há muito tempo eu tentava. Só você mesmo para dar bons conselhos. Sua luz é admirável!

— Ainda bem que cheguei para animar e não para atrapalhar. Fico muito feliz por todos vocês. Mas devo decepcioná-lo; não sou um cidadão com tanta luz. Se tivesse, provavelmente não estaria aqui — brincou.

— Com luz ou sem luz, foi ótimo trazê-lo para junto de minha família.

— Doutor Village, eu é que agradeço a Deus por ter tido a oportunidade de tê-lo como amigo. O senhor é um grande exemplo para mim. E como amigo, devo lhe dizer que não gosto de vê-lo triste, longe de sua família.

Henry pegou-o desprevenido. O médico achou que ele não notaria sua tristeza e preocupação. Depois de alguns segundos de reflexão, perguntou:

— Se eu lhe fizer uma pergunta será sincero comigo?

— Claro.

— Alguma coisa mudou entre nós depois de hoje?

— Por que mudaria?

— Não sei, talvez você...

— Doutor Village, a primeira pessoa a quem me afeiçoei logo que cheguei aqui a Paris foi ao senhor. Eu tinha apenas dezessete anos, lembra? Nada vai mudar isso. Sabe por quê? Porque o senhor foi como um pai para mim; confiou em mim e isso é impagável; nem que eu viva cem anos, nunca conseguiria pagá-lo. Acolheu-me em sua casa, ajudou-me com Patrick, deu-lhe oportunidade de trabalhar e estudar! Por todos esses preciosos detalhes de minha vida, digo-lhe com total sinceridade que nada mudou. E, por favor, não deixe que mude nunca. Sem qualquer questionamento, sei que acima de tudo ama sua filha e deve ficar do lado dela, não espero outra atitude. A única coisa que quero é que preze nossa amizade e não deixe que se rompam os laços de benquerença que já se solidificaram entre nós.

Henry parou por alguns breves segundos, pediu um chá e continuou:

— Nunca lhe disse e talvez não devesse lhe dizer, mas é algo muito forte: sinto muito mais sentimento de amor pelo senhor do que pelo meu próprio pai. Como não acredito no acaso, deve existir um propósito em nosso caminho.

— Não gostaria de me envaidecer, mas estou orgulhoso por prezar minha amizade. Você e suas fantásticas palavras de carinho! Quero estar ao seu lado, independente do caminho que escolher para você. Sabe do que eu estou falando, não sabe?

— Sei sim. E presumo que queira falar sobre sua filha.

— Embora eu tenha escutado o que gostaria, acha que devemos?

— Não necessariamente. Como eu já havia lhe dito, esse assunto só diz respeito a sua filha e a mim.

— Mas o doutor não perde uma mesmo! — brincou mais descontraído Village.

— O senhor não pediu sinceridade? Pois então, mais sincero do que estou sendo é impossível!

— Posso lhe falar o que me faria feliz mesmo?

— Claro — Henry mais uma vez respondeu rindo, pois sabia que seu professor vinha com mais uma história.

— Queria muito tê-lo como genro! No fundo eu torcia para que isso acontecesse.

— Seria um orgulho muito grande para mim. Mas, infelizmente, não é assim que as coisas funcionam. O senhor acompanhou desde o início minha relação com Nicole e sabe como penso e quais são meus princípios. Só espero que Marseille não sofra.

— Fique tranquilo, ela é inteligente e saberá discernir as coisas entre vocês.

Antony apontou na porta e procurou por Henry, que fez sinal com a mão.

— Papai, estão todos preocupados com o senhor, daqui a pouco mamãe vai chamar a polícia!

— Que exagero! Vocês já sabem que me atraso de vez em quando.

— Nós sabemos, é que Marseille disse que estava com o senhor até agora pouco. E, de repente, o senhor some?!

— Sua irmã só disse isso?

— Só. Por que, aconteceu alguma coisa que não sabemos?

— Nada que o tempo não resolva. Afinal, somos pai e filha!

Antony não entendeu, mas não insistiu. Pela expressão do rosto do pai, sentiu que não era hora de fazer perguntas.

— Bem, agora que meu filho chegou, vou embora. Vocês devem querer companhias mais jovens.

— Pare com isso, papai. Fique conosco, é sempre bem-vindo. Vamos jogar conversa fora.

— Obrigado pelo convite, mas sua mãe me espera.

POR TODA A MINHA VIDA

— Henry, tudo bem com você?

— Fique tranquilo. Comigo está tudo ótimo.

Village se despediu dos rapazes e foi para casa mais tranquilo. Só faltava se entender com a filha.

Capítulo 21
Conhecendo o novo lar

Michael e Nicole desembarcaram na Itália antes do almoço. Na saída do aeroporto um carro de aluguel os esperava. Jean tomou todas as providências, após quarenta minutos ambos pararam na frente da casa. Não era uma casa muito grande, porém era confortável e bem cuidada. Havia um jardim muito florido. Nicole, apática, não notou absolutamente nada, pois estava alheia a tudo.

Uma senhora abriu a porta para recebê-los. Tinha os cabelos bem presos e uma roupa muito discreta. Senhora Bridget era sisuda e educada. Assim que entraram disse friamente:

— Bem, devem ser Nicole e Michael. Por favor, entrem e fiquem à vontade. Vou dar uma olhada nas panelas.

Michael pegou delicadamente no braço de Nicole e a sentou no sofá. Sua impressão era de que

às vezes Nicole ia desmaiar de tanta amargura que nitidamente seu rosto abatido demonstrava.

Logo em seguida, a senhora Bridget voltou e dirigiu-se a Nicole:

— Venha comigo, menina. Vou levá-la ao seu quarto. Sei que vai gostar, pois eu mesma comprei todo o enxoval, e as roupas de cama e banho são todas novas.

Nicole não saiu do lugar e Michael teve de ajudá-la a se levantar.

— Venha, Nicole, é melhor você tomar um banho e descansar um pouco. Nicole o acompanhou; porém o rapaz, nervoso e preocupado, achou que Nicole não ia suportar tanta tristeza. Assim que entraram no quarto, antes que Bridget se pronunciasse, Michael pediu que os deixassem sozinhos.

— Sinto muito, mas não posso. O sr. Jean pediu que eu não a deixasse sozinha — disse Bridget firme.

— Fique tranquila, minhas intenções são as melhores. Preciso conversar com ela. Não vê que ela não se encontra bem?

— Está bem, podem conversar, mas ficarei aqui esperando.

— Nicole, preste atenção, está me ouvindo?

Nicole, com os olhos parados e distantes, não estava interessada em Michael, mas ele insistiu:

— Nicole, olhe para mim... — Michael puxou delicadamente o rosto da futura mãe, obrigando-a a olhá-lo. — Tome seu banho sossegada. Depois, descanse um pouco. Por favor, você tem de reagir pela saúde de seu bebê, ele precisa de você. Lembre-se, você está aqui por causa dessa vida. Seja forte, ele precisa sobreviver.

Quando Michael disse as últimas palavras, Nicole voltou como se estivesse em estado de letargia, prostração. Olhando em seus olhos fixamente, deixou as lágrimas lavarem seu rosto.

— Não chore. Lute, grite. Faça alguma coisa, mas reaja. Pense no pai de seu filho também, ele merece que essa criança venha sustentar todo o amor que vocês sentem um pelo outro. Sempre que estiver triste, perdendo as forças, pense nessa criança que cresce a cada dia dentro de você. Aconteça o que acontecer, ela sempre representará o verdadeiro amor. E ninguém, mas ninguém, poderá mudar isso. Essa criança é a prova viva de tudo o que vocês vivenciaram!

Bridget, intolerante, batia a ponta do sapato no chão. Disse asperamente:

— Até quando o senhor vai ficar cochichando com ela?

— Já vou sair. Só estou com medo que ela passe mal.

— Mas isso não é problema seu, estou aqui por recomendação do sr. Jean. Vou cuidar dela. Portanto, se acabou seu assunto pode se retirar.

— Fique tranquilo, Michael, estou bem. Pode ir.

— Graças a Deus ela falou alguma coisa. Estou lá fora, se precisar de mim é só chamar. Está bem?

Michael saiu e Bridget ficou organizando sobre a cama as coisas de higiene pessoal que Nicole usaria.

— Tudo o que a senhorita precisa está sobre a cama. Já passa do meio-dia e, se não for pedir muito, assim que terminar desça para almoçar, gosto de servir as refeições no horário. O café da manhã é às oito horas em ponto; o almoço, ao meio-dia; à tarde, fique à vontade para se alimentar com o que mais lhe apetecer; o jantar será às vinte horas; portanto, não se atrase!

Bridget saiu e Nicole olhou tudo à sua volta. Tudo era impecavelmente arrumado e decorado com bom gosto. As palavras de Michael lhe tocaram o coração, mas ainda lhe faltavam forças. A jovem pegou a toalha e foi tomar banho. Deixou que a água caísse sobre seus cabelos abundantemente; pensou em Henry, no sorriso maravilhoso que encantava a todos. Decidiu que não adiantaria pensar nele com sofrimento; teria de reagir, pois se fosse ele em seu lugar, não deixaria se abater e se dar por vencido. Ainda sob a água regeneradora, fez fervorosa prece pedindo que Deus iluminasse seu bebê e Henry, seu único e eterno amor. Quando saiu do demorado banho, sentia-se melhor, resolveu lutar, uma vez que não havia outro caminho a ser trilhado. E com revigoradas energias disse com voz firme:

— É isso, meu amor, não vou esmorecer diante de míseras provações, vou fortalecer minha alma e meu corpo. Jean nunca verá meu sofrimento, pois tenho o bem maior que é dádiva de Deus dentro de mim, lutarei com todas as minhas forças para alcançar nossa felicidade.

Quando a futura mãe saiu do quarto, Michael e Bridget estavam à sua espera. Quando a viram não acreditaram, ela parecia outra mulher.

— Por favor, sra. Bridget, já estou pronta, pode servir o almoço. Ah, e coloque mais um prato à mesa, pois Michael é meu convidado!

— Mas o sr. Jean não vai gostar.

POR TODA A MINHA VIDA

— Quero deixar uma coisa bem clara, está casa não foi montada para eu viver e ter meu filho? Portanto, se não fizer tudo como eu quero, acredito que não ficará aqui por muito tempo. Agora, se agir dentro do que espero, podemos ser boas amigas, pois tenho certeza de que o sr. Jean não vai gostar nada de me ver aborrecida!

Michael olhou para Nicole espantado. Achou que ela fora um tanto quanto abusada; afinal, sabia muito bem que não era uma convidada de honra de Jean passando férias na Itália, e sim uma prisioneira. Mas a garota, mantendo seu olhar fixo e firme em Bridget, continuou seu propósito:

— Então, o que está esperando? Coloque o prato e os talheres de meu convidado.

Pisando duro, a mulher fez exatamente o que Nicole havia pedido. Michael, não se contendo e entusiasmado, disse rindo:

— Nicole, que mudança, parece outra pessoa! Mas acho que se arriscou demais...

— Eu sei, mas fui obrigada a fazer isso, se não me impuser logo no começo, ela vai se intrometer até no que eu devo vestir. Mas não imagina como estou tremendo por dentro — disse Nicole com muito medo. — Agradeço-lhe muito, Michael.

— A mim? Não tive participação nenhuma nessa nova Nicole.

— Claro que teve, e muita... Se não fosse você, com suas palavras de confiança e conforto, eu não teria conseguido forças para seguir adiante.

— Nicole, gostaria que...

— Não precisa me explicar nada, apenas me faça companhia, porque estou com muita fome — brincou a futura mãe mais animada.

Capítulo 22
No hospital

Lia procurou por Nicole em toda a fazenda e, claro, não a achou. No quarto da mãe, disse:

— Mamãe...

— O que foi, Lia?

— Mamãe, foi tudo culpa minha.

— Fale com calma. O que foi culpa sua, minha filha?

— Nicole sumiu.

— Como assim, sumiu?!

— Sumindo! Já a procurei por toda a fazenda e nada.

— Ela deve estar com os pais. Está se preocupando à toa.

— Mamãe, a senhora não está entendendo, ela não está em nenhum canto, nem na casa dos pais. Meu Deus, foi tudo culpa minha — gritava Lia em desespero.

235

— Por que está dizendo isso, Lia? Por favor, acalme-se e me conte tudo.

Lia, chorando muito, narrou tudo a sua mãe, inclusive que Nicole havia encontrado outro amor. Lisa pressentiu algo muito ruim e com a saúde frágil desmaiou. Lia começou a chamar por Julliete que, logo em seguida, entrou no quarto.

— O que foi, Lia?

— Mamãe desmaiou, por favor, chame papai ou o dr. Jardel agora.

— Está bem, já estou indo. Meu Deus!

Quando Jean entrou no quarto, Lisa ainda se mantinha imóvel.

— E agora, papai? O que vamos fazer?

— Acalme-se, minha filha, já mandei chamar o dr. Jardel.

Julliete voltou ao quarto e disse:

— Patrão, trouxe um frasco de álcool. Não é melhor passar nos pulsos dela?

Jean mais que depressa massageou os pulsos e as mãos da esposa, mas nada de Lisa reagir. Ele estava ficando preocupado. Irritado, perguntou o que não devia:

— Mas o que houve para sua mãe ficar desse jeito, Lia?

— Procurei por Nicole e não a achei. Muito aflita, vim falar com mamãe.

— Lia, você sempre traz aborrecimentos para sua mãe por conta dessa menina! — exclamou Jean com as têmporas em brasa.

— Só falta o senhor dizer agora que a culpa é minha!

— Não disse que a culpa é sua. Mas e daí que Nicole sumiu? Você sabe muito bem que sua mãe tem a saúde frágil.

E, depois, quem deve ficar preocupado são os pais dela, não sua mãe.

Lia, desesperada e com remorso, saiu correndo. Ao chegar à varanda, encontrou o dr. Jardel.

— Cadê sua mãe, Lia?

— Está no quarto.

— Então vamos até lá.

— Eu não. Parece que mamãe está morrendo. Vá o senhor, doutor, e pelo amor de Deus faça com que ela volte!

Jardel subiu as escadas com pressa. Lia sentou-se no degrau da varanda e pediu a Deus pelo irmão. Seu pavor era tanto que ela não pensava em outra coisa que não fosse no irmão.

— Oh, Deus, Pai, se o senhor existe mesmo, faça com que ele venha, por favor, ele precisa estar aqui. Que desgraça pairou nesta casa! Ah, Henry, onde você estiver pense em mamãe... Pense em mamãe... Você é nossa força.

No quarto, Jardel, examinando Lisa e vendo que ela não reagia e estava cada vez mais pálida, pediu que Jean o ajudasse a levá-la ao hospital. O homem ficou possesso e falou:

— Nunca, Lisa não precisa de hospital.

— Senhor Jean, ela precisa, não está reagindo!

— Nem pensar. Se a levarmos, talvez tenha de ficar internada.

— Senhor Jean, não estou pedindo sua autorização, estou ordenando que me ajude a carregá-la. Lisa precisa de cuidados, e só no hospital estará amparada.

— Ninguém vai levá-la daqui!

— O senhor já a aborreceu por muitos e muitos anos. Não pense que esqueci; portanto, é melhor ficar calado e deixar que eu faça meu trabalho.

— O senhor está me ameaçando?

— Lisa já sofreu muito em suas mãos. A qualquer impedimento, mandarei buscar Henry em Paris. O senhor é quem sabe.

Jean viu que sua situação poderia se complicar, e com todo o ódio que envolvia sua alma respondeu:

— Ela pode ir, mas vou deixar uma coisa bem clara, não tenho medo de Henry, não!

Jardel, sem a ajuda de Jean, pegou-a nos braços e saiu, dizendo:

— O senhor pode não temê-lo, mas se eu lhe contar tudo o que fez a mãe dele passar para defendê-lo, verá que acabará sozinho. E sabe por quê? Porque qualquer pessoa equilibrada e de bem, poderá se transformar no maior ignorante e inimigo para com homens como o senhor! E não o estou ameaçando, só estou afirmando que eu próprio vou a Paris e lhe conto tudo. Inclusive... — Jardel se arrependeu a tempo e parou, porém Jean viu nitidamente nos olhos do médico que o passado que o envolvia também ainda permanecia vivo.

Jean ficou paralisado. Fulminava Jardel com ódio, mas não disse nada, apenas engoliu os pensamentos sinistros que tomavam sua alma. O médico, chegando à varanda, dirigiu-se a Lia:

— Lia, pegue sua bolsa e os documentos de sua mãe e me acompanhe ao hospital.

— Mas por que, minha mãe morreu?

— Claro que não, só quero que esteja conosco, ela precisa de você. Está na hora de tomar alguma atitude, em vez de esperar seu irmão. Na falta dele precisa chamar as responsabilidades para si! Lia, constrangida, como se o mundo desabasse sobre sua cabeça foi pegar a bolsa e os documentos da mãe e seguiu com o médico para o hospital.

* * *

Em Paris, Henry estava de plantão no hospital desde o dia anterior e subitamente começou a passar mal. Marseille, que estava com ele, ficou preocupada:

— O que foi, Henry?

— Não sei, de repente senti um mal-estar. Deve estar acontecendo alguma coisa.

— Como assim, Henry? Estou ficando preocupada, você está pálido. Sente-se aqui, vou pegar um pouco de água. Você está trabalhando muito, não para nunca.

Henry abaixou a cabeça entre os braços, e em vez de melhorar ficou pior. Pensando consigo mesmo, procurou manter a calma. Orou a Deus pedindo entendimento.

— Que Deus o abençoe, meu amigo.

O amigo do plano espiritual espalmou suas mãos sobre Henry e imediatamente fachos de luz percorreram seu corpo físico, retirando todo o mal-estar e revigorando suas forças. Em questão de segundos, Henry sentiu a presença do amigo.

— Está acontecendo algo, não está? Minha mãe... Ela está precisando de mim. Preciso vê-la, eu sei.

— Calma, meu amigo, sua mãe já foi socorrida.

— Como assim?

— Foi levada ao hospital em companhia de sua irmã.

— Preciso ir para Versalhes agora mesmo.

— Concordo, Henry, mas mantenha sempre a razão. Sua mãe e irmã precisarão de você; portanto, seja forte, não deixe que nada abale sua fé. Confie em Deus, nosso Criador, não esqueça nunca que o que não está em nossas mãos, passamos às mãos do nosso Pai maior.

— Por que está dizendo isso? Minha mãe vai partir?

— Não, Henry. Sua mãe apenas passa por grandes turbulências, ainda tem muitas provações pendentes. Conforte-a, esta é a sua responsabilidade. Henry, faça o que seu coração lhe pede, porém, não esqueça que o amor, quando é verdadeiro, é inatingível e o carregamos onde estivermos.

O dedicado amigo espiritual, sentindo Henry mais sereno, retirou-se. Quando Marseille voltou, Henry estava muito emotivo, mas calmo.

— Tome um pouco, Henry, vai sentir-se melhor.

Marseille nunca pensou que fosse ver uma cena como aquela, seu amado frágil sentimentalmente. A jovem se aproximou e o agasalhou em seus braços. Ele se deixou levar pelo acolhedor abraço de sua companheira de profissão e ao lado dela sentiu paz e conforto. Discreta, ela não perguntou nada, mas sabia que havia acontecido algo muito tocante para que ele deixasse de ser aquele homem frio e controlador.

— Marseille, terei de ir ainda hoje para Versalhes.

— Hoje? Não queria perguntar, mas aconteceu alguma coisa em sua casa?

— Minha mãe não está bem. Precisa de mim.

— Quer que eu vá com você?

— Não precisa se preocupar.

— Por favor, Henry, você não está bem.

— É melhor não, seu pai poderá não gostar.

— Vou com você. Não posso ficar aqui de braços cruzados esperando notícias. Senti que você recebeu visitas do plano espiritual. Foi seu amigo?

— Ele mesmo, agradeço todos os dias essa dádiva que Deus me confiou em poder tê-lo e vê-lo ao meu lado quando preciso. Talvez Deus queira me compensar por ter um pai que me despreza. Tenho certeza de que nunca me amou, sempre fui um peso morto para ele.

— Não diga isso, jamais será um peso para qualquer pessoa.

— Para qualquer pessoa não, apenas para meu pai. Mas aprendi a conviver com isso. Só sinto por minha mãe, que até hoje não sabe lidar com o modo de vida dele. E por esse motivo, inconscientemente, agarra-se nas enfermidades que a tornam cada dia mais fraca. Bem, vamos parar com esse assunto. Já me sinto melhor, obrigado por me ouvir.

— Se quer me agradecer, por favor, deixe-me ir, não ficarei sossegada sabendo que precisa de mim.

— Está bem. Vou tomar um banho e arrumar algumas peças de roupas para levar. Encontramo-nos em duas horas.

Henry estava saindo quando parou na porta:

— Marseille, você tem sido uma parte boa da minha vida, espero que seu pai a deixe ir.

— Fique tranquilo, ele deixará.

Henry saiu abatido e preocupado. Marseille ficou ali, parada, revivendo a emoção de tê-lo em seus braços e pensando: "Farei tudo o que estiver ao meu alcance para vê-lo feliz."

Logo depois, saiu pelos corredores do hospital à procura do pai. Achou um médico amigo de Henry que também estava de plantão e perguntou:

— Doutor, por acaso viu meu pai?

— Doutor Village está no quarto 1321, foi visitar, uma paciente.

— Obrigada.

— Marseille, Henry pediu-me para cobri-lo por mais algumas horas no plantão, disse-me que precisava se ausentar. Achei-o um tanto abatido...

— Ele está com problemas de saúde na família, mas não vai demorar. Sabe como ele é, *né*?!

— Diga-lhe que se precisar de algo pode contar comigo.

— Eu lhe agradeço por ele. Muito obrigada.

Marseille bateu de leve na porta do quarto 1321 e entrou. O pai atendia a paciente. Voltou, fechou a porta e o esperou do lado de fora. Depois de alguns instantes, ele saiu.

— O que houve, quer falar comigo?

— Sim, papai. A mãe de Henry não está bem de saúde e eu vou com ele para Versalhes. Não sabemos ao certo o que aconteceu, pois o "aviso" foi breve.

— Ah, um daqueles avisos do amigo espiritual?

— Isso mesmo.

— E por que vai com ele? Ele solicitou sua companhia?

POR TODA A MINHA VIDA

— Não, papai. Mas se o senhor visse como ficou abatido, iria se prontificar também a acompanhá-lo.

— Então é sério o estado de saúde da mãe dele?

— Creio que sim, nunca o vi daquele jeito. Por favor, papai, o senhor permite que eu o acompanhe?

— Não sei se seria bom, minha filha. É problema de família e você não faz parte dela.

— Papai, não gostaria de viajar com Henry sem o seu consentimento, mas se o senhor se opuser, terei de desobede-cer-lle. Não posso deixá-lo em uma hora como essa!

— Marseille, vai acompanhá-lo apenas como amiga, não é?

— Claro.

— Não quero que alimente esperanças; ele já traçou um destino, e você não pertence a ele. Não quero que sofra, só isso.

— Já vou indo, quero tomar um banho e arrumar algumas peças de roupas para levar.

Marseille beijou o pai e saiu.

— Por favor, mande notícias! — pediu o médico preocupado, sem saber direito se era com o amigo Henry, que estava com a mãe doente, ou com a filha.

Henry voltou para conversar e pedir autorização para Village para se ausentar. No horário combinado, ambos partiram para Versalhes.

Lisa ainda estava inconsciente, porém Jardel ficou mais tranquilo quando deu entrada com a paciente no hospital, pois sabia que ali havia mais recursos. Os médicos do hospital e Jardel não constataram nada grave em seu diagnóstico. Avaliaram-na e suspeitaram que se tratava de um choque, como

243

sempre "problemas emocionais" mal resolvidos, que, sem muitas preocupações, ela voltaria de uma hora para outra. Era apenas questão de dias ou horas.

Henry e Marseille chegaram por volta das quatro horas da tarde e depois de se informarem com Julliete em que hospital Lisa estava, dirigiram-se para lá. Na recepção, confirmaram sua internação e se dirigiram ao quarto. Assim que entraram, viram Lia sentada ao lado da cabeceira da mãe, segurando suas mãos e conversando com ela a pedido de Jardel. Henry se aproximou da irmã e abraçou-a com um gesto carinhoso. Quando ela se viu nos braços do irmão teve uma explosão de medo e felicidade, e disse aos prantos:

— Henry, meu irmão, sabia que viria. Foi Deus quem o mandou.

— Calma, Lia. Mantenha-se calma, já estou aqui.

— Nossa mãe, nossa mãe! Ela não volta a si!

— Calma, minha irmã, assim nervosa as coisa só vão piorar. Venha, sente-se aqui e faça uma prece. Precisamos de tranquilidade e recolhimento para que os mentores espirituais possam aproveitar nossas energias positivas em benefício dela.

Henry pegou a prancheta que estava nos pés da cama e leu o diagnóstico. Sentiu um grande alívio, pois não se tratava de nada grave. Era preciso apenas cultivar paciência, que logo ela reagiria. O jovem médico se aproximou do leito e segurou as mãos da mãe.

— Mamãe, é Henry. Sei que pode me ouvir, ficarei ao seu lado até que tenha forças para podermos enfrentar as atribulações. Tenho todo o tempo do mundo para ficar a seu lado, não se aflija. Não se entregue, pois se continuar reprimida não aguentará por muito tempo. Nossa alma é a essência da vida eterna, porém nosso corpo é frágil e complexo. Pense que somos como uma imensa roda-gigante em perfeita sintonia iluminando tudo à nossa volta. Por essa razão, ela é bela e altiva, mas, se aos poucos não fizermos a manutenção correta suas lâmpadas ficaram feias e sem vida. Reaja, minha mãe querida, deixe que sua alma imaculada reflita em seu corpo material, sanando todos os males que não quer para si. Estou aqui para acender todas as luzes dessa roda-gigante.

Quando Henry terminou de falar era uma emoção só. Lia e Marseille choravam compulsivamente pela fé e devoção com que ele tocava a alma de Lisa. E, de repente, ela se agitou como se tivesse realmente escutado as palavras de ânimo do filho.

— Isso, minha mãe, reaja. Brigue, lute, mas não fuja da verdade, estou aqui e sempre estarei.

Henry pousou um beijo na testa da mãe e saiu. Lia, vendo-o sair sem dizer nada, interveio:

— Henry, aonde vai? Não nos deixe.

Marseille a segurou:

— Deixe que ele saia, Lia, ele precisa ficar sozinho.

Henry sentiu o peito apertar por sua mãe, por sua irmã e por Nicole também. A ausência dela, naquele momento, não fazia sentido algum. O jovem se negava a pensar, mas era quase que impossível. Todos os indícios o levavam a ter certeza de que Nicole era o motivo do mal-estar da mãe. Com certeza o acontecido era com Nicole; isso era fato.

Henry andava pelos corredores quando sentiu um tremor invadi-lo. Começou a pensar em voz alta:

— Nicole, onde você está? Por que me abandonou?

Pela primeira vez, ele se viu perdido e triste. A angústia tomou conta de todo o seu ser. Respirou fundo na tentativa de não perder a razão e continuou:

— Preciso pensar. Seja o que for que tenha acontecido nada é por acaso. É isso aí, Henry. Você pode e deve se controlar. Não é agora que vai esmorecer.

Henry andando a esmo, sem direção nenhuma, foi se recuperando até que Jardel o encontrou:

— Henry! Que bom que está aqui!

— Vim o mais rápido que pude.

— Já foi vê-la?

— Acabei de sair do quarto. Qual é o seu parecer?

— Bem, Henry, praticamente é um médico formado e confio em sua dedicação. Por pior que seja a causa, é melhor termos um diagnóstico preciso do que não acharmos nada. Sua mãe não tem nada grave, o que para mim, desculpe a franqueza, é pior do que um coma.

— É como se ela se omitisse para não ter de enfrentar os problemas, eu sei que é inconsciente. Mas não é uma boa saída.

— Exatamente, Lisa é muito frágil, logo se abate.

— Doutor Jardel, há quanto tempo o senhor a conhece?

O médico percebeu aonde o jovem queria chegar.

— Há muito tempo. Por quê?

— Então o senhor a conhece desde o meu nascimento?

— Mais do que isso, meu caro jovem. Desde o nascimento de sua irmã! Mas por que a pergunta? — insistiu.

— Por nada, mesmo porque se eu quisesse saber algo o senhor com certeza não iria responder.

— Por que está irônico?

— Ah, dr. Jardel, perdoe-me, não foi minha intenção, apenas não quero colocá-lo em apuros. Só perguntei por curiosidade, porque sei que o senhor, mais do que ninguém, não só assistiu como participou de muitos momentos da minha família. Mas se o senhor for como eu, por certo não vai se intrometer.

— Por que isso tudo agora, meu rapaz?

— Porque sinto, ou melhor, sei que aconteceu algo que envolve minha mãe.

— Henry, você está muito nervoso.

— Não é nervoso propriamente o nome a se dar, é praticidade. Sou prático, doutor, gosto de resolver as pendências. Para que protelar se a verdade prevalece sempre? Por que não enfrentarmos logo? Assim será um obstáculo a menos a ser superado.

— É, meu jovem, aprecio suas virtudes, mas nem sempre isso é possível ou nem sempre temos coragem.

— É, sinto muito que a humanidade pense e reaja assim, pois sofre muito mais adiando o que poderia ser solucionado.

— Sabe, Henry, faz um bom tempo que não conversamos, mas devo lhe dizer que está mais maduro do que eu esperava. Não se deixa abater e pensa como poucos.

— É questão de raciocínio, só isso, nada mais.

— Bem, vamos dar uma olhadinha em sua mãe?

Quando os dois chegaram ao quarto, Marseille e Lia conversavam sobre o estado de Lisa. Henry gentilmente apresentou a amiga para Jardel.

— Doutor Jardel, esta é Marseille, também aluna de Medicina.

— Muito prazer, como tem passado? — ele estendeu a mão para cumprimentá-la.

— O prazer é meu. Graças a Deus, muito bem.

Jardel aproximou-se de Lisa e tornou a examiná-la.

— O que acha, meu jovem médico? — perguntou em seguida.

— Nada de grave, apenas que ela se recusa a enfrentar seus problemas. O corpo é apenas o reflexo da alma em aflição.

— Não chore, minha irmã, logo mamãe ficará bem, é só uma questão de tempo.

— Eu sei, quer dizer, acho que sei por que mamãe ficou assim.

Henry sentou-se tranquilamente ao lado da irmã tentando não deixá-la mais nervosa.

— Se você sabe, minha irmã, então nos conte, talvez possa nos ajudar.

— Não quero falar sobre isso.

— Por quê? É tão grave assim?

— Não é grave, quer dizer, acho que não, mas você vai sofrer muito.

Marseille sentiu o coração disparar. Em silêncio, pediu auxílio aos mentores da casa espírita que frequentava e seus pensamentos foram rápidos como um piscar de olhos: "Meu Deus, eu sabia que algo iria acontecer com Henry. Eles me preveniram. Como sabiam?". Marseille ficou atordoada revivendo os instantes em que o orientador da casa espírita pedira que ela não o sufocasse, que fosse apenas uma amiga de todas as horas. "Por que Henry iria precisar de conforto?" Marseille desviou os pensamentos e fixou-se em Lia.

— Lia, preste atenção, todos nós passamos por fases ruins em nossa vida. Nem sempre as coisas são como gostaríamos. Seja lá o que for, é melhor enfrentarmos logo do que adiar. Afinal, estamos aqui para tentar resolver as dificuldades. Estamos em evolução também quando sofremos. Ninguém gosta de sofrer, mas muitas vezes não conseguimos escapar. Se é como está me dizendo, tenho todo o direito de saber, não acha?

— Eu não sei. Pensei que estava sonhando, mas agora... acho que... — a jovem não conseguia dar continuidade ao seu raciocínio; seu desespero era maior.

— Olhe, vamos fazer uma coisa? Vou ajudá-la, já que está com dificuldade de prosseguir. Tudo bem? Eu pergunto e você apenas responde com sim ou não. Tudo bem? O que você tem para me contar inclui Nicole, não é?

Lia confirmou com a cabeça.

— Certo. Ela não está aqui porque algo aconteceu. E por que tanta dificuldade para contar-me?

Jardel e Marseille olhavam admirados a paz e o controle que o jovem médico usava para conduzir a irmã. Lia estava mais do que nervosa, estava com receio da reação do irmão.

— É isso mesmo, meu irmão.

— Mas você não acha melhor esclarecer tudo de uma vez para que possamos ajudar mamãe? Por que está mais que evidente que ela está nessa situação por estar a par do que houve. Isso é tão óbvio quanto lógico!

— Está bem. Vou contar-lhe tudo o que houve. Mas gostaria de ficar sozinha com você.

— Não, Lia, estamos perto de amigos.

Lia respirou fundo, enxugou as lágrimas que desciam pelo seu rosto incessantemente, e concluiu:

— Nicole saiu de casa ontem à tardinha para ver e levar alguns doces para seus pais...

— E depois, prossiga — pediu Henry.

— Já era madrugada, não sei bem ao certo que horas eram, por esse motivo pensei estar sonhando... Nicole foi ao meu quarto, chamou-me e disse mais ou menos assim: "Diga a seu irmão que estou indo embora, não o amo mais, e que nunca mais me procure, pois será em vão..."

— Continue, por favor, minha irmã.

— Ela disse que ama outro homem. Eu acho que ela foi embora. Não está em nenhum canto daquela fazenda! Inclusive seus pais e os empregados estão desesperados.

Henry, sem deixar cair uma só lágrima, perguntou:

— Tem certeza, Lia?

— Tenho, todos a procuraram. A partir disso, tenho certeza de que Nicole realmente entrou em meu quarto e falou comigo. Ela foi embora com um novo amor. Por quê? Qual seria a resposta para um absurdo desses? E você, meu irmão, depositou todas as suas fichas nesse casamento. Ela é uma ingrata, não quero vê-la nunca mais em minha vida.

— Não diga uma coisa dessas, Lia. Aprenda sempre, não julgue para não ser julgada.

— Eu julgo sim. Sempre a tive como uma irmã. E mamãe, então? Fez tudo por ela. E você sabe muito bem disso!

Henry pousou um beijo na testa da irmã e saiu do quarto. Jardel não se convenceu com a história de Lia. Pareceu-lhe as armações funestas de Jean. Preocupado, ele perguntou:

— Lia, seu irmão e Nicole iam se casar?

— Tudo estava caminhando para isso. Mas agora só restaram aborrecimentos. O senhor não viu como ele ficou?

— Seu pai e sua mãe sabiam disso?

— Minha mãe sim, até os abençoou, mas meu pai não sabia. Minha mãe dizia que não era a hora.

— E sua mãe ficou assim depois que você a pôs a par de tudo, não foi?

— Sim, apesar de ela viver doente...

— Não fale assim, menina!

— Meu irmão já não mora mais conosco, mas saiba que minha mãe cai doente e não se levanta por qualquer motivo. Agora, Nicole, aquela ingrata, foi embora.

— Lia, não quero parecer indelicado, mas sua mãe deve ter seus motivos para adoecer.

Marseille ficou com pena, mas não podia fazer nada. Henry precisava ficar sozinho, aquela dor pertencia somente a ele.

— Lia, pare de chorar e vamos tomar um café, uma água, sei lá. Vamos fazer qualquer coisa. O que não está certo é ficar chorando o leite derramado. Venha, vamos andar um pouco, tenho certeza de que logo sua mãe voltará a si. Vamos recuperar os ânimos. Pensamentos positivos, você deve apoiar seu irmão daqui para a frente.

Jardel achou Marseille firme e sincera.

— Acho que sua amiga está certa. Vá, Lia, você precisa espairecer um pouco. Pedirei que uma enfermeira acompanhe sua mãe.

Henry saiu do hospital e começou a andar pelas ruas da cidade sem rumo. Era como se estivesse anestesiado; seus pensamentos corriam na velocidade da luz, queria entender por que tudo aquilo estava acontecendo. Sentia seu peito oprimido; abriu os botões da camisa para respirar melhor e se fez mil perguntas: "Por que, Nicole? Por quê? Íamos nos casar! Será que todo o amor que sentíamos não era real? Nossa alma se fundia como se fôssemos um só ser! Deve ter alguma coisa nessa história. Mas o que, meu Deus?".

Henry andou durante duas horas. Tentava achar uma explicação. Quando retornou ao hospital, encontrou Lia e Marseille sentadas no *hall* de entrada. Estavam preocupadas.

— Vocês devem estar cansadas, é melhor irem para casa.

— E você, Henry? — perguntou Lia.

— Vou ficar com mamãe.

— Não é justo, ficarei com você.

— É melhor ir com Marseille para casa. Tomem um banho, alimentem-se e descansem. Amanhã cedo vocês voltam.

— De jeito nenhum. Não estou cansada. Nós podemos nos revezar; só vou para casa quando mamãe puder ir conosco.

No meio de toda aquela preocupação, Henry ficou orgulhoso da irmã, sentia-a mais madura.

— Está bem, agradeço a companhia de vocês.

— Não se preocupe comigo, eu não iria embora. Já estava decidida a ficar com você aqui no hospital — disse Marseille.

— Está certo, agradeço muito sua atenção conosco, mas tenho uma condição: faço questão que tomem um lanche.

— Nós já tomamos. Você é quem precisa se alimentar. Enquanto Marseille e eu ficamos com mamãe, coma alguma coisa.

— Prefiro subir com vocês e ficar ao lado dela, estou sem fome.

Lia não quis ser chata e concordou. Sentia que para ele estava mais difícil ainda aceitar os fatos. Sem dizer nada, os três subiram e fizeram uma prece para Lisa, pedindo forças e breve restabelecimento. Lia, impaciente, não conseguia ficar parada, esperava com ansiedade a melhora da mãe.

— Vou andar um pouco — disse Lia apreensiva.

Henry sentou-se no sofá que havia no quarto e, esgotado mentalmente de tanto pensar, acabou adormecendo recostado no ombro de Marseille, que mal se mexia para não acordá-lo. A jovem estudante, aproveitando o sono profundo que o abateu, acariciava-lhe os cabelos com ternura e zelo. Com Henry pertinho de seu corpo, ela deixou fluir pensamentos de amor: "Ah, Henry, como eu o amo... Se pudesse, daria o mundo para não vê-lo sofrer. Sei como deve estar a sua alma! Durma tranquilo enquanto Deus alimenta seu coração de paz e harmonia. Eleve seu espírito ao Criador, para que tenha forças e siga adiante.

De repente, Lisa remexeu-se inquieta e chamou pelo filho.

— Henry, Henry. Sua mãe chama por você — Marseille o acordou delicadamente.

Henry despertou mais tranquilo, levantou-se e foi perto da mãe.

— Estou aqui, mãe, fique calma. Respire fundo e com tranquilidade para se sentir melhor.

Lisa conseguiu balbuciar algumas palavras:

— Henry, querido, onde estou?

— A senhora está em um hospital.

— Aconteceu alguma coisa? Por que estou aqui?

— A senhora não passou muito bem e o dr. Jardel a trouxe para se recuperar mais rápido.

— Henry, meu filho, não aguento mais viver, faltam-me forças.

— Não diga isso, minha mãe, a senhora é jovem ainda, só precisa ter um pouco mais de confiança e entendimento dos fatos que a cercam. Procurar fazer disso tudo uma grande oportunidade que Deus lhe confiou para resolver as dificuldades.

— E qual seria a solução para resolvê-las?

— Abrir seu coração para seus filhos é uma delas. Tenho certeza de que vai se sentir melhor, com a alma mais leve das provações temporárias que assumiu.

— Meu filho, você merecia uma mãe mais forte e presente. Uma mãe de verdade, eu sou um peso para você e sua irmã.

— Por que tanta amargura? Todos nós podemos ser fortes, isso é uma questão de lutar para alcançarmos nossos objetivos.

— Não sou como você, meu filho. Dizendo assim parece fácil, mas não é.

POR TODA A MINHA VIDA

— Mãe, não é difícil, nós é que complicamos. Sei que tudo tem um preço, mas precisamos tentar. Se não tentarmos, nunca conheceremos os resultados.

— Tenho medo que você e Lia um dia não suportem mais viver ao meu lado.

— Por favor, pare com essas lamentações. A senhora é muito querida por seus filhos. Tenha sempre essa certeza. Nós não cansaremos de tê-la ao nosso lado.

Lisa estendeu os braços trêmulos e pediu um abraço ao filho amado.

— Cadê a sua irmã?

— Ela foi andar um pouco, mas logo ela estará aqui.

— Mãe, esta moça bonita é Marseille, veio comigo de Paris — Henry fez sinal com a mão para que a jovem se aproximasse.

— Como se sente, sra. Lisa?

— Estou melhor. Tenho muito prazer em conhecê-la. Gostaria de agradecer-lhe a generosidade por ter acompanhado meu filho.

— O que é isso, senhora? É um prazer muito grande acompanhá-lo. Apenas lamento que tenha sido nessas circunstâncias. Mas o que importa agora é que a senhora está se recuperando.

Lia entrou no quarto e viu que a mãe havia voltado a si. Abraçou-a e beijou-a repetidas vezes.

— Mãe, está melhor? Que bom que Deus ouviu as minhas preces.

— Minha filha querida, só lhe dou trabalho.

— Não diga isso, mamãe. A culpa foi minha, sinto muito. Se a senhora não melhorasse eu não iria me perdoar.

— Lia, a culpa não é sua nem de ninguém, eu é que nunca tive forças para lutar por ninguém. Sempre me senti impotente para seguir meu próprio destino.

— Por que está dizendo isso, mamãe? — perguntou a filha assustada.

— Por nada, minha querida. O que importa é que vocês são os presentes mais valiosos que Deus poderia ofertar-me.

— A senhora me deu um susto!

— Ainda bem que foi só um susto, agora é hora de pensar em sua recuperação — disse Henry.

— Falando em recuperação, a que horas posso ir embora?

— Que bom que está com vontade de ir embora, é sinal de que já está boa — disse Lia feliz.

* * *

No dia seguinte, Lisa recebeu alta do hospital e voltou para casa. Julliete os recebeu feliz, embora tenha achado Lisa abatida.

Henry acompanhou a mãe ao quarto. Os filhos e Marseille fizeram de tudo para que ela se restabelecesse. Faziam-na se alimentar bem e caminhar todos os dias, para fortalecer as pernas que estavam fracas. Contudo, Lisa se recusava a melhorar. A casa, Jean e tudo à sua volta a deprimia; a melancolia se impunha em sua alma.

Todas as noites, Henry, Lia e Marseille se reuniam no quarto dela para ler o Evangelho e pediam para que a paz e a harmonia reinassem no ambiente e que Jean alcançasse mais entendimento para sua alma tão embrutecida.

Jean hostilizava o filho, não conseguia encenar por muito tempo. Seu lado rebelde se impunha às cenas melodramáticas que tentava inutilmente encenar. Mesmo assim, Henry suplicava misericórdia aos irmãos do plano espiritual, sabia que estava longe de Jean entender que evoluímos de acordo com nossas vibrações. O jovem ficou com a mãe por uma semana, mas tinha de regressar a Paris, pois o dever o chamava. Sua alma pedia por seus pacientes. E, assim, ele e Marseille se despediram.

— Sei que precisa voltar, mas poderia ficar mais alguns dias, filho.

— Mãe, preciso voltar; há muitos pacientes à minha espera, e Marseille já perdeu muitas aulas, terá de recuperar toda a matéria perdida.

— Tudo bem, eu entendo, mas antes de partir poderia falar com você?

— Claro, mãe. Do que se trata?

— Marseille, agradeço-lhe muito a preocupação comigo e tudo o que fez para que eu melhorasse. Espero que volte em outras circunstâncias, que venha com tempo para descansar e conhecer melhor a cidade. Agora, gostaria de pedir-lhe um grande favor: você e Lia podem me deixar sozinha com Henry? Preciso muito lhe falar em particular.

Marseille gentilmente atendeu ao seu pedido, abraçando-a. Saiu em companhia de Lia.

— Henry, preciso que acredite no amor...

— Mãe, por favor, não vamos falar sobre isso, não quero lhe trazer mais nenhum malefício — cortou o filho.

— Preciso falar o que estou sentindo. Desde que voltamos do hospital você não tocou no assunto. Essa semente chamada amor, quando colocada em nosso coração, deve ser cultivada com carinho. E principalmente devemos confiar. Quando entregamos nosso amor a outro ser, esperamos que ele corresponda com a mesma intensidade, cumplicidade e entendimento. Mas temos obrigação de confiar e acreditar no ser amado, porque é isso que esperam de nós também. Nunca devemos demonstrar descrença ao primeiro obstáculo que aparecer e sim, procurar respostas. Com certeza, há de ter uma explicação que confortará e fortalecerá esse amor mútuo, que só trará bons frutos.

— Mãe, a senhora sabe de alguma coisa que envolva Nicole?

Lisa deixou que as lágrimas lubrificassem seus olhos por tantos segredos que ocultava, mas como lhe contar o que suspeitava sobre Nicole e ainda que havia uma terceira pessoa envolvida, fruto do grande amor deles.

— Não, meu filho. Não sei de nada. Mas quero que me prometa que fará de tudo para achar Nicole. Prometa, meu filho — insistiu a mãe.

Henry, carinhoso, pegou nas mãos da mãe e respondeu:

— Eu lhe prometo. Mesmo que não me pedisse eu a procuraria, sei que nos amamos há muito tempo e não descansarei enquanto não obtiver respostas.

— Isso, meu filho. Faça tudo o que for preciso, mas procure-a. Não a deixe pensar que ela nunca significou nada. Nicole precisa de você.

Henry, com sua sabedoria, tinha certeza de que havia algo a mais que arrastava a covardia insana de sua mãe, mas lógico que ele, todo correto, não cobraria algo que supostamente a mãe não poderia lhe dar naquela hora. Preferiu guardar sua dor em vez de fazê-la enxergar que estava apenas adiando as provações e causando a cada dia mais enfermidades à sua alma.

— Fique despreocupada, tudo o que estiver ao meu alcance farei para a minha própria felicidade.

Capítulo 23
Os anos passam

Henry trabalhava bastante no hospital e no consultório. Entregou-se com toda a dedicação para esquecer a dor e o amor imenso que sentia por Nicole. Não deixou um só dia de procurá-la. Contratou detetives e até os amigos procuravam notícias que poderiam levar ao paradeiro de Nicole.

Um dia, o jovem se deixou cair desalentado na poltrona de sua casa e pensou: "Meu Deus, passou-se mais de um ano e nada de Nicole. Às vezes, sinto que nunca mais a encontrarei".

Sentiu um aperto no coração, mas não sabia definir que pressentimento o acometia, sabia apenas, com toda a certeza de sua alma, que Nicole o amava e sofria tanto quanto ele.

Ele se levantou e serviu-se de uma taça de vinho. Olhava tudo à sua volta quando se lembrou de que prometera a Nicole que logo se casariam e

viveriam naquela casa. Mesmo sem sua presença, ele mobiliou e decorou como se ela estivesse ali todos os dias, dividindo tudo o que envolvia uma família.

Completamente perdido em seus pensamentos, ele não ouviu quando Patrick chegou. Só voltou de seus devaneios quando o amigo o chamou:

— Henry.

— Olá, Patrick. Perdoe-me, não o vi chegar.

— Como sempre, está pensando em Nicole.

— Patrick, sinceramente, qual é a sua opinião sobre ela ter sumido?

— Sinceramente? Não entendo, meu amigo. Mas se eu fosse você não me fecharia para a vida. Eu sei, ela é minha irmã, mas não faça isso consigo mesmo. Você esqueceu tudo à sua volta. Dê uma chance para o seu coração. Vejo que só trabalha e pensa em Nicole. Se ela tivesse de voltar, já o teria feito. Já passou tempo demais, e você ainda não desistiu. Esqueça Nicole, ela não o merece.

— Patrick, não deixe que essa mágoa se torne ódio, isso faz mal.

— Não tenho ódio, mágoa sim. Henry, não sou como você. Sabe de uma coisa? Para não dizer que não penso em minha irmã, penso sim, mas diferente de você. Peço a Deus todos os dias que eu a encontre primeiro para poder dizer-lhe tudo o que está engasgado na minha garganta. Ela nunca podia ter feito o que fez com você, entendeu?

— Patrick, é sua irmã! Tenho certeza de que ela voltará e me explicará tudo. Sei, mais do que ninguém, que Nicole me amou.

— Sinto muito, Henry, sou ignorante. Não tenho essa certeza; não queria, eu juro, mas no momento só consigo sentir desprezo e mágoa. Não cabe outro sentimento em meu coração.

— Está bem, não vou e não quero discutir com você; afinal, você iria ser meu cunhado e gosto muito de sua companhia.

— É recíproco, gosto de ter você como amigo. Bem, vou tomar um banho e esquentar o jantar. Independente do modo como pensa, vou respeitá-lo, como sempre fiz.

Patrick foi tomar banho e Henry ficou pensando em como o amigo se enganava com a sua opinião a respeito da irmã, realmente não a conhecia.

* * *

Isabelle, filha de Nicole, completara 1 ano e meio de vida. Era uma linda menina, tinha o sorriso e os olhos verdes do pai, seus cabelos eram dourados como o sol. Era um encanto e muito inteligente para a idade. Vivia atrás do tio Michael, como ela o chamava, pois a convivência fora inevitável. Michael, a mando de Jean, vivia entre a França e a Itália, suprindo todas as necessidades da casa.

Nicole logo conquistou Bridget, que a tinha como uma filha. Michael, desde que Isabelle nascera, se afeiçoara cada dia mais a Nicole, que por sua vez começou a tratá-lo como parte da família.

Michael estava disposto a deixar o patrão, pois não aceitava suas maldades. Nicole jamais esqueceria Henry, seu amor estava mais vivo do que nunca. Era só olhar para Isabelle, não

ALEXANDRE VILLAS | FÁTIMA ARNOLDE

tinha como esquecê-lo, pois a filha era a cópia fiel de seu único e eterno amor. Por muitas vezes, Nicole ficava abatida e triste, e Michael a aconselhava:

— Você o ama tanto, vá atrás dele. Tenho certeza de que ele entenderá tudo. O tempo está passando e esse amor vai acabar consumindo-a. Depois, o sr. Jean não fará nada. Foi tão ruim para vocês que está pagando caro por isso, vive mais doente que outra coisa. Você tem de tomar uma atitude, Nicole. Se não for pelo pai de sua filha, tenha piedade pelo menos da sra. Lisa, que está definhando naquela cama. Desde que você sumiu, ela nunca mais se recuperou.

— É tarde demais, Michael. Passaram-se mais de dois anos. Talvez Henry já esteja até comprometido com outra mulher!

— Pare de dizer bobagens! Você acha que eu esconderia isso de você? Ele continua solteiro e esperando por você. Agora, se deixar passar mais tempo, aí...

— Aí o que, Michael? O que sabe que não me contou?

— Sabe a Marseille, a filha do dr. Village?

— Sei, o que tem ela?

— Ouvi dizer que ela ama o dr. Henry. E sabe como é, consola hoje, consola amanhã... Uma hora ele acabará cedendo aos encantos dela. Médico com médica se entendem. E eles trabalham juntos, veem-se todos os dias. Os assuntos são os mesmos. É, minha cara, isso tem tudo para dar certo. Você não acha?

Nicole começou a chorar. Seu coração disparou. Michael ficou com pena, mas precisava fazer alguma coisa para encorajá-la; afinal, o que Jean poderia fazer? Estava velho e doente.

Mas Nicole não cedia, tinha medo de Jean e também de se decepcionar caso o promissor médico a tivesse esquecido.

— Faça alguma coisa, Nicole. Daqui a pouco Isabelle vai perguntar pelo pai. E você vai esconder isso dela? Até quando? Ela precisa saber que tem um pai.

— Eu não posso, Michael. Henry não vai me perdoar.

— Não estou acreditando, o dr. Henry nunca foi ignorante. É só contar-lhe que foi ameaçada.

— Michael, você não entende que não posso? Como vou contar que seu próprio pai fez isso? Você mesmo diz que a sra. Lisa está cada vez mais doente! Se souber de tudo, vai acontecer uma desgraça! Não tenho direito de fazê-los sofrer mais, amo Henry mais que minha própria vida. Se ele tiver de refazer sua vida ao lado de outra mulher, que seja Marseille. Meu desejo é que Henry viva feliz, pelo menos o remorso que carrego por não lhe ter contado sobre a filha será aliviado. E, por favor, Michael, não vamos mais falar sobre Henry. Vamos esquecer esse assunto!

— Eu até posso esquecer, agora você, é impossível. Vejo em seus olhos que sofre por esse amor todos os dias de sua vida!

Bridget entrou na sala com Isabelle. Ela correu para o colo da mãe, que disse com todo carinho:

— Isabelle, olha quem chegou. Não vai dar um abraço no tio Michael?

A garotinha abriu os bracinhos e correu para o tio.

— Como vai a garotinha mais linda do titio?

Isabelle sorriu balbuciando algumas palavras.

— Vamos passear com a mamãe e o titio?

— Antes, todos nós vamos tomar um lanche, a mesa já está posta — interrompeu Bridget.

Os quatros se dirigiram à sala de jantar para tomar o lanche da tarde. Bridget continuava pontualíssima quanto aos horários das refeições.

* * *

Jean sentia o peso de suas maldades, já não conseguia trabalhar como antes e, de tempos em tempos, sentia um mal-estar terrível. Mal conseguia respirar.

Lisa, por sua vez, entregou-se à melancolia. Pressentia que o marido estava por trás do sumiço de Nicole, porém não tinha forças para enfrentá-lo.

Lia se ocupava com sua casa em Paris, que praticamente estava montada. Ainda não havia marcado a data do casamento porque estava sempre esperando pela melhora da mãe.

A loja de Patrick e Marseille deu muito certo, e eles abriram algumas filiais em Paris. O jovem, muito dedicado, aproveitou as portas que se abriram para ele e prestou exame na faculdade; pretendia cursar algo direcionado ao seu trabalho: modelagem e prótese. Sua intenção era contribuir com a humanidade, desenvolver-se e se aperfeiçoar para oferecer mais tecnologia e conforto aos pacientes com problemas físicos. Não tinha pressa de se casar com Lia, amava-a muito e tinha certeza do que queria para sua vida, mas se preocupava com Henry, não gostava de vê-lo sozinho. Às vezes, não lhe parecia tão frio e forte como todos o viam.

* * *

O tempo, como uma grande e rica escola de aprendizado, não nos espera, ou o acompanhamos, ou não. De qualquer forma, recebendo ou não de bom grado as grandes lições, o tempo passa sem pedir permissão, pois essa é a lei da vida terrena.

O tempo passou para o nosso jovem médico Henry D'Moselisée, que foi considerado pelo Conselho Regional de Medicina um dos melhores médicos de Paris. Ele participava assiduamente de congressos, cursos e palestras. Levava aos jovens estudantes o conhecimento sobre as fantásticas evoluções da ciência. Estudava incansavelmente para a cura de doenças que hoje, em pleno século vinte e um, são de livre acesso para a humanidade. Mas, com certeza, ele teve participou da descoberta de muitas drogas que atualmente são apenas mais uma dentre tantas aprovadas pelo plano espiritual para chegarem aqui. Henry rodou por toda a Europa.

Certo dia, Nicole, lendo o jornal em sua casa, foi pega de surpresa. Leu manchete:

> *Doutor Henry D'Moselisée vai se apresentar por cinco dias em um congresso na Itália, entre as grandes cidades que ele vai visitar estão Roma e Milão.*

— Minha nossa senhora, Henry é considerado um dos melhores médicos de Paris?! E estará na Itália?!

Mais do que depressa, ela anotou o endereço do evento e o dia. Estava tão emocionada que mal conseguia raciocinar:

"Meu Deus, o que faço? Henry, como gostaria de vê-lo, mesmo que fosse de longe! Preciso contar para Michael!".

O amigo ia para lá a cada quinze dias para fazer a manutenção das despesas da casa. A ignorância do velho Jean, em vez de levar dissabores e sofrimentos a Nicole, só a ajudou a cultivar um forte elo de amor, cumplicidade e respeito por Michael e Bridget.

Quando ele chegou, Nicole contou sobre a reportagem no jornal, e ele mais que depressa se entusiasmou:

— É a sua oportunidade de reencontrá-lo e contar-lhe tudo.

— Não, Michael; só preciso vê-lo de longe, e você me fará companhia.

— Nicole, não enxerga que Deus está lhe dando oportunidade de ser feliz?

— Eu tenho medo.

— De quê?

— De tudo, do que o sr. Jean pode fazer a minha filha e...

— E... — insistiu Michael.

— De Henry ter me esquecido. Eu não suportaria. Por favor, Michael, você me acompanha?

— Claro. Às vezes, minha vontade é procurá-lo e contar-lhe tudo. Só assim aliviaria minha dor de ter de conviver todos os dias com o remorso de compactuar com essa separação.

— Não se sinta assim, você não podia fazer nada.

— Eu podia sim. Fui egoísta, só pensei em mim. Ganhei muito dinheiro pra fazer o que fiz. Nicole, você não sabe como me sinto! Perdoe-me. Em minhas orações peço que Deus possa lhe ajudar de alguma forma. Sei que vocês se amam e ninguém poderá impedir essa felicidade. Quando olho para Isabelle eu fico... — Michael não conseguiu terminar a frase, apenas deixou que as lágrimas descessem. Nicole o abraçou com carinho.

— Acalme-se, Michael. O que não tem remédio, remediado está. Não sofra mais com isso.

Michael não se sentia confortável com a situação na qual ele mesmo se colocara, mas de alguma forma aliviou seu coração, prometendo a si mesmo que quando houvesse uma oportunidade os uniria novamente.

Capítulo 24
Uma visão

Depois de alguns dias, Nicole não conseguia pensar em outra coisa a não ser em rever Henry. Chegou o dia esperado e ela, cheia de coragem e acompanhada de Michael, foi ao local onde o médico daria a palestra.

Diante do prédio, aglomeravam-se admiradores de todos os lugares, entre eles, claro, muitos médicos, a imprensa e os curiosos que por lá passavam despretensiosamente.

Michael estacionou a uma distância razoável e com uma hora de antecedência para não perder a chegada do jovem e promissor médico. Nicole estava muito nervosa. Suas mãos frias e trêmulas irritaram Michael. Passaram-se quarenta minutos quando teve início um corre-corre de repórteres, que rodearam um automóvel.

Um dos seguranças que estava na portaria do prédio, abriu a porta do veículo e o tão aguardado médico apareceu. Henry D'Moselisée era querido e respeitado por toda a Europa, não só pelo homem que se tornara com honradez da profissão, mas pelo amor e carinho dispensado aos pacientes.

A benquerença a ele era muito grande. A cada palestra, jovens e futuros médicos esperavam ouvir algo novo que pudessem colocar em prática, não só o que ele ensinava nos livros de medicina, mas a energia fantástica com que conduzia a vida, a doença e a morte. Sempre plantava na alma de cada estudante a confiança de que a cura era uma grande aliada dos sentimentos de amor e respeito, garantindo assim a intervenção do próprio fluido vital* que cada um possuía pela generosidade do Criador.

Michael, vendo a rápida movimentação disse:

— Ele chegou!

Nicole desceu do automóvel para enxergar melhor. Ao longe, viu o grande amor de sua vida. A emoção tomou conta de todo o seu ser. Ela começou a andar em sua direção sem sentir os pés tocando o chão. Michael também desceu do veículo.

— Nicole...

Como se nada mais existisse naquele exato momento, a jovem continuou a passos largos. Apaixonada ainda pelo mesmo homem, não se importava mais com o tempo que havia passado nem se dava conta da proximidade.

---

* Fluido — corpo cujas moléculas têm força própria. Vital — que pertence à vida, que serve para conservar a vida (N.M.).

POR TODA A MINHA VIDA

— Nicole, é tudo ou nada. Você vai falar com ele? — perguntou Michael segurando-a pelo braço.

Mas era como se ela estivesse anestesiada. Sem tirar os olhos de Henry, ela disse:

— Falou alguma coisa?

— Isso, amiga, vá falar com ele.

De repente, Nicole parou a poucos metros do tumulto de pessoas, repórteres e especuladores, sem acreditar no seus olhos viam com tanta felicidade:

— Michael, ele está mais maduro, mais bonito. Ah, meu Deus, como o amo...

Henry olhou à sua volta como se algo lhe chamasse a atenção. Surpreendentemente, localizou-a a poucos passos dele. Entrou em desespero, seu desejo era se livrar das várias perguntas e fotos que vinham de todos os lados. Tentou sair, mas não obteve sucesso. Marseille e Village estavam logo atrás dele. O médico pediu educadamente:

— Por favor, senhores, um de cada vez. Por favor, acalmem-se, depois da palestra o dr. Henry atenderá a todos. Tenham paciência.

Quando Nicole viu Marseille ao lado dele, pensou que fosse perder as forças que ainda possuía. Em súbito arrependimento, puxou Michael e correu em direção ao automóvel.

— Vamos, Michael. Tenho de ir embora. Tire-me daqui, pelo amor de Deus.

Os dois entraram no automóvel e desapareceram.

Henry, desesperado, procurou-a por entre pessoas, em vão. Havia perdido Nicole de vista. Ficou confuso e frustrado.

273

Com o auxílio de alguns seguranças foi levado para dentro do prédio, melindrando a vontade que sentiu de empurrar todo mundo e sair correndo atrás da amada. Marseille, percebendo sua irritação, perguntou:

— O que foi, Henry?

— Não foi nada, apenas tive a impressão de ter visto alguém que conheço; mas foi bobagem.

Seus pensamentos eram incessantes: "Meu Deus, não entendo. O que está acontecendo?! Tenho certeza de que era Nicole, ou não?". Henry tentou se controlar. Respirou fundo, se refez e entrou no auditório.

No caminho de casa, Nicole desabou a chorar. Michael falava com ela sem obter respostas. Ela entrou em casa correndo e foi direto para o quarto, ignorando Bridget, que a esperava preocupada.

— E aí, Michael, como foi? Henry não apareceu?

— Apareceu, sim senhora.

— E por que Nicole entrou desse jeito?

— Por que deve doer ver quem se ama e não poder fazer nada.

— Está vendo? Falei para ela que ia até lá só para se machucar, mas ela não me ouviu.

— O pior de tudo é que acho que ele também a viu.

— Michael, tem certeza?

— Certeza eu não tenho, mas ao longe deu para reparar que ele procurava por alguém.

— Então não entendo. Se os dois se viram por que não se falaram?

— Porque Marseille e o pai estavam lá. Nicole não esperava por isso, e a decepção tomou-a por completo. Sem ter o que fazer, ela saiu correndo. Fiquei com pena dele, tão próximo, tão perto da felicidade... Mas a covardia de Nicole falou mais alto.

— Ele está com outra e você ainda sente pena dele?

— Bridget, quem nos garante que ele está com essa moça?

— Não sei, mas algo me diz que ela não larga dele. Você, Michael, vive defendendo-o, mas se ele viu Nicole e a ama como você diz, por que não deu um jeito de ir atrás dela?

— Bridget, ele é uma pessoa importante. Se a senhora tivesse presenciado tudo, veria que ele mal podia se mexer. Eram perguntas e fotos por todos os lados. Ele é um médico muito bem-conceituado, todos gostam muito dele!

— Tenho muita pena de Nicole. Ela não merece tudo o que está passando. Bem, melhor deixarmos para falar com Nicole amanhã.

— A senhora tem razão, amanhã será um novo dia.

Capítulo 25
Uma noite de amor

Lisa, a cada dia, ficava mais doente, franzina e pálida. A tristeza consumia sua alma. Entrevada na cama, não lhe restava mais nada a não ser orar. Suas orações eram sempre as mesmas: pedia que o filho encontrasse Nicole, pois só assim poderia partir em paz. No seu íntimo, havia uma certeza muito grande de que Jean era responsável pelo desaparecimento de Nicole. Para piorar ainda mais sua angústia, só ela sabia que havia uma criança no meio daquela triste história.

Jean vivia perturbado, não se dava conta de que suas vibrações só atraíam espíritos ignorantes.

Lia sofria por ver a mãe doente e o pai perturbado. O que a aliviava eram as visitas do noivo, que mesmo a contragosto de Jean, ia vê-la e levava força e amparo. Os dias corriam, e a vida de Lia se transformou; agora era ela quem dirigia a casa e

toda a produção de vinho da família. Felizmente, aprendera que a vida e os negócios não poderiam parar. Os ensinamentos do irmão foram de grande valia. Respeitar para ser respeitado, dedicar-se para ter reconhecimento, dar amor para as pessoas para nunca faltar amparo. Louis, sempre que lhe era permitido, estava ao lado de Lisa. Suas preces fortificavam o espírito sofredor dela. Suas palavras de amor e perseverança a sustentavam para seguir adiante. Os edificantes passes fluídicos penetravam suavemente como bálsamo regenerador levando equilíbrio e lucidez ao corpo físico do casal Jean e Lisa. Nas oportunidades em que Louis estava perto de Lisa, seu coração pressentia e se enchia de felicidade, como se ele estivesse realmente presente, confortando-a com carinhoso abraço.

Bem mais confiante, ela terminou suas orações no momento em que Julliete entrava em seu quarto.

— Julliete, onde está minha filha?

— Acabou de chegar, senhora.

— Por favor, chame-a para mim.

Lia entrou no quarto, pois, parecendo adivinhar que a mãe a procurava, já estava próxima.

— O que a senhora quer? Ouvi quando pediu para Julliete me chamar. Pode falar, dona Lisa, estou aqui para ouvi-la — brincou carinhosamente com a mãe.

— Filha querida, sente-se aqui pertinho de sua mãe.

— Já sei, está com saudades do filhinho do coração e quer que eu peça para ele vir, acertei? — Lia disse beijando as mãos magras e sem cor da mãe adorada.

— Não, minha querida, desta vez se enganou, meu assunto é com você mesmo! — disse sorrindo a mãe.

— Pois então fale.

— É sobre seu casamento.

— Mãe, já não conversamos sobre isso?

— Sim, já conversamos, mas desta vez não quero ouvir suas negativas. Está mais que na hora de seguir seu caminho e ser feliz como merece.

— Não posso deixá-la neste estado! Quando estiver restabelecida voltamos a conversar.

— Não, minha filha. Não posso aceitar mais esta situação. E se eu demorar para ficar boa?

— Como posso falar sobre casamento se a senhora e o papai não estão bem de saúde?

Lisa, segurando as mãos da filha com amor, finalizou:

— Minha querida filha, não pode carregar o mundo nas costas, não é justo que perca sua mocidade, uma vida toda pela frente por nossa causa! Seu pai e eu já estamos findando nossa jornada, e você iniciando a sua. Portanto, não é um pedido, é uma ordem. Quero que procure Patrick e se casem o mais breve possível. Tenha certeza, filha querida, que isso será uma felicidade para o meu coração.

Lia deixou que as lágrimas descessem pelo seu rosto. Antes era uma jovem feliz e sem responsabilidades, agora uma mulher séria e madura.

— Está bem, mamãe. Se isso vai fazê-la feliz, falarei com Patrick.

— Preciso vê-la casar-se e ser feliz com o homem que escolheu. Tem coisas que não podemos deixar para amanhã, pois pode ser tarde demais. Se eu posso contribuir para que viva com o homem de sua vida, por que não fazê-lo agora? Sei que Henry não é infeliz, pois sabe receber da vida o que ela lhe oferece. Ele tem paciência, perseverança, mas isso é ele; nem todos nós podemos aceitar passivamente os percalços que a vida traz. Sei que ainda insistirá em encontrar Nicole, mas quantos anos se passaram? Se ele ainda acredita no amor que depositou nela, por que não ser feliz? Lembre-se de que o que Deus uniu, o homem não separa. Acredite sempre nisso e não deixe que seu amor se perca no tempo.

— Nossa, mãe, suas palavras tocaram meu coração. A senhora está lendo muitos esses livros que Henry deixou — brincou Lia, passando as mãos no rosto sofrido da mãe. — Fique tranquila. Prometo-lhe que tomarei todas as providências necessárias, mas com uma condição.

— Pode dizer, filha.

— Faremos uma cerimônia simples e convidaremos apenas os mais próximos!

— Como quiser, minha querida. Apenas desejo vê-la vestida de noiva, só isso. E mais uma coisinha...

— Diga, mãe.

— Sei que quer tudo muito simples, mas convide Village e a família, pois ele foi mais que um pai para o seu irmão e para seu futuro marido.

— Nem precisava pedir, minha mãe, eu faço questão da presença deles.

— Então, arrume suas coisas e vá hoje mesmo a Paris falar com seu noivo!

— Hoje, mamãe? E como ficarão as coisas por aqui?

— Não se preocupe, minha filha, Julliete cuidará de mim. Ela já faz parte de nossa família, me conhece como ninguém. Se eu deixar, cuida até dos meus pensamentos. E quanto aos vinhos temos muitos empregados, alguns dias de ausência, não farão diferença. Vá, minha filha, não quero chorar, quero que seja a noiva mais linda desta cidade.

Lia fez algumas recomendações a Julliete, arrumou algumas poucas peças de roupas e seguiu rumo a Paris.

* * *

Nicole, depois do encontro com Henry, fechou sua alma e seu coração. Sua decepção era visível. Em seus pensamentos Henry havia se casado com Marseille.

Por mais que Bridget e Michael a aconselhassem a procurá-lo, ela se mantinha fria e por muitas vezes chorava em segredo. Jean, no estado em que estava, não dava mais importância à sua existência, a única coisa que ainda lhe importava era ficar ao lado de Lisa, pois lá encontrava conforto e paz.

Michael mantinha o sustento das três mulheres de sua vida. Henry alimentava todos os dias a esperança de encontrar Nicole. Seu coração não se enganara, tinha absoluta certeza de que ela ainda o amava. Quando conseguia ficar em casa, porque sua vida era o hospital, não negava socorro. Deixava-se cair no sofá e pedia a Deus que a iluminasse por todos os seus caminhos. Financeiramente, ele estava muito bem; era requisitado em muitos congressos e dava muitas palestras. Seu amor pela profissão e por seus pacientes unificava-se em

ALEXANDRE VILLAS | FÁTIMA ARNOLDE

dedicação e benquerença por todos que passassem pelo seu caminho. Sentia grande prazer em acordar e poder contribuir para o bem da humanidade na cura ou simplesmente doar uma palavra de conforto a um irmão faminto de esperança e atenção. Entregava-se totalmente à fantástica máquina humana. Durantes todos esses anos que estudou Medicina, direcionou-se também para os estudos espiritualistas e participava de trabalhos voluntários em uma casa espírita. A repercussão das notícias nos jornais e revistas era positiva, e logo começaram a chamá-lo de "Anjo de Deus". Muitos, por admirarem-no, colaboravam com donativos que eram distribuídos para a população mais carente. Marseille o acompanhava a todos os lugares; embora o tempo de ambos fosse escasso, sempre davam um jeito de ministrar palestras, em que com muito amor e dedicação levavam entendimento e confiança aos que tinham sede de aprender. Henry ganhou a simpatia de muitos aliados, como por exemplo, pediatras, psiquiatras, psicólogos e outros colaboradores de vários segmentos. Dentre muitos órgãos comunitários, como orfanatos, asilos e casas de mães solteiras, Henry, uma vez por mês visitava os presídios, nutrindo extensa amizade e confiança dos irmãos em arrependimento. Ele era um filho abençoado pelo Criador.

Marseille dedicava-se a todos os projetos que ele engajava. Contudo, ela se anulava por conta do amor que sentia por ele. As vontades dele eram suas vontades, e isso não era muito bom para ela.

Nas noites em que Henry ia para casa descansar um pouco, Marseille se fazia presente. Sua desculpa era a alimentação. Desirée, funcionária dedicada, já estava habituada com a intromissão da jovem em sua cozinha. Henry, ciente do amor que ela sentia, preocupava-se, mas não podia deixar de recebê-la com carinho. A bem da verdade, ele havia se acostumado com a presença da jovem médica. Ver Marseille andando em sua imensa casa era natural. A pequena casa que ele havia montado para se casar com Nicole, ficara para trás, agora ele residia em uma luxuosa casa, cercada pelo amor de seus muitos empregados.

Em uma dessas noites, Marseille apareceu em sua casa:

— Boa noite, Desirée. Henry já chegou?

— Já sim, *mademoiselle*. Está no quarto. Quer que eu o chame?

— Não precisa, querida. Vou até lá.

Desirée não disse nada, mas pensou: "Essa menina é insistente! Como vou detê-la, como pediu o dr. Henry?"

Marseille bateu à porta e entrou. Henry, do banheiro, perguntou:

— É você, Desirée? — e logo saiu do banheiro envolto em um robe.

— Marseille, já não lhe pedi para não entrar assim em meu quarto?

— Desculpe, pensei que já havia se acostumado comigo.

— E eu pensei que você já me conhecesse bem. Já disse que o único lugar em que fico à vontade é em meu quarto. Qualquer hora terá uma surpresa.

— E qual será? Vê-lo nu? Isso não seria uma surpresa e sim um prazer. E depois, de mais a mais, estou acostumada a ver quase todos os dias homens e mulheres nus!

283

Henry pensou em responder, mas apenas pensou: "Por que Marseille não é a mulher da minha vida? Tudo seria tão simples! Nós nos damos tão bem, estamos sempre juntos. E ela é tão bonita!"

Marseille, vendo-o com o olhar distante, cortou seus pensamentos.

— O que foi, Henry, está zangado? Se quiser posso me retirar.

— Não, desculpe, é que...

— É quê?

— Tudo poderia ser diferente. Mas isso não tem importância, deixe para lá.

— O que poderia ser diferente? Fale, Henry. Eu o conheço como a palma de minha mão. Sei o que está pensando. Você não me vê como uma mulher; não é isso?

— É, é isso... — e se movimentou para colocar uma roupa. Marseille, pressentindo pela primeira vez um olhar de cobiça, investiu:

— Henry, você está mentindo. O que sentiu ao me ver como uma mulher? Por favor, diga ao menos uma única vez. Pelo amor de Deus, fale o que está sentindo.

Henry, paralisado e perdendo a razão, olhou os olhos verdes e brilhantes da linda jovem e admitiu que sentira uma atração irresistível.

— Você é linda demais e poderia ser, sem dúvida, a mulher da minha vida.

Marseille não conteve o fogo que ardia em seu corpo. Sem que ele esperasse, abraçou-o e o beijou nos lábios, sentindo a plenitude do amor de sua vida. Henry correspondeu e a abraçou com força, beijando-a repetidas vezes. Contudo, num momento de sobriedade, afastou-se:

— Não, Marseille, isso não pode acontecer!

— Mas já aconteceu e você gostou, admita.

— Mas não seria honesto de minha parte.

— Por que não? Nunca cobrei nada de você e não farei isso. Só desejo que me ame. E, depois, somos adultos!

— Ter você em meus braços e amá-la seriam momentos inesquecíveis de prazer. Mas e depois?

— Depois o quê? Deixe pelo menos uma vez de se preocupar com o amanhã. Eu o amo, Henry. Nunca mudei meu comportamento com você diante desse amor que ocupa todos os espaços da minha alma, nem mesmo depois daquela conversa no consultório de papai, que já faz tanto tempo! Por favor, confie em mim, faça-me feliz. Eu o desejo muito e sinto que neste exato momento você também sente o mesmo.

Henry, não sabia o que fazer. Não sabia se a envolvia em seus braços, dando vazão ao que estava sentindo, ou se a mandava embora.

— Pelo amor de Deus, Henry. Diga ou faça alguma coisa. Estou aqui pedindo que faça amor comigo!

Henry se irritou com ela por implorar seu amor e disse contrariado:

— Peço-lhe que nunca mais diga isso. Ninguém, mas ninguém vale a sua vida, entendeu?

— Para mim diz isso, mas se fosse Nicole não era preciso dizer ou implorar nada. O silêncio por si só revelaria o amor doentio que sente por ela, não é isso?

Henry respirou fundo, pensou por alguns segundos, e gentil respondeu:

— Você já respondeu, não vamos insistir nesse assunto.

Marseille, desesperada, pôs-se à frente do atraente médico e concluiu:

— Nicole... Nicole... Sempre Nicole... Onde ela está agora? Por que não está com você? Por que sumiu de sua vida? Responda, Henry! Onde está o amor que sentia por você? Sabe de uma coisa? Você gosta dessa situação, gosta de sofrer; e quem fica implorando amor aqui é você. Já se passaram tantos anos e você não se deu uma oportunidade; continua com o fantasma dela a rondar sua alma fria e solitária. E se ela nunca mais aparecer? Vai ficar sonhando que ela poderia estar em seus braços e nunca mais vai amar?

Sem se conter, ele deixou cair algumas lágrimas diante de Marseille, demonstrando visível desespero e dor. Não havia argumentos; Marseille fora dura, mas estava certa. Onde estaria Nicole e por que de uma hora para outra deixara de amá-lo? A amiga ponderou por alguns segundos e ficou com pena:

— Perdoe-me, não tinha o direito de falar nada disso, mas me dói vê-lo sofrer tanto por um amor anos a fio, sei que nunca conseguirei ser como Nicole nem substituí-la. Perdoe-me mais uma vez, mas tinha de falar sobre o que eu senti quando nos beijamos, e sei que tem um sentimento por mim em seu coração. Sei realmente o que é amar alguém incondicionalmente e também que tudo o que senti ao beijá-lo é o que você sente por Nicole. Nada mudará isso. Amar você é transcender qualquer razão que a própria razão desconhece.

A moça segurou as mãos do amigo e as beijou, virando-se para sair. Henry, num rompante, segurou-a em seus braços e a impediu que fosse embora, beijando-a várias vezes. Marseille, entre um beijo e outro, murmurou:

— Por favor, Henry, se está fazendo isso por obrigação deixe-me ir, não quero que amanhã sinta pena de mim ou pior, que se arrependa.

Henry a apertou contra o peito e com a voz quase sumida pela emoção que sentia, sussurrou:

— Por favor, não fale nada, Marseille, apenas sinta este momento. Eu é que não desejo que amanhã sinta ódio de mim; juro que não suportaria.

— Henry, jamais cultivaria qualquer outro sentimento por você que não fosse muito amor. Quero que seja o primeiro a tocar meu corpo e descobrir todos os segredos de uma mulher realmente apaixonada pelo único homem que desejou desde o momento em que o conheceu.

Henry e Marseille se acariciavam, sem pensar em mais nada. A jovem médica, embriagada com os toques e as carícias de Henry, entregou-se a ele sem culpa nenhuma. Nada lhe importava naquele momento em que Henry pertencia a ela.

Depois dessa noite de amor, Marseille sentiu-se realizada e amada, porém sabia que não haveria outra. Henry manteve seu respeito à companheira de profissão, apesar de, por muitas vezes, ter pensado na noite de amor que tiveram e até ter fantasiado uma nova vida ao lado da jovem. Embora ele fosse um homem controlado emocionalmente, sentia uma raiva momentânea por não conseguir tirar Nicole dos pensamentos. Pensava que talvez tudo pudesse ter sido diferente.

Capítulo 26
Os preparativos

Finalmente Lia e Patrick iriam se casar. Já estava praticamente tudo pronto. A correria e a felicidade na fazenda, na cidade de Versalhes, eram grandes.

A cerimônia iria se realizar para poucos parentes e amigos, como Lia havia combinado. Infelizmente, Lisa ficava poucas horas fora do leito, o que impossibilitou uma recepção para os convidados em Paris na casa do irmão. Mesmo assim, Henry fez questão de convidar os amigos médicos e as crianças do orfanato que mantinha com a colaboração de várias pessoas que conhecera durante os anos.

A casa que Henry havia alugado para morar com Nicole foi o presente de Henry ao casal. Faltavam apenas três dias para o grande dia, e os nubentes estavam muito felizes na nova casa em Paris recebendo os presentes que não paravam de chegar.

Foi o entra e sai mais movimentado que Lia já havia presenciado. Um mensageiro, com uma grande e pesada caixa, tocou a campainha e Patrick saiu para atender:

— Pois não?

— Por favor, o sr. Patrick e a sra. Lia estão?

— Sim, eu sou Patrick.

O mensageiro lhe entregou a caixa e pediu que assinasse o recibo.

— Por favor, quem enviou? — perguntou o noivo, curioso.

— Não sei não, senhor, só pediram que lesse a carta que está no interior da caixa.

— Lia, querida, chegou mais um presente.

— Patrick, são tantos que não sei onde vamos colocá-los.

Patrick e Lia abriram a caixa com entusiasmo. Logo em cima, estava o cartão onde se lia:

Para os meus queridos irmãos, Patrick e Lia.

Lia não se admirou com tamanha gentileza.

— Esse meu irmão é demais! Não satisfeito por tudo o que fez por nós, ainda nos manda um presente!

Quando Lia abriu a carta, tal foi sua emoção que precisou sentar-se. Patrick, assustado com a palidez da futura esposa, perguntou:

— O que foi, meu amor? Está pálida!

Lia não conseguiu dizer uma só palavra. Patrick, então, pegou o papel das mãos dela e leu:

Meus queridos irmãos, peço a Deus todos os dias que sejam felizes, e, claro, que gostem do meu singelo presente. Sei que estão muito bem e fico feliz. Que o amor de vocês os torne

*cúmplices e companheiros. Nunca deixem que nada ou nin-
guém atrapalhe essa união de carinho e respeito que cultivam
um pelo outro. Sempre tive certeza em meu coração que ficariam juntos. Que Deus ilumine essa união e essa família que
dará início a uma grande jornada de lutas e provações, mas
de muito amor também. A única coisa que lhes peço é que me
perdoem e nunca se esqueçam de mim, pois meu amor e meus
pensamentos estarão sempre, todos os dias, ligados a vocês.
Um forte abraço e os meus mais sinceros votos de felicidades.*
  Para sempre, Nicole

Quando Patrick terminou de ler, sem pensar em Lia, saiu correndo como louco pelas ruas de Paris. Correu por vários quarteirões, mas para sua frustrante decepção não encontrou nada que pudesse aliviar a dor que sentia queimar seu coração. Em lágrimas, sentou-se na calçada movimentada, sem constrangimento algum, e deixou a emoção fluir. Sentia um misto de dor e desejo que o tempo voltasse para que ele conseguisse qualquer informação da irmã amada daquele simples mensageiro. Sem esperanças alguma, pôs-se a conversar com o Criador: "Deus, Pai de misericórdia, aprendi a amá-lo e a respeitá-lo e tudo o que sei dos Seus sagrados ensinamentos foi Henry quem me orientou e amparou. Se hoje sou alguém, é porque tive um grande e generoso homem ao meu lado. Por tudo isso, peço-lhe que me permita encontrar minha irmã, para que eu possa dar felicidade a quem de direito merece. Que minhas súplicas possam chegar ao altíssimo Pai de poder e bondade.

Depois de alguns minutos, Patrick voltou para casa triste. Encontrou Lia, aflita, esperando-o no portão. Ela apenas abriu seus braços e o amparou com carinho.

— Lia, é Nicole...

Abraçados, eles choraram por longos e lamentáveis minutos. Mais calmo, Patrick disse:

— Corri muito por vários quarteirões, mas o mensageiro sumiu, evaporou. Não consegui encontrá-lo.

— Eu sei, meu amor. Mas não fique triste, vamos entrar, tomar um chá e conversar com calma.

Ambos entraram e enquanto Lia preparava o chá, Patrick pegou a carta novamente nas mãos. Releu na esperança de achar uma pista que fosse. Lia o fez tomar o chá e esperou que ele serenasse. Depois, quebrou o angustiante silêncio:

— O presente, meu amor! Quem sabe pelo presente descobrimos onde foi comprado!

Rapidamente, Lia pegou uma peça de porcelana nas mãos e leu no fundo, do lado de fora: "pintado manualmente. Patrick e Lia".

Na tentativa de descobrir qualquer coisa que fosse, desembrulhou peça por peça. Eram muitas e em todas estava escrito a mesma coisa. Quando Lia terminou de tirar a última peça, viu um pequeno selo no fundo da caixa. Ao lê-lo, disse eufórica:

— Maison Linetti, Paris! Patrick, foi comprado aqui em Paris! Meu Deus, já é alguma coisa!

Patrick pegou o pequeno selo nas mãos e depois de pensar muito concluiu:

— Por que apenas este pequeno selo? Tiraram todos os selos, mas por descuido deixaram cair este!

— Não sei o que pensar, mas sei onde fica essa loja. É uma das lojas mais finas de presentes de Paris. É um trabalho artesanal; em todas elas Nicole fez questão de escrever nosso nome. Isso já é um começo, não acha?

— Lia, minha querida, sei que estão chegando muitos presentes e você está muito atarefada, mas preciso achar Nicole, é uma promessa que fiz a mim mesmo. Depois a ajudo com toda essa bagunça de papéis e presentes espalhados pela sala.

— Você vai atrás dela por causa da promessa ou por causa de meu irmão?

— Se tem alguém que merece saber, esse alguém é meu cunhado, mesmo que ela não o queira mais. Vou tentar, devo isso a ele.

— Está bem, meu amor. Vá, ficarei orando para que seja feliz em sua procura.

Patrick saiu apressado e depois de uma hora entrou na loja com o selo na mão. Uma vendedora veio em seu auxílio:

— Posso ajudá-lo, senhor? — perguntou gentilmente

— Por favor, senhorita, este selo pertence à loja?

A jovem pegou o pequeno selo na mão e respondeu:

— Sim, senhor. Em que posso ajudá-lo?

— Sabe o que é, eu e minha noiva...

Patrick narrou todo o episódio para a simpática vendedora, que se pronunciou logo que ele terminou:

— Senhor, quem poderá lhe dar essa informação é o gerente. Quando há encomendas manuais como esta que relatou é ele quem coordena e acompanha diretamente.

— E onde posso encontrá-lo?

A moça o levou para outro setor da loja onde eram feitas as encomendas artesanais. Bateu à porta e entrou. Patrick esperou impaciente o seu retorno. Para ele foram intermináveis minutos, mas logo o gerente saiu acompanhado da vendedora. Muito elegante e educado, ele se dirigiu a Patrick:

— Pois não, senhor. Em que posso ser-lhe útil?

Patrick novamente narrou todo o acontecido e o gerente, meio desconfiado, perguntou:

— Desculpe, senhor, mas não é comum passarmos qualquer informação.

— Por favor, senhor, é muito importante.

— Quando o cliente nos faz encomendas de trabalhos manuais, não costumo dizer quem encomendou. Normalmente, o presente segue acompanhado de um cartão para os noivos.

— Senhor, já lhe expliquei. Eu lhe imploro, é muito importante, não só para mim, mas para minha família também. E só o senhor poderá me ajudar.

O gerente fez silêncio por alguns instantes. A vontade de Patrick era obrigá-lo a falar, mas teve de manter a impaciência só para si.

— Bem, não costumo fazer isso, não é ético de minha parte, porém, vai me prometer que não vai me complicar. Trabalho para a madame Linetti há muitos anos e sou de sua total confiança.

— Fique descansado, senhor. Minha intenção não é prejudicá-lo, pode confiar em mim — Patrick só faltava arrancar à força aquela simples informação.

O rapaz entrou em sua sala, abriu a gaveta e pegou um papel.

— Aqui está, mas prefiro ler para o senhor — disse o gerente não confiando o papel às mãos de Patrick.

— Tudo bem, senhor, como quiser.

Patrick estava extremamente nervoso, porém tinha de aparentar uma calma quase impossível.

— A encomenda foi feita por uma jovem senhora. Seu nome é Nicole, e foi retirada hoje mesmo pela manhã.

— E não tem endereço?

— Não. Só a assinatura de quem retirou a mercadoria.

— Eu posso ver? Por favor!

O gerente mostrou a Patrick que leu:

"Retirado por Michael".

Patrick ficou paralisado; seu rosto empalideceu e cobriu-se de suor.

— Senhor, está passando mal? — perguntou o gerente já se arrependendo do que fizera.

— Sim, estou, mas não se preocupe. Sou-lhe muito grato pela ajuda. E fique tranquilo, isso será um segredo.

— Assim espero!

Patrick saiu meio tonto. Quando chegou a casa, para sua surpresa, o automóvel do cunhado estava estacionado na porta. Patrick respirou fundo e entrou. Lia e o irmão conversavam naturalmente, porém ele observou que o cunhado segurava a carta nas mãos. Patrick, em silêncio, apenas olhou para a futura esposa sem saber como agir.

— Como está meu cunhado? — questionou Henry.

— Bem, e você?

— Estou ótimo e muito feliz por vocês. Não vejo a hora de ter minha irmã aqui em Paris, perto de mim!

Patrick estava sem graça. Henry era muito centrado, era difícil saber o que ele pensava em seu íntimo. Contudo, sem demonstrar que já havia notado seu jeito embaraçado, o dedicado médico se pronunciou:

— E aí, querido cunhado, o que descobriu sobre sua irmã?

— Sobre o quê?

— Sobre o presente de sua irmã!

Patrick passou as mãos nos cabelos e riu sonoramente:

— Você, Henry, é o cara mais espetacular que já conheci em toda a minha vida! Se você não existisse teríamos de inventá-lo! Nunca muda.

— Cunhado, vemo-nos quase todos os dias e você ainda não me conhece?

— Olhe, se existe alguém difícil no planeta, é você. Nunca sei o que pensa ou o que sente. Quem sabe em alguns anos evoluo e aprendo.

— Patrick, um dia... Um dia vai aprender. Ou pelo menos se esforce para se acostumar.

Mais sereno com o humor do cunhado, perguntou:

— Como consegue manter-se calmo enquanto o mundo está desabando sobre sua cabeça?

Henry abaixou a cabeça, olhou novamente a carta de Nicole e concluiu:

— Sinto as mesmas coisas que qualquer ser vivente, apenas procuro serenar diante do problema em questão e usar a razão; mas não sou melhor, tampouco insensível; sinto medo, tristeza, emoção e sinto felicidade quando algum fato me favorece. Como agora, por exemplo, estou muito, muito feliz por Nicole estar feliz por vocês dois, por ela não ter se esquecido dos irmãos, como diz, em uma hora tão sublime de felicidade e união.

— Como gostaria de ser como você! Mas não consigo.

— Tudo em nossa vida é baseado em treino, é preciso colocar em prática o que Jesus nos ensinou. De que adianta todas as informações benéficas se não aproveitamos a dádiva da grande oportunidade de colocá-las em prática? E depois, de mais a mais, não foi apenas uma escolha minha, fui treinado para tratar das pessoas, e a única coisa que essas pessoas desejam é compreensão e atenção, elas precisam apenas de um ombro amigo para desabafar os males acumulados por suas caminhadas. Por tudo isso, aprendi a ouvir mais do que ser ouvido. São tantos fatos e causas todos os dias, que se não fôssemos controlados emocionalmente não seríamos instrumentos do Criador e não estaríamos aptos para tal missão. E pode ter certeza, amo o que faço.

— Você tem razão, vocês foram treinados para isso. É coisa de médico. Todos os seus amigos ou parceiros de profissão são exatamente iguais, parecem não sentir nada, estão sempre com as mesmas expressões; assim como você.

Henry e Lia riram da observação de Patrick.

— Bem, voltando ao que me perguntou, não consegui muita coisa, mas minha suspeita estava certa, foi minha irmã mesmo quem encomendou as peças. Só há um detalhe que, por mais que eu pense, não acho nexo. Michael foi quem assinou a saída da mercadoria da loja.

Henry se levantou em silêncio, colocou a carta no peito e permaneceu em silêncio por longos instantes. Logo depois, sentou-se na frente de Lia e concluiu:

— Primeiro, Nicole esteve em Paris ou até mesmo reside aqui. Segundo, talvez tenha tirado todos os selos das peças para que nós não a encontrássemos. Certo?

Lia e Patrick não responderam, apenas esperaram que Henry concluísse o raciocínio.

— Terceiro, só conhecemos um Michael, empregado de papai. E com toda a certeza ele deixou um selo com a intenção de dizer algo, como por exemplo: fiquem tranquilos, Nicole está bem, ou...

— Ou... — retrucou Patrick ansioso por uma resposta.

— Ou é Michael o homem por quem ela se apaixonou e foi em busca de sua felicidade. Pelo menos foi isso que ela disse para Lia antes de partir.

— Hei... Mas espere um pouco, a última hipótese é Nicole estar casada? E você diz com essa tranquilidade?

— Patrick, meu cunhado, vamos pensar pelo lado positivo: há quanto tempo não tem notícias de sua irmã?

— Há pelo menos cinco anos.

— Isso é uma grande felicidade, ao menos sabemos que ela está viva. E, aqui entre nós, vive muitíssimo bem, pois se trata de um presente razoavelmente caro — brincou Henry.

— Só você mesmo para ter humor em uma hora como essa!

— E o que fará agora, meu irmão? — perguntou Lia intrigada.

— Eu sei que esta carta pertence a vocês, porém gostaria de tomá-la emprestada, pois não há dúvidas de quem a escreveu. A caligrafia de Nicole para mim é inconfundível.

— Por mim tudo bem, se for para ajudá-lo, pode ficar com ela.

— Por mim, claro que pode ficar — Patrick concordou, querendo entender aonde o cunhado queria chegar. — Mas o que pretende?

— Deixe comigo. Nunca em minha vida desisti, meu amor fará com que eu a encontre. Confio em meus amigos espirituais e sei que nada é por acaso. Só peço um grande favor a vocês.

— Um favor?

— Não comente nada com ninguém sobre este assunto. Faremos de conta que tudo está como sempre, que nada mudou, principalmente para Marseille.

— Mas por que, Marseille? — Lia se espantou.

— Porque não quero que ela sofra antes do tempo, tudo a seu tempo e sua hora. Marseille é muito especial para mim.

— É difícil mesmo, todos sabemos do amor que ela sente por você; mas se nunca lhe deu esperanças, por que o segredo?

— Porque há momentos que marcam nossa alma para sempre, mesmo sabendo que nunca houve esperança. Eu a amo muito, mas do meu jeito.

— Eu concordo com Henry, se podemos poupá-la por que lhe contar? — concordou Patrick, defendendo a amiga.

— Do jeito que fala até parece conhecer muito Marseille!

— Não é isso, Lia, é que... — Henry o cortou.

— Lia, minha irmã, não tenha ciúme de seu futuro marido. Patrick sempre foi e sempre será o melhor amigo de Marseille. Eles têm grande afinidade. Patrick sempre a ouviu em suas aflições.

— Como sabe de tudo isso? — perguntou Patrick admirado.

— Simplesmente sei. E você, minha irmã querida, não deixe que sentimentos mesquinhos interfiram na amizade que você também poderá cultivar por Marseille.

Patrick não ficou satisfeito com a resposta do cunhado, mas, para não alimentar o ciúme indesejado da futura esposa, silenciou.

— Fique tranquilo, meu irmão, por muitas vezes me senti enciumada por estarem sempre juntos, mas você e Patrick são os homens em quem mais confio em minha vida.

Henry segurou as mãos da irmã com carinho e as beijou.

— Bem, vocês me ajudaram muito. Sinto-me feliz por Nicole não ter esquecido de vocês. Preciso ir. Tratem de descansar, pois amanhã teremos de estar dispostos para ir à fazenda.

Capítulo 27

O CASAMENTO

No dia seguinte, os três embarcaram para Versalhes na companhia da família Village e das crianças do orfanato, que estavam eufóricas por poderem viajar com Henry. Embora Lisa estivesse impossibilitada de andar, comandava tudo sentada em uma cadeira de rodas. Todos foram recebidos com muita alegria. Seus olhos sorriam de felicidade por ter aquelas crianças à sua volta. A alegria envolvia a alma de Lisa e de Julliete, e tudo ficou harmonioso e aconchegante.

Jean já não se importava com os acontecimentos à sua volta, era atormentado pelo remorso e arrependimento. Quando lúcido, ficava sempre em companhia de Lisa, que procurava vencer suas mágoas e o tratava com carinho. Agora, aquele homem já não aparentava mais a hostilidade e a

ignorância dos tempos passados; parecia uma criança abandonada implorando atenção de uma suposta mãe.

* * *

A cerimônia de casamento foi simples. Contudo, transcorreu na mais absoluta paz e felicidade. Depois dos votos matrimoniais, todos dedicaram uma linda oração ao casal. Durante a festa, Henry procurou dar atenção a todos os convidados, sempre gentil e solícito. As crianças pareciam estar no paraíso e não davam espaço para o jovem médico, brincaram por aqueles vastos terrenos até ficarem exaustas. De longe, Michael observava o casamento. E Henry não perdeu sua aparição.

À tardinha, no fim da festa, Lia, em companhia da mãe e de Julliete, foi para o quarto se preparar para a viagem de núpcias. Henry cuidou das crianças e as colocou para descansarem, pois nunca haviam se divertido tanto.

Quando enfim Patrick e Lia partiram, Henry acompanhou a mãe para seu quarto e a ajudou a se vestir e se deitar. Lisa estava cansada, porém feliz. Conversou com o filho amado sobre os acontecimentos da festa e logo adormeceu tranquila.

Henry estava cansado, mas mesmo assim, sentindo o silêncio serenar por toda a casa, saiu à varanda, refugiando-se na calada da noite acolhedora, onde a nostalgia cobrava a infância que, por mais saudosa que sua alma impunha, não voltaria mais. Suspirando, olhou aquela imensidão à sua volta, e a única companhia era o brilho da lua refletindo na cadeira de balanço. Mais uma vez, ele pegou a carta de Nicole e absorto

POR TODA A MINHA VIDA

em seus pensamentos releu aquelas palavras que não se calavam em sua alma. Não percebeu o visitante que se aproximara e sentara no degrau da escada.

— Não cansa de ler essa carta. Não é mesmo?

Henry voltou rapidamente de seus pensamentos desejosos e respondeu tranquilamente com outra pergunta:

— Como ela está?

— Está bem. Desistiu de procurá-la?

Henry levantou-se e sentou-se ao lado de Michael. Mostrando-lhe o pequeno selo, perguntou:

— Por que deixou este único selo dentro da caixa?

— Porque estou cansado de vê-la sofrer.

— Você a acompanhou durante todos esses anos?

— Sim, senhor. É, o tempo passa... Quem diria que aquele garoto que sonhou ser um médico, iria se tornar mais que isso!

— Não sou nada, apenas gosto muito do que faço e sempre gostei de estar com pessoas e de cuidar delas. Faz parte de mim.

— Só não conseguiu cuidar de quem mais queria, não é isso?

— Michael, por que não diz logo o que o está atormentando e machucando-o todos os dias de sua vida?

Michael não respondeu, apenas deixou que as lágrimas em rendição aliviassem sua alma arrependida. Henry, pacientemente, esperou que se acalmasse e depois abriu uma de suas mãos e colocou o pequeno selo.

— Se é por causa desse selo que chora, é melhor guardá-lo.

Michael chorava por tudo o que compactuara com Jean. Passando as mãos no rosto, perguntou:

303

— Se o senhor quer saber, ela vive sozinha; e o ama mais que a própria vida. — Michael sentia a emoção vibrar por todo seu corpo. Trêmulo, continuou: — Aquele dia em que o senhor esteve na Itália para participar do congresso, Nicole me pediu para levá-la até lá só para vê-lo.

— Então não foi minha imaginação? Era ela mesma?

— Era sim, senhor.

— Michael, por que ela fugiu de mim? E por que me abandonou e foi viver na Itália?

— Como sabe que ela vive na Itália? — perguntou Michael, atordoado, sem atinar para o que estava falando.

Agora o jovem médico descobrira o que mais gostaria, aproveitando-se da ingenuidade de Michael.

— Foi você mesmo quem afirmou. Lembra... O congresso ao qual levou Nicole?

— Mas não vai atrás dela, vai? — Michael perguntou assustado, continuando: — Não lhe afirmei que ela mora na Itália.

Henry deu um leve e cínico sorriso e, em seguida, respondeu:

— Michael, acalme-se. Não sei qual é o seu medo e o seu problema, mas pode se tranquilizar, eu não faria isso. Não faria nada que você não concordasse.

— E por que o doutor me pouparia? Sei que ainda a ama.

— É simples, pelo medo que está sentindo é fácil deduzir que Nicole não quer que eu saiba. E depois, preciso me inteirar dos fatos, saber o que houve durante esses anos todos, e sei que quer me ajudar. Você foi inteligente em deixar este selo, sabia que de alguma forma iria parar em minhas mãos. Foi essa sua intenção, não foi?

— Foi sim, senhor, mas não posso ajudá-lo em mais nada, cabe a Nicole contar-lhe o que houve, não tenho esse direito. Para falar a verdade, ela nem sabe que armei tudo isso, muito menos que neste momento estamos conversando sobre ela.

Rapidamente Michael se levantou e deu alguns passos, parou e olhou para trás fixamente nos olhos de Henry. Tudo o que pôde ver foi o amor dele por Nicole. Sem medir consequências disse:

— Doutor Henry, quero que saiba que cuidei muito bem dela, tem tudo de que precisa. Quanto ao selo, o doutor é mais inteligente do que eu, e sei que vai encontrar uma solução, só espero que não se demore, pois ela o ama demais. Não sei até quando vai suportar sua ausência.

Michael se virou e saiu andando. Henry levantou-se e perguntou:

— Ela vai sempre a esta loja?

Michael continuou andando sem olhar para trás, apenas acenou com a mão. Henry, com sua alma, conclui feliz em voz alta:

— Você já respondeu. Sou-lhe muito grato.

De madrugada, Henry não conseguia dormir; nunca perdera a esperança, sabia que a encontraria. Seu coração estava cheio de expectativas, e ele agradeceu a Deus e ao amigo do invisível com o coração em plenitude. Os primeiros raios de sol despontavam no imenso céu azul quando Henry conseguiu adormecer.

Quando ele acordou, as crianças já haviam tomado o café da manhã e brincavam felizes ao redor da casa. Henry se apressou e encontrou Village em companhia da família. Sua mãe estava à mesa tomando o café e conversando animadamente.

— Bom dia! Espero que todos tenham descansado muitíssimo bem!

— Nossa, meu filho, por acaso viu o passarinho verde?

Henry se aproximou da mãe, beijou suas mãos carinhosamente e respondeu:

— Não, minha mãe. Mais do que isso. Descobri que a vida é muito melhor do que eu imaginava!

Lisa pressentiu que havia acontecido algo de muito bom para o filho, pois aqueles belos olhos verdes brilhando não a enganavam. Henry, mais leve e de bem com a vida, deu a volta por toda a mesa pousando um beijo em cada um dos presentes. Nem Village e Antony escaparam. Mais do que depressa, o jovem Antony soltou uma piada:

— Henry, sempre soube que é um rapaz gentil e educado, porém beijar dois marmanjos como meu pai e eu, não fica bem, *né*?

Todos riram sonoramente, e Henry, aceitando a brincadeira, respondeu:

— Ah, Antony pode dizer a verdade. Você gostou, vai?! Você me ama de paixão. Pode confessar, ninguém vai reparar. Mãe, sabia que Antony tinha ciúme de mim com o pai dele?

— Não me diga! É verdade, Antony?

— É sim, mãe. Ele dizia: "Papai, seu doutorzinho favorito chegou" — continuou Henry a provocá-lo.

— Senhora Lisa, não acredite no que seu filho fala, a Medicina fez com que ele perdesse alguns parafusos do cérebro — respondeu Antony muito bem-humorado.

Na verdade, quando Henry surgiu na vida do pai, Antony sentiu-se ameaçado e inseguro, era como se ele fosse vilão intruso; porém, com o tempo o jovem médico conquistou a amizade de Antony e eles se tornaram mais que bons amigos. Os dois jovens eram cúmplices e parceiros de uma afinidade que nasceu naturalmente de amor, confiança e lealdade. Tudo o que ia no coração de Henry, Antony lia com clareza, mesmo sem questioná-lo; era como se fossem irmãos de longa data. Por esse motivo, Antony tinha a nítida certeza de que o amigo havia conseguido alguma informação valiosa, mas esperou que estivessem sozinhos para compartilharem da tão sonhada descoberta.

Aquela manhã foi de muita alegria para todos. A felicidade de Henry era contagiante; até Julliete, com os olhos marejados em lágrimas, agradeceu em oração por tão venturosa alma que residia em um corpo tão belo e sutil ao mesmo tempo. Enfim, o médico preparado pelo Criador era realmente bonito por dentro e por fora, e era impossível não se envolver com ele.

— Será que podemos saber por que tanta felicidade, meu filho? Hoje, em especial, está muito brincalhão.

— É simples, como não me sentir feliz e não brincar se desfruto de boas companhias? Quando tivemos um café da manhã como este?

— É verdade... que eu me lembre, acho que nunca tivemos uma manhã como esta.

Pelo tom pesaroso da mãe, Henry se deu conta de que estava faltando o dono da casa:

— Falando em alegria e companhias, cadê o meu pai?

— Pensei que não fosso dar pela falta dele, meu filho.

Henry, culpando-se por ser egoísta, insistiu:

— Perdoe-me, mãe, mas só dei por sua falta agora. Por que não está aqui conosco?

— Não tem importância, meu filho, você merece ter um dia de felicidade em sua própria casa, ainda mais agora que estamos reunidos como uma grande família.

— Sinto muito por ter sido tão egoísta com o que estou sentindo, porém quero me redimir a tempo. Onde está meu pai, aconteceu alguma coisa com ele?

— Seu pai não está muito bem não é de hoje. Gostaria que o examinasse. Ele ainda está deitado e não tem ânimo para nada.

Henry se levantou rapidamente para ir ao quarto do pai.

— Espere, meu filho, não precisa se afligir, tampouco se culpar. Como já lhe disse, seu pai há muito não anda bem, e a culpa não é sua.

— E por que não me avisou antes? Eu teria vindo visitá-lo.

— Não quis incomodá-lo, sei que sua vida em Paris é atribulada por demais, e depois, do meu jeito, tenho cuidado dele.

Henry não disse nada, apenas pediu licença e saiu da mesa. Village e Antony acompanharam-no. Jean estava deitado imóvel sobre a cama. Henry bateu à porta devagar e entrou. Assim que se aproximou do pai, sentou-se ao seu lado e colocou seus dedos próximos à garganta do pai para sentir seus batimentos cardíacos. Jean, lentamente, abriu os olhos e disse com dificuldade:

— Henry...

— O que está acontecendo, meu pai?

— Não sei, não me sinto bem.

— Sente alguma dor ou algo parecido?

— Dor? Não, só quero que peça para esse homem que está ao meu lado ir embora... Você faz isso para mim?

— Que homem, pai?

— Este, não o está vendo? Está ao meu lado, bem na sua frente!

Henry, em silêncio, fez uma prece pedindo amparo do amigo espiritual. Esperou alguns instantes e logo o amigo estava ao seu lado.

"Meu caro amigo Henry, vamos nos recolher em reconfortante oração. Estava esperando-o para juntos fortalecermos Jean. Sua necessidade é apenas de muita oração".

Henry, em pensamento, perguntou:

"Mas ele está enfermo, tem algo que eu possa fazer como médico?"

"Não, meu caro amigo. Seu pai apenas precisa de muitas orações para adquirir bons e salutares ensinamentos. Suas orações farão bem a ele."

Henry espalmou suas mãos sobre o pai e se entregou em oração, sem mais questionar o mentor e amigo. Village e Antony também espalmaram as mãos sobre Jean, intuindo que o bom orientador do plano espiritual estava presente. Os três homens se entregaram para doar energias fortificantes a Jean.

Assim que encerraram as benéficas orações, Jean adormeceu como uma criança cansada depois de um dia cheio de atribulações e brincadeiras. Os três homens agradeceram ao Criador e saíram para que ele descansasse.

Quando retornaram, as mulheres em companhia de Lisa, estavam sentadas na ampla sala aguardando por notícias.

— E então, meu filho, como ele está?

— Está bem, descansando, vai dormir por algum tempo.

— Mas Jean não se queixou de nada?

— Não, minha mãe. Meu pai ainda não tem nada de concreto para que possamos tratá-lo como paciente. Ele precisa muito de compreensão, atenção e prece, e é isso que vamos fazer, orar muito para que ele possa se libertar de obsessores que lhe estão cobrando reparações.

Lisa abaixou a cabeça e deixou cair as lágrimas, pois ela, mais do que ninguém, sabia dos débitos dele.

— Por favor, mãe, não fique assim, todos nós temos nossas reparações; são coisas da vida, chorar não vai ajudá-lo, ele precisa da senhora, dê-lhe o que não conseguiu lhe dar durante sua vida toda quando ainda andava por esta casa como seu esposo. A senhora sabe que o meu pai sofreu com sua indiferença, cultivando para si rancores e causando-lhe tormentas.

Quando Lisa ouviu o filho dizer algo que nunca havia comentado com ninguém, sentiu seu corpo estremecer.

— Por que está dizendo isso, meu filho?

— Não é preciso ser muito inteligente para saber que cultivaram muitos sentimentos, menos o sentimento que une um homem e uma mulher para dividir com amor seus aprendizados matrimoniais.

Lisa olhou o filho com perplexidade. Nunca imaginou que ele notava sua indiferença pelo esposo e a mágoa do pai por não tê-la conquistado. Lisa achou ingenuamente que o filho não cresceria nem vivenciaria suas percepções como homem.

— Talvez não fui a esposa que seu pai esperava, mas fiz o que pude para sermos felizes.

— Tudo bem, minha mãe. Não estou aqui para recriminá-la, só espero que tenha entendimento para com ele nessa hora tão difícil de sua caminhada. Por mais que soframos com as dificuldades de um casamento, precisamos dar nosso melhor para cumprirmos o que porventura assumimos antes de chegarmos aqui.

— Você tem razão, lamentar não vai ajudá-lo, fique tranquilo, farei o possível para confortá-lo.

— Faça o que for possível. Sei que também está limitada. Apenas procure passar-lhe segurança, ore e esteja em comunhão com Deus. Tenho certeza de que vai se sentir fortificada e equilibrada para lidar com essas provações temporárias. Lembre-se, nada é para sempre, a tempestade um dia passa.

— Obrigada, meu filho, você sempre me acalma e ensina com sua alma generosa.

— Não exagere. Nessas horas é preciso apenas usar a razão. Podemos sentir emoção por insegurança, porém, quando deparamos com fatos inconvenientes, é necessário pararmos e nos equilibrarmos. Só assim conseguiremos atenuar a situação.

Todos se comoveram com a situação pela qual Lisa passava. Por um lado, frágil e debilitada, por outro, Jean perturbado e vulnerável aos obsessores. A cada dia a família Village aprendia e admirava mais Henry. Marseille, comovida com a significante inteligência do amado, pronunciou-se:

— Henry tem razão, sra. Lisa. Procure abrir seu coração a Deus, pois nas horas de aflição, apenas Ele pode lhe trazer conforto.

Depois do apoio dado a Lisa, mudaram de assunto e aproveitaram o resto do dia para passearem e conhecerem de perto a fabricação dos tão famosos vinhos da família D'Moselisée.

* * *

Na manhã seguinte, Henry e todos os outros se despediram. As crianças do orfanato não aprovaram a decisão de terem de voltar à dura realidade, mas depois que Henry lhes explicou os motivos, aceitaram, porém, na condição de voltarem outras vezes.

Estavam todos no trem. As crianças, eufóricas, não desgrudavam os olhos das paisagens através do vidro, exceto o pequeno Jacques, um garotinho de sete anos de idade, de olhos azuis e vasta cabeleira negra, que enfeitava ainda mais seu rostinho encantador. Chegara ao orfanato com apenas cinco meses de vida, depois de perder os pais em um lamentável acidente em uma fábrica de tecidos que se incendiou e devastou todo o prédio. Jacques se afeiçoara a Henry e a recíproca foi imediata. O jovem médico se apaixonou não só por ele ser uma criança desprotegida, mas também pela sua vivaz inteligência, além de os dois terem grande afinidade.

Aos sábados, quando Henry chegava ao orfanato, lá estava Jacques esperando-o no portão. Mal o jovem médico entrava, o garotinho o abraçava com força e perguntava:

— Posso ajudar o doutor em suas tarefas?

Henry se apegara tanto a ele que por muitas vezes se entristecia quando tinha de deixá-lo. Sempre que se despediam, Henry o encorajava levando alegria a seu pequeno coraçãozinho.

— Jacques, hoje você foi o máximo, sua ajuda foi de muita valia!

— Doutor, quando eu crescer vou ser médico, igual ao senhor.

— Tenho certeza que sim. Papai do céu já o está preparando para isso. Ele sempre escolhe meninos bons e prestativos como você para ajudar as pessoas que necessitam.

— Eu o amo muito. E quero ser igualzinho ao senhor.

Henry, muitas vezes, tocado pelo carinho do garoto procurava não demonstrar o que ia em sua alma. Agasalhava-o em seus braços e o apertava contra o peito, sentindo uma vontade enorme de levá-lo consigo. O jovem havia entrado com os papéis para a adoção do garoto, mas a lei não era muito favorável, pois alegavam que ele precisava de uma família, e Henry, além de ser um homem solteiro, não teria tempo hábil para cuidar de uma criança e dar-lhe atenção. Mesmo assim, não desistia. Recusavam seu pedido e ele tornava a dar entrada novamente. Um dia venceria.

No trem, Jacques, sentado ao lado de Henry, estava quieto e pensativo.

— Doutor Henry, não vai se casar?

A pergunta inesperada pegou Henry de surpresa, embora achasse Jacques muito esperto para a idade, não esperava uma pergunta como aquela. Meio confuso, pronunciou-se:

— Bem, como posso lhe explicar?

— Explicando, como faz no orfanato: "Crianças, prestem atenção, é muito importante...".

Henry gargalhou sonoramente; impressionado com a facilidade com que o garoto guardava cada palavra que ele pronunciava, respondeu solícito:

— Você está certo, vou tentar lhe explicar.

Henry se acomodou mais perto de Jacques e tentou expor seu raciocínio. Antony, observando o prezado amigo no bom papo com o garotinho, aproximou-se para ouvir aonde o assunto iria dar.

— Para um homem como eu se casar é preciso amar muito uma mulher; e essa mesma mulher também tem de me amar, mas não só a minha pessoa, mas também minha profissão. E sabe por quê? Porque viver ao lado de um médico não é uma tarefa muito fácil. Vou contar-lhe um segredo... — cochichou o médico para o ouvinte: — Nós, médicos, quase nunca estamos em casa, e as mulheres não aprovam muito isso.

— E você ainda não gosta de uma mulher?

— Sabe, Jacques, vou lhe contar uma história...

— Que história?

— A minha história. Mas tem de prometer que será um segredo nosso, está bem?

— Eu prometo — Jacques cruzou os dedinhos na boca em menção de juramento. Antony disfarçou a vontade de rir do amigo, todo perdido com a audácia do garoto.

314

Henry teve uma imensa vontade de compartilhar sua história de vida com aquele pequeno ser. Começou a narrar como se estivesse compartilhando para um homem já feito, e o garotinho ficou atento a cada palavra. Em seus puros pensamentos, sentiu-se como se fosse o melhor amigo do médico. Quando Henry terminou sua história de amor, Jacques perguntou curioso:

— E onde essa mulher mora?

— Não sei bem, Jacques, mas desconfio que deve morar na Itália.

Antony, quase sem se conter por ouvir a novidade, olhou para Henry admirado, porém não disse nada, apenas voltou a prestar atenção naquela conversa mais que interessante.

— E fica muito longe?

— Huuuum... Não muito — respondeu Henry fazendo suspense.

— E por que o doutor não vai atrás dela? É só o senhor dizer que a ama... Ama muito.

— Sabe, Jacques, não é assim tão fácil.

— E claro que é! Se o doutor a ama e ela ama o doutor, é só se casarem!

Henry passou a mão nos cabelos negros do garoto e concluiu:

— Acho que tem razão. Gente grande é que complica as coisas. Tudo deveria ser simples e verdadeiro como com vocês, crianças, sabia?

Jacques balançou a cabeça positivamente, e Henry finalizou abraçando-o:

— Tudo seria simples, bonito e verdadeiro se nunca perdêssemos essa pureza de pensamentos que só as crianças possuem. Mas por que você quer saber se eu vou me casar?

— Por que se o doutor se casasse eu teria uma mãe; porque pai eu já tenho.

— É mesmo? E quem é esse felizardo?

— O doutor!

— Jacques, quanta honra teria se fosse seu pai. Mas neste momento, não posso tê-lo como filho. Mas você é inteligente o bastante para entender que estou fazendo o possível para que um dia isso possa se tornar realidade.

— Eu sei sim, senhor. *Mademoiselle* Monique já me explicou tudo e pediu que eu acreditasse no papai do céu. Por essa razão, converso com ele toda noite e lhe prometi que se meu pedido for realizado, eu seria um menino bom e vou estudar bastante para ser um médico igual ao senhor, para cuidar de muitas crianças, como o senhor faz.

Henry segurou firme a emoção, enquanto seu coração batia descompassado:

— Isso mesmo, Jacques! Nunca desista dos seus sonhos e, durante toda a sua vida, nunca se esqueça de que o papai do céu pode conceder muitos desejos a você, isso só dependerá de sua fé e de sua alma generosa. Portanto, seja sempre bondoso com todos, pois isso contará muitos pontos para que realize seus desejos. O papai do céu está sempre de olho em nós.

Jacques levantou a cabeça e, olhando dentro dos olhos de Henry, fez um pedido:

— O doutor também pede para ele permitir que eu me torne seu filho? Porque o senhor é muito bom, e ele vai atender ao seu pedido também!

— Pode acreditar que lhe peço todos os dias. Tenho certeza de que ele vai atender ao nosso pedido.

Antony também se comoveu. Por muito pouco não se derramou em lágrimas. Jacques se acomodou nos braços de Henry até chegarem à estação. Os dois seguiram em silêncio, com o coração cheio de esperança.

* * *

No dia seguinte, Village e Henry chegaram cedo ao hospital. Os pacientes já os aguardavam na sala de espera.

Passaram-se os dias, e a rotina de Henry era cada vez mais intensa. Mesmo assim, não deixava de passar um só dia diante da loja de madame Linetti para ver se via Nicole. Suas esperanças aumentavam a cada dia, e o amor pulsava mais forte em sua alma.

Capítulo 28

Decisão

Nicole estava sentada no jardim olhando Isabelle brincar e pensando em como teria sido o casamento de seu irmão com Lia. Ela sentia muita saudade de todos e seu desejo era estar lá para abraçá-los e desejar-lhes muitas felicidades pessoalmente. Sem se dar conta, as lágrimas saudosas desceram em seu rosto, chamando a atenção da filha.

— Mamãe, por que está chorando?

Nicole a abraçou e pela primeira vez respondeu com franqueza:

— Não é nada de mais, minha querida, apenas estou com saudades de duas pessoas que amo muito.

— E quem são essas pessoas?

— É a tia Lia e tio Patrick.

— E onde eles estão, mamãe?

— Ah, minha querida, bem longe daqui, mas muito felizes, com certeza.

— E eles são meus tios?

— Sim, minha querida.

— E por que eles nunca vêm me ver?

Nicole abraçou a filha e respondeu triste:

— Ah, Isabelle... Há muitas coisas que ainda não entenderia. Nada é tão simples como a mamãe deseja. Mas eu lhe prometo que quando estiver mais crescidinha vou lhe explicar tudo. Depois vou levá-la para conhecê-los.

— Só conheço o tio Michael e a tia Bridget.

— É verdade, mas quero que saiba que tem mais tios. Meu irmão Patrick e a esposa dele, tia Lia. Eles se casaram e vão viver felizes para sempre.

— Como nas histórias de contos de fadas, mamãe?

— É sim... Igual às histórias que a mamãe conta para você.

— E por que não vamos ver eles agora?

— Por que não é o momento, minha querida.

— Na minha escola meus amiguinhos têm um montão de tios, tias e primos, e também pai. E eu não tenho.

Nicole ficou com pena da filha e, segurando suas mãozinhas, disse:

— Minha querida, você também tem uma família enorme e maravilhosa.

— E por que não vamos ver eles todos?

— Eu lhe prometo que no momento certo você vai conhecê-los.

— Você me promete, mamãe?

— Sim, minha querida.

— Mamãe, eu não tenho pai? Todos os meus amiguinhos dão risada de mim só porque falei que eu não tenho pai.

Nicole chorando muito e sem saber o que responder silenciou, mas naquele exato instante, inesperadamente, Michael chegou.

— Você, minha princesa, também tem um pai, sim.

Nicole, de triste que estava, tomou um susto quando ouviu Michael responder de pronto. Sem acreditar se pronunciou:

— Como se atreve, Michael?

Isabelle, ao ver o tio, pulou do colo da mãe e correu para os braços dele.

— Tio Michael, eu estava com saudade!

— Minha princesa, como você está? — cumprimentou Michael saudoso por Isabelle.

— Eu estou bem, tio. Mamãe é que está triste.

Nicole, muito brava, olhava para Michael, mas não disse nada, apenas esperou uma explicação pela resposta estúpida do amigo, que, por sua vez, agiu tranquilamente, como se nada estivesse acontecendo. Abraçado a Isabelle disse cinicamente:

— Sabe, minha princesa, titio Michael acabou de chegar de um lindo casamento.

— É mesmo, tio? E quem se casou?

— O tio Patrick e a tia Lia!

Nicole, perdendo o controle, esbravejou:

— Como ousa contar isso para a minha filha?

Michael, sereno como se nada estivesse acontecendo, pediu para a garota:

— Isabelle, minha princesa, faria um favor ao titio?

— Sim.

— Vá até a cozinha e peça a tia Bridget para fazer um café. Estou morrendo de vontade de tomar café.

Isabelle saiu correndo, esquecendo-se completamente da tristeza da mãe e da sua pergunta. Michael, olhando fixamente nos olhos de Nicole, retrucou:

— Não sei por que tanta raiva, apenas respondi o que você mesma estava contando à sua filha.

Nicole, desapontada, deu as costas para Michael, mas ele a puxou pelo braço e revelou:

— Henry não se casou!

A amiga, imóvel, não teve forças para sair do lugar. A emoção tomou conta de sua alma e, com os olhos fixo em Michael, esperou que ele terminasse:

— É isso mesmo que você ouviu. Henry não se casou e nunca vai se casar.

— Mas pensei... — respondeu com a voz entrecortada.

— Você, Nicole, vive pensando. Aliás, só faz isso.

— Mas, e Marseille?

— Nicole, não diga nada e me escute. Preste bem atenção porque não vou repetir, muito menos discutir sobre este assunto. Henry não tem ninguém a não ser você em sua alma, em seu coração, no sangue que corre em suas veias e no pulsar de sua existência. Marseille o ama e com todas as suas forças, mas ele não a ama, apenas são parceiros de profissão. Marseille também é médica, aliás, fez isso só para estar ao lado dele. Ela está disposta a lutar por ele, e se você insistir em privar Isabelle de ter o pai ao seu lado, vou embora e nunca mais voltarei. O remorso me martiriza todos os dias e não posso mais conviver com essa angústia.

Nicole tentou dizer algo, mas ele não deixou.

— Ainda não terminei! Está na hora de você procurar por ele e contar-lhe toda a verdade, inclusive que vocês tiveram uma filha.

— Pelo amor de Deus, Michael, não faça isso comigo, eu não posso. O se. Jean matará Henry, ele jurou que faria isso.

— Não só pode como deve. Há anos Henry procura por você. Ele nunca desistiu de encontrá-la. Cabe a você procurá-lo e contar-lhe tudo, mesmo que ele sinta muito ódio de mim e nunca mais queira me ver na sua frente. Ele a ama, Nicole. Quanto ao senhor Jean, ele está mentalmente doente e nada poderá fazer contra vocês.

Ela ficou completamente confusa e atordoada com tudo o que Michael lhe contou. As lágrimas desciam copiosamente, e sua cabeça latejava por conta da grande emoção que, involuntariamente, acelerava os batimentos cardíacos e esquentavam o sangue que corria em suas veias.

— Você conversou com ele? — perguntou Nicole temerosa.

— Conversamos pouco, mas o necessário para que você tome uma atitude. Corra para seus braços e o faça feliz. De hoje em diante, não faço mais parte dessa história suja. O dr. Henry é uma das pessoas, se não a melhor, é a mais correta que conheci em toda minha vida e não merece sofrer sem saber por quê. Eu, sinceramente, estou me retirando.

Nicole havia muito não sentia tanta insegurança e receio por presenciar o nervosismo do amigo. Tentando contemporizar, manifestou-se:

— Por favor, Michael, não me abandone. Preciso de um tempo para pensar. Afinal, já se passaram muitos anos.

— Mais tempo para quê? — perguntou Michael contrariado.

— Sei lá. Michael! Preciso pensar, você me disse muitas coisas, não posso resolver de uma hora para outra.

— Nicole, você já teve tempo demais para pensar; não aguento mais essa situação; Isabelle precisa do pai, e ele merece tê-la a seu lado.

Michael passou as mãos nos cabelos, sentou no sofá, e com o olhar fixo em um ponto qualquer, calou-se.

— O que foi, Michael? Está me deixando insegura.

— Como a vida brinca conosco... por mais atentos que pensamos estar, muitas vezes ela nos passa a perna!

— Por que está dizendo isso?

Michael sorriu cínico e concluiu:

— Veja só, Henry ajuda tantas crianças, ama-as com tanta dignidade, mas nem imagina que tem uma linda filhinha.

— Não me deixe mais confusa do que já estou.

— Se você pudesse ver com seus próprios olhos... Ele levou todas as crianças do orfanato para compartilhar o casamento da irmã; e o mais impressionante é a facilidade com que ele se doa para elas. Parecia um pai extremoso, como os pais que amam realmente seus filhos. Imagina o que não faria para a própria filha?

— Chega, Patrick.

— Nicole, não enxerga que ele está lhe dando uma oportunidade, ensinando-lhe com todas aquelas crianças, que só pedem um pouco de atenção e carinho? Henry precisa de você ao seu lado para cuidar um pouco de tudo o que ele construiu com esforço.

Nicole não conseguia voltar à razão, suas lágrimas teimosamente desciam, e, a custo, passou as mãos no rosto, tentando sanar a dor que lhe consumia a alma.

— O que quer que eu faça? Que eu saia correndo agora, bata em sua porta e diga: "Henry, tudo não passou de um lamentável engano perdoe-me, pois você teve uma filha comigo". Por favor, Michael, chega desse assunto, temos que nos acalmar. No momento, não consigo decidir absolutamente nada.

— Chega por quê? Será que estou falando grego? Será que não entendeu nada do que falei? Escute aqui, Nicole, vou lhe dar duas semanas, se não procurá-lo, eu mesmo levo Isabelle para que ele a conheça!

— Está me ameaçando?

— Não, Nicole. Quem sou eu para ameaçá-la? Eu mesmo fui um covarde e egoísta. Mas para o seu próprio bem e de Isabelle, levarei ao conhecimento de Henry tudo o que houve até o momento. Sei que ele vai me odiar, mas ficarei aliviado e poderei seguir meu caminho em paz.

Nicole, exausta, abraçou Michael e pediu completamente fragilizada:

— Por favor, Michael não me deixe, preciso de você para ter forças. Tudo o que me contou é uma surpresa, estou com medo. E se ele não me perdoar?

— Pelo amor de Deus. Perdoar você de quê, se você é uma vítima dessa lamentável história?

— Vítima, porém fraca, eu devia ter lutado. Por que deixei chegar a este ponto? Eu o amo tanto. Pelo amor de Deus, Michael, não me abandone, juntos acharemos uma solução. Prometo-lhe que tomarei uma decisão.

— Tudo bem, mas precisa tomar uma decisão. Você e o dr. Henry merecem ser felizes.

Nicole, abraçada a Michael, aos poucos voltou ao normal. Seu coração batia feliz por Henry não ter se casado. Com um sorriso nos lábios perguntou:

— Henry ainda me ama?

— É um louco por esperá-la por tanto tempo! — respondeu Michael brincando.

— Seu bobo. Gosto quando fica bem-humorado.

— Mas não pense que esquecerei essa história, viu?

— Mas tenho medo de encontrá-lo; o que farei quando estiver diante dele?

— Não faça nem diga nada, deixe que o momento se encarregue de tudo. Apenas confie.

— E como vou encontrá-lo?

— Use sua intuição ou vá direto ao hospital onde ele trabalha.

— Você sabe qual é o hospital?

— Bem, sei onde fica o consultório particular.

— Ah, Michael, você é um traidor mesmo! Sabe tudo sobre ele, mas nunca me contou nada? — sorriu Nicole feliz.

— Para falar a verdade, acompanho tudo sobre ele, admiro-o muito. Não sei como pude compactuar com o sr. Jean!

Admito que o dr. Henry é meio estranho, mas todos em Paris o amam. Tenho várias entrevistas guardadas. Não me importo que ele fique com ódio de mim, o que me importa é que ele seja feliz. Meu Deus! Quando souber que colaborou com a chegada da princesinha Isabelle ao mundo, não sei o que vai lhe acontecer!

— Puxa, Michael, estou admirada com seu interesse por Henry!

— Ele é incrível, Nicole. No orfanato, ele acompanha as crianças pessoalmente. Mal sabe ele que tem uma linda garotinha que também precisa dele.

— Pare, Michael. Você quer que amanhã mesmo eu leve Isabelle e diga: "Henry, esta é sua filha!"?

— E por que não? Tenho certeza de que assim que estiver diante de Isabelle, ele será o pai mais feliz do mundo!

Nicole começou a dar vazão às grandes esperanças existentes em sua alma desejosa de amor. Afinal, ele não se casara com ninguém e isso era sinal de que ainda a amava. Era questão de dias, apenas teria de se preparar para o encontro.

Bridget só os interrompeu com Isabelle, depois que percebeu o silêncio entre os dois amigos.

— O lanche já está na mesa. Podemos nos acomodar. Afinal, Michael não pediu um café?

Ele riu sonoramente, pois conhecia muito bem Bridget. Sabia que ela estava zangada pela demora.

— Que gostoso, vamos tomar café com o titio? — disse Michael com alegria.

— Vamos sim, titio. Tia Bridget fez aquele bolo de chocolate que você gosta.

Mais serenos, eles se sentaram à mesa e lancharam com apetite.

Nicole, durante todos aqueles anos, ainda estudava e lia muito sobre a doutrina espírita. Pôde absorver muitos ensinamentos e entender os desígnios do Criador. Em suas orações, sempre pedia misericórdia para que Ele concedesse o que fosse melhor para Isabelle.

Capítulo 29
Rumo à evolução

Passaram-se alguns dias e nada de Henry encontrar Nicole por acaso na loja. Foi à fazenda algumas vezes com a intenção de pelo menos encontrar com Michael, tudo em vão. Ele sabia que devia confiar e esperar, e a perseverança era uma das mais valiosas virtudes que possuía.

* * *

Era um domingo, faltava pouco mais de dois meses para o Natal, quando Henry, em seu plantão, recebeu um aviso para comparecer à emergência, pois um senhor havia dado entrada e passava muito mal. Quando lá chegou, encontrou a irmã Lia e Patrick na sala de espera.

— O que houve, Lia? Por que tanta aflição?

Lia o abraçou com força, e com a voz entrecortada respondeu:

— É papai, Henry. Ele está na emergência. Ele estava em minha casa e quando começou a passar mal, só chamava por você.

Henry acalmou a irmã e pediu que aguardasse as notícias. Quando entrou na sala de emergência, já havia uma equipe médica cuidando de Jean. Village era um dos médicos. Puxou Henry de lado e deu-lhe a notícia:

— Sinto muito, Henry, mas seu pai não está nada bem.

— Posso vê-lo?

— Deve, pois balbucia seu nome com muita dificuldade.

Henry se aproximou do pai e segurou suas mãos.

— Pai, sou eu, Henry. O senhor pode me ouvir?

Jean abriu os olhos e sem forças para falar apertou a mão do filho desesperado:

— Calma, meu pai. Tranquilize-se, o senhor está sendo atendido por bons médicos. Estarei aqui ao seu lado.

Henry ficou em um canto observando a correria dos médicos em mais um dia de luta pela vida de um irmão. Silenciou em prece pedindo auxílio ao seu mentor para que amparasse e não deixasse o pai sofrer. Foi uma correria geral; um entra e sai de médicos e enfermeiros até que o quadro clínico se estabilizou e o enfermo dormiu. Henry ficou ali sem descansar um só instante. Pediu a Marseille que levasse notícias e acalmasse a irmã. De tempos em tempos, Village entrava no quarto na tentativa de convencer o amigo a descansar um pouco.

— Precisa descansar um pouco.

POR TODA A MINHA VIDA

— Não, obrigado. Ficarei aqui até que ele desperte.

— Ele está sedado, não vai despertar agora.

— Sinto muito, dr. Village, como médico sei que meu pai tem poucas chances, mas como filho é minha obrigação, devo ficar.

Henry se calou por instantes, depois concluiu olhando o pai sobre o leito:

— Há algo em meu pai que dói e faz doer. Não quero que pense que lhe guardo mágoa. Quero que saiba que aprendi a amá-lo do jeito que é, e não como gostaria que fosse.

— Está bem, Henry, eu desisto. Faça como quiser, estarei aqui no hospital. Se precisar de mim é só chamar.

— Eu lhe agradeço, doutor. Por favor, peça a minha irmã e ao meu cunhado para irem para casa descansar. Diga que podem ficar tranquilos, eu ficarei com meu pai.

Village bateu a mão de leve sobre o ombro do amigo e saiu. Henry passou o dia e a noite toda ao lado do pai, monitorando-o. Não deixou que ele se sentisse sozinho. Já estava clareando o dia quando Jean abriu os olhos e se agitou.

— Pai, como está? Sente-se melhor?

Jean respondeu com os olhos que sim.

— Fique tranquilo, não é preciso se agitar, guarde suas energias.

Com muita dificuldade, Jean segurou a mão do filho e balbuciou para que ele se aproximasse.

— Pai, por favor, não se desgaste, fique quieto.

Jean balançava a cabeça muito agitado e apertava a mão do filho.

— Pai, quando estiver melhor terá tempo para conversarmos!

As lágrimas começaram a descer pelo seu rosto e, com muita dificuldade, disse:

— Henry, sei que meu tempo está se findando, mas é muito importante o que eu tenho para lhe contar...

— Não se preocupe com isso agora, terá tempo.

— Não devo esperar. O que guardo comigo atormenta-me todos os dias. Sinto que minha alma está sendo arrastada por um turbilhão, que, aos poucos, me corrói como um ferro enferrujado. Você está me entendendo?

Henry estava tocado pelo sofrimento do pai, queria que ele se acalmasse e descansasse, mas foi em vão.

— Todas as noites são frias e sombrias. Henry, sei que nunca fui digno de ser seu pai, ou melhor, digno que você me chamasse de pai.

— Sempre o tive como pai, só nunca entendi por que o senhor nunca me teve como filho.

— Por favor, escute-me, é só o que lhe peço. Sei que não mereço sua atenção...

Henry, vendo sua respiração oscilante, cortou-o:

— Calma, pai, descanse um pouco. Se continuar a se esforçar, ficará pior. Descanse, depois conversamos.

— Quero que procure Nicole.

Henry tomou um choque, mas não o cortou, deixou que ele concluísse o raciocínio:

— Ela sempre o amou. Eu tenho certeza de que nunca haverá outro em seu lugar. Eu a fiz sofrer tanto quanto você,

POR TODA A MINHA VIDA

por inveja e egoísmo. Sempre fui hostil e achei que você não merecia ser feliz... Que tinha de sofrer tanto quanto eu. Que não era justo ter a mulher amada se eu nunca tive. Henry, fui mesquinho e covarde. Usei de planos sórdidos para ter um amor que não me pertencia. Menti, traí, manipulei e fiz tudo para que sua mãe me amasse. Contudo, isso nunca aconteceu. Fiz coisas terríveis, e hoje sofro pelas minhas escolhas. Agora, estou sendo cobrado pelos meus atos. Não durmo; vejo vultos em toda parte atormentando-me.

Emocionado, ele ficou cada vez pior. Henry chamou por ajuda e, em poucos minutos, o pai foi socorrido por enfermeiros e por ele próprio. Depois de ministrar medicamentos para o coração enfraquecido de Jean, Henry pediu que os enfermeiros saíssem e fez uma prece em pensamento. Aos poucos, o homem serenou. O amigo do plano espiritual se manifestou posicionando-se ao lado do enfermo e com uma equipe médica que o acompanhava, aplicaram-lhe passes salutares revigorando seu corpo físico. O amigo do plano espiritual sabia que Jean tinha de aproveitar a oportunidade de abrir seu coração para o jovem médico, reparando as provações de outrora.

Henry, como sempre, vislumbrou a entidade ao lado do pai. Tinha conhecimento para entender que o amigo maravilhoso não interferiria nos segredos que martirizavam o enfermo. Cabia a Jean, antes do desenlace, concluir seu raciocínio. E essa atitude era muito importante para aliviar o espírito. A humildade e a renúncia eram o ponto primordial para mais um degrau da evolução a ser alcançado. Henry, embora sentisse alívio de ver o pai mais calmo, pediu que ele descansasse.

333

— Não, não posso esperar, receio que não haja mais tempo!

Jean deixou que as lágrimas descerem pelo seu rosto, tocado pela emoção com que Henry, apesar de tudo, cobria-o de carinho e atenção.

— Eu omiti muitos fatos de sua mãe, principalmente sobre o homem que ela amou a vida inteira.

Henry, embora não demonstrasse perplexidade, olhou para o amigo espiritual esperando que ele o esclarecesse, mas este nada disse, apenas limitou-se a pedir que voltasse sua atenção ao pai.

— E quem foi esse homem?

— Foi um grande homem. Éramos sócios e muito jovens. Sua mãe era nossa vizinha, os pais dela haviam comprado um pedaço de terra e cultivavam uvas também. Nós três nos dávamos muito bem, até que sua mãe se apaixonou perdidamente. Com a permissão dos pais, ela e meu sócio começaram a namorar. Eu também a amava e fiz de tudo para conquistar o coração dela, mas como amor não se impõe, não deu certo. O namorado dela teve de se ausentar, pois a mãe dele estava doente. Ele lhe escreveu muitas cartas, que eu abria, lia e escondia. A cada carta que chegava, meu ódio aumentava mais e mais. Não suportava saber do amor forte e verdadeiro existente entre os dois. Como fui covarde e canalha...

De repente, Jean teve mais dificuldade para continuar. Pôs as mãos sobre o peito e estremeceu. Em instantes, empalideceu. Henry ainda o segurou e levantou sua cabeça para que pudesse respirar melhor, mas o pai quase não suportando mais a dor que o feria espiritualmente, gritou em lamento:

— Não renegue sua filha como fiz com você. Ame-a muito.

Henry massageou seu peito, mas não obteve resposta. Jean pendeu a cabeça para trás e deixou o corpo físico nos braços do filho, que deixou que lágrimas doídas descessem de seu rosto. Com um gesto nobre, Henry o abraçou e, entre um soluço e outro, disse-lhe:

— Ah, meu pai, que Deus possa agasalhá-lo em seus braços, lavando todos os medos e inseguranças que o acompanharam até este momento. Confie que esse Deus de poder e bondade aceite suas rogativas e seus segredos, pois por pior que tenha sido, era tudo o que sua alma compreendia. Pai querido, eu o perdoo como um filho que sempre procurou estar ao seu lado. Siga em paz, um dia nos veremos novamente.

Após dizer isso, ele se debruçou sobre o pai e chorou muito.

— Henry, não lamente e principalmente não se desespere. A hora de seu pai viver a vida em espírito chegou. Confie, na hora certa ele será recolhido pelos irmãos amparadores. No tempo certo nada lhe faltará, infelizmente isso não depende de você e sim dos princípios morais dele próprio — seu amigo espiritual tentou consolá-lo.

Henry levantou a cabeça e, passando as mãos nas lágrimas que ainda vertiam, lamentou:

— Eu sinto muito por não ter tido tempo para ouvi-lo. Pelo pouco que estudei, sei que sofrerá por seus atos. Não quero que ele se sinta perdido como muitos.

— Não cabe a você lamentar o acontecido. Ele será recolhido em seu tempo e como disse nada podemos fazer. Tudo dependerá dele. Não questione os desígnios do Criador, que é soberano por toda a dimensão do universo.

— Mas sinto que ele queria desabafar suas más ações. Por que não me procurou antes?

— Talvez não fosse a hora... Henry, você é um homem admirável; contudo, não aplica para si os ensinamentos que tanto propaga por esse mundo afora! Onde está aquele jovem que bate no peito e diz que é um aluno aplicado? Por que essa insegurança? Cada um recebe de acordo com seus débitos ou com seus méritos. Você, mais do que ninguém, sabe que só temos o que merecemos. Essa é a lei de todas as dimensões. No planeta Terra ou nas cidades espirituais o dever é o mesmo, nada muda, apenas nos transferimos. Se aqui em seu mundo você for infrator, não terá de pagar por isso? Pois bem, meu caro amigo, faça sua parte e quem sabe assim poderá contribuir para a evolução de seu pai. Suas lágrimas sinceras não foram derramadas em vão, elas selaram mais uma etapa de sua jornada. Confie sempre no amor do Criador e nos ensinamentos do Mestre Jesus. No tempo determinado tudo será esclarecido. Você ainda tem uma grande missão a ser concluída. Firme-se em seus propósitos, pois encontrará conforto e entendimento.

Henry, no mesmo instante, lembrou-se do que o pai havia lhe dito antes de fechar seus olhos definitivamente.

— Está se referindo ao que meu pai disse antes de partir?

— Henry, olhe à sua volta. Essa é sua vida! Se eu responder a todas as suas indagações, deixará de ser a sua vida. Lembre-se de que nesta vida muitos participantes dependem de sua persistência e perseverança. Acredite que nada é por acaso e que as coincidências são a chave de tudo. Meu tempo se findou, precisam de mim. Que a paz de Jesus esteja sempre em seu coração.

* * *

Depois do sepultamento de Jean, Lia, o marido e o irmão ficaram alguns dias na fazenda para organizarem as burocracias normais de uma empresa. Afinal, a industrialização de vinhos não podia parar. Lisa, embora triste pela partida de Jean, sentiu-se amparada pelos filhos. À noite, após o jantar, eles se reuniram na sala para trocar opiniões de como conduzir sem erros a potência que com mérito Jean construíra.

Depois de algumas decisões entre a mãe, os filhos e o genro ficou determinado que Lia e Patrick conciliariam Paris e o mundo dos vinhos, pois Patrick tinha larga experiência com os negócios de Jean. Henry, por sua vez, prestaria auxílio, caso houvesse necessidade. Henry sabia que sobrecarregaria o cunhado e a irmã, mas não havia alternativa. O jovem médico até expôs alguns pontos que tinha em mente, mas abrir mão da Medicina jamais. Poderia ficar em Versalhes e construir um hospital moderno. E todos poderiam voltar à terra onde nasceram. Unidos e com amor poderiam levar grandes benefícios às pessoas da cidade.

Para Lisa, seria uma grande realização ter os filhos ao seu lado e ao mesmo tempo um hospital com recursos, de que, aliás, a cidade necessitava.

Tudo parecia caminhar bem. Os irmãos e Patrick se organizaram da melhor maneira possível. Nada parou, pelo contrário, todos os funcionários trabalhavam com mais empenho, pois gostavam muito do jovem médico.

* * *

Certa noite, todos estavam reunidos à mesa para o jantar, inclusive Lisa. Na hora das refeições, Henry a carregava no colo e a fazia sentar à mesa, cobrindo-a de carinho e gentileza.

De repente, bateram à porta e Julliete foi atender.

— Michael! Precisa de alguma coisa?

— Sim, Julliete, preciso falar com o dr. Henry.

— Mas ele está jantando. Pode voltar outra hora?

Henry ouviu Michael, levantou-se e foi até ele.

— Pode entrar, Michael.

— Mas o senhor está jantando! — disse Julliete implicante.

— Eu sei, Julliete, mas a visita de Michael veio a calhar. Preciso mesmo falar com ele.

— Se é assim, pode entrar, Michael — pediu Julliete desconfiada.

Michael entrou encabulado. Henry o convidou para sentar-se à mesa para jantar.

— Obrigado, dr. Henry. Já jantei, não se preocupe.

— Então, espere-me no escritório. Você já conhece o caminho; assim que eu terminar, falarei com você.

Henry voltou à mesa e todos, em silêncio, esperaram que ele dissesse algo, mas como ele não se manifestou e continuou

POR TODA A MINHA VIDA

sua refeição tranquilamente com se nada tivesse acontecido, Lia, curiosa, perguntou:

— Então, meu irmão, o que quer com Michael?

— Eu? Nada! Ele é quem quer falar comigo.

— Mas eu ouvi muito bem quando você disse querer lhe falar.

— Minha querida irmãzinha, vou propor-lhe um trabalho.

— Trabalho?! Mas faz muito tempo que ele só vem em visita. Você não sabe que Michael não trabalhava mais para o papai?

— É por isso mesmo. Era pupilo de papai, não era? Então, agora que papai partiu, talvez precise de emprego.

— Acho que não devia. Pelos boatos, ele não é muito confiável.

— É mesmo?! E quais são esses comentários, por exemplo?

— Ah! Sei lá. Vinha conversar com o papai e depois sumia por uns tempos. Os funcionários não confiam nele!

— Está querendo dizer, minha querida irmã, que papai compactuava com negócios ilícitos ao lado de Michael?

— Não, Henry! Papai tinha muitos defeitos, mas para os negócios sempre foi correto e nunca nos escondeu nada, pelo menos, não que eu saiba!

— Então temos mais um motivo para recebê-lo e ver o que quer conosco.

Terminaram o jantar, e Henry não comentou absolutamente nada, apenas se limitou a pedir que Julliete levasse três cafés ao escritório. Gentilmente, pediu licença, pousou um beijo na mãe e, antes de se retirar, levou-a em seus braços para a sala.

— Mamãe, sente-se um pouco aqui. Lia vai lhe fazer companhia. Tenho certeza de que têm muitos assuntos para conversarem. E você, Patrick, acompanhe-me.

Patrick olhou admirado para a esposa, contudo não entendeu nada, apenas seguiu atrás do cunhado.

Assim que entraram no escritório, o médico pediu que os dois se acomodassem. Patrick, assustado, não disse nada. Michael, por sua vez, olhou para os dois incomodado.

— Como tem passado, Michael?

— Eu? Eu estou bem.

— Depende a que veio e qual o assunto, tenho certeza de que ficará melhor. Mas conte-me o que o trouxe aqui, meu caro Michael.

— Sabe o que é, doutor, eu prestava um serviço para o seu pai. Agora, depois de sua morte, não sei como agir.

— Michael, o que acha que deve fazer? Ou melhor, se fazia algum serviço para o meu pai, em que acha que eu poderia ajudá-lo? Não sei do que se trata, a não ser que você nos conte.

O coitado tremia muito. Olhando para o irmão de Nicole, que também o olhava intrigado, não sabia o que dizer. Henry não deixou por menos, imaginava que ele fora cúmplice do pai quando aceitara compactuar com o rapto de Nicole por conta de bons lucros. Contudo, a intenção do jovem médico não era puni-lo. Ele queria apenas que Michael lhes contasse os detalhes.

— Então, Michael, não vai nos contar?

Michael começou a gaguejar e num ímpeto pediu socorro:

— Por favor, doutor Henry, ajude-me. Eu era empregado do seu pai, não podia deixar de cumprir ordens dele. Por favor, não deixe que eu sinta mais remorso do que já sinto!

Patrick, intrigado e muito nervoso, intrometeu-se:

— Henry, fale logo o que esse covarde aprontou que eu dou um jeito nele!

— Calma, Patrick. Ele tem em suas mãos alguém que prezo muito; aliás, agora são duas pessoas, não é mesmo, Michael?

Michael olhou-o assustado; em pânico intuiu que Henry se referia à pequena Isabelle. Sem conter tantos sentimentos revoltos em sua alma, colocou as mãos no rosto e chorou muito. Henry, sereno como sempre, porque a emoção nunca fora boa conselheira, deixou o rapaz extravasar sua dor e seu remorso. Julliete bateu à porta e entrou.

— Com licença, doutor, trouxe os cafés que o senhor pediu.

— Por gentileza, pode servir.

Quando notou que Michael estava chorando como criança, Julliete confirmou o que já suspeitava; mas não disse nada, apenas serviu os cafés e se retirou. Para aguçar ainda mais a curiosidade de Lia, Julliete passou correndo pela sala sem olhar para trás.

— O que foi, Julliete, parece que viu assombração!

— Foi pior que isso, menina Lia.

E sem esperar especulações Julliete saiu às pressas e foi para cozinha:

Lisa olhou para a filha e disse cismada:

— Lia, minha filha, aí tem coisa. Não é melhor ir até lá?

— Nem pensar, mamãe. Quem tem juízo, obedece. E eu, mamãe, ainda tenho muito juízo.

Michael mal segurava a xícara. Henry ficou com pena, mas procurou amenizar a situação, pois sabia muito bem que o moço só cumprira ordens do seu pai, que era um ignorante. Conhecia-o havia muitos anos, sabia que era trabalhador, dedicado e de boa índole.

— Michael, o que quer que eu faça?

— O senhor sabe! Com a morte de seu pai não sei como agir, não suporto mais esse segredo!

— Está bem, Michael. Vamos conversar com calma. Pedi que Patrick participasse da conversa para que possamos encontrar uma solução, mas antes, porém, quero saber como estão vivendo.

Muito nervoso, Michael começou a contar:

— Depois da partida de seu pai, passei a sustentá-las, tenho minhas economias.

— Sustentá-las? De quem estão falando? — perguntou Patrick mais que desconfiado.

— Acalme-se, cunhado. Você saberá de tudo, mas é preciso se controlar, senão serei obrigado a pedir que se retire!

Patrick respirou fundo e fez menção com a cabeça, pedindo que Michael continuasse:

— Não é pelo dinheiro que estou aqui, doutor, mas não faz sentido eu ficar com as duas. Não está certo!

— E o que é certo para você, Michael?

— Bem, que o doutor vá até lá e as traga de volta.

— Para você é simples assim? Então eu chego à casa em que elas residem, bato à porta e digo: "Bem, Nicole, vim buscá-las".

Patrick fez menção de se levantar e partir para cima de Michael, mas Henry se adiantou e o segurou.

— Calma, eu sei que sofre diante de tudo isso, mas com toda a certeza não mais que eu. Portanto, sente-se e se acalme. Sei que estamos falando de sua irmã, mas espero por esse dia há anos e não pretendo perdê-la novamente — disse Henry, áspero.

Patrick voltou a sentar-se sem dizer mais nada.

— Michael, você tem ideia do quanto sofri? Do quanto a procurei? Você já parou para pensar que é um dos responsáveis de privar-me de ter Nicole ao meu lado? E também de cuidar de minha filha?

— Filha? — indagou Patrick.

— É, meu cunhado. Eu e sua irmã tivemos uma filha.

Patrick trocou a raiva momentânea pela emoção que aqueceu seu coração ao saber que tinha uma sobrinha.

— Sim, doutor, eu sei o quanto sofreu e ainda sofre, mas tenho certeza de que tudo poderá ser como antes, vocês dois juntos, ou melhor, vocês três ainda serão muito felizes.

— Como pode afirmar com tanta propriedade?

— Por que sei o que Nicole sente. Ela o ama muito. Nunca teve outro em seu coração e sofre tanto quanto o senhor. Estou sendo verdadeiro, acabamos nos entendendo e, aos poucos, travamos uma grande amizade. Ela sempre dividiu comigo seus mais íntimos segredos e nós aprendemos a cultivar bons sentimentos. Aprendi muitas coisas com ela, que lê vários livros sobre a doutrina espírita para mim. Também fazemos o evangelho no lar. Doutor, desculpe, mas Nicole, Isabelle e eu nos tornamos quase uma família. Em suas orações, ela sempre pede pelo senhor e não há um dia sequer que Nicole não ore pelo doutor. Se hoje me arrependo é por ver a vida de outra maneira, agora confio piamente que Deus existe. Por favor, acredite em minhas palavras. A única coisa que Nicole deseja é que o doutor a procure!

— Se Nicole me ama como diz, por que não me procurou?

— Por que temia por sua vida e da menina. O senhor Jean sempre a ameaçou, dizendo que se o procurasse acabaria com a vida do doutor e da neta. Nicole ainda não sabe que ele faleceu. Antes de contar-lhe achei melhor falar com o senhor. E pode acreditar, doutor, vim com o coração aberto e a esperança de que embarque comigo para a Itália. Estou muito arrependido por tudo o que lhes causei; portanto, gostaria de ajudá-lo a ter Nicole novamente ao seu lado. Prometo-lhe que assim que você três estiverem juntos, eu sigo meu caminho. Não saberão mais de mim.

Henry era generoso, embora aparentasse ser um homem linha-dura. Ele tinha o poder de observar as pessoas no auge de suas emoções. Tinha o dom de abstrair o melhor que as pessoas poderiam doar expondo suas verdades. Para ele, a índole de cada um se concentrava no brilho dos olhos, pois os olhos eram a janela da alma que plasmavam sinceridade ou hipocrisia.

O médico ficou em silêncio por alguns segundos e, depois de refletir muito, concluiu:

— Michael, eu desejo realmente ter Nicole e minha filha perto de mim, mas não irei para a Itália! Primeiro, porque não posso me ausentar daqui, pois tenho compromissos a cumprir. Segundo, porque não sei qual seria a reação de Nicole e de minha filha. Isso tudo é muito delicado, poderia causar traumas muitos sérios a Isabelle, na fase adulta.

— Acho que está certo. Mas o que eu posso fazer?

— Daqui a dois ou três dias retornarei a Paris. Você dará um jeito de levar Nicole até mim.

— Mas como?

— Não vai dizer nada, Michael. Invente algo para fazer em Paris. Quais são os lugares que costumam frequentar?

— Bem, para falar a verdade, Nicole pouco foi a Paris. Uma vez foi comprar a roupa de aniversário de Isabelle, isso porque insisti muito; e outra para encomendar o presente de Patrick e Lia.

— Mas só? Não foi a mais nenhum lugar?

— Ah! Lembrei-me. Quando compramos o presente dos noivos, fomos à doceira Le Petit enquanto uma das peças ficava pronta para que Nicole aprovasse!

— Você vai me acompanhar a Paris para conhecer os lugares em que trabalho. Não haverá erro, você saberá onde me encontrar, assim não terá desculpa de não me avisar!

— Ótima ideia, doutor. Se por acaso nos desencontrarmos saberei onde achá-lo.

— Agora me diga, de quanto precisa para que nada falte a elas?

— O que é isso, doutor? Tenho minhas economias, não se preocupe!

345

— Eu faço questão, suas economias são suas. E depois, não disse que vai seguir seu caminho? Pois bem, vai precisar muito de suas economias!

— Está certo, prometi e vou cumprir — respondeu Michael sem jeito.

— Espere um pouco, vou providenciar uma quantia para levar.

Henry se levantou para deixar Michael na companhia de Patrick. O empregado fez menção de se levantar também, porém o médico pediu:

— Conte a Patrick sobre sua sobrinha.

Michael ficou sem reação, e assim que a porta se fechou atrás de Henry, Patrick se rebelou:

— Como pôde fazer isso, Michael? Fomos criados juntos! Você não calcula quanto sofrimento causou a nós! Pensamos que Nicole estivesse morta!

Depois do desabafo, ele esperou que Michael dissesse alguma coisa, mas foi em vão, não obteve resposta:

— Não vai dizer nada?

— O que eu poderia dizer? Você já ouviu tudo!

— Mas Henry deixou claro que sabia do paradeiro de minha irmã!

— Sim, o doutor Henry já sabia. Quer dizer, não confirmei o local exato, apenas que estava na Itália.

— Então foi isso? Mas ele não comentou nada comigo.

— É, você o conhece melhor que eu. Ele é muito esquisito.

— Esquisito? Ele é muito esperto, isso sim! Sempre faz isso, observa, espera... Depois, toma uma atitude.

— Pelo visto você também tem medo dele?

— Quem? Eu? Pare com isso. Eu o respeito, sempre soube resolver tudo, mas concordo com você quando diz que ele é meio esquisito; nunca sabemos o que está pensando; em compensação, ele percebe em nós até o que não queremos.

— É, para quem diz que não tem medo... você o respeita demais. Não acha?

— Que é isso? Você está muito enganado! Já tive sim, receio. Ele se impõe em qualquer circunstância, porém é um homem justo. É firme, sabe até onde pode ir, dá corda e chega aonde quer. Até hoje não conheci ninguém igual a ele; sempre abstrai a verdade e o melhor das pessoas.

— Você tem razão. Leio muito sobre ele, e pela opinião pública dizem que é um homem humanamente extraordinário!

— Você lê tudo sobre ele?

— Para falar a verdade, guardo tudo sobre sua vida. Sei onde está, em que cidade, onde ministrará palestra, que tem um orfanato e quais os hospitais em que é voluntário. Nem sua irmã possui tanto material sobre ele como eu. Muitas vezes, penso comigo: "Como o sr. Jean pôde ter um filho como ele, tão querido pelas pessoas?" Antes eu achava, agora tenho certeza de que ele não puxou nada ao pai.

Michael não percebeu, mas se empolgou tanto que acabou descontraindo o clima e fez com que Patrick se esquecesse da mágoa que cultivara durante anos. Patrick lembrou-se de quando ainda eram bem jovens e pôde sentir que o rapaz continuava o mesmo garoto bom de antes. E, como se nada houvesse acontecido, deixaram a conversa fluir harmoniosamente.

— Michael, como vai minha irmã?

— Muito bem. Está mais bonita depois do nascimento de Isabelle. O dr. Henry vai se encantar quando encontrá-la. Isabelle, então... Tem os olhos verdes do pai e é uma garotinha linda!

— Queria saber...

— O quê? — perguntou Michael.

— Por que fala de minha irmã como se fosse da sua família?

— Patrick, você pode não aprovar, e com razão, mas somos como irmãos.

Patrick gentilmente estendeu sua mão para Michael, que, com um sorriso enorme, retribuiu:

— Patrick, perdoe-me por tudo o que lhe causei e a seus pais. Mas, olhe, cuidei muito bem de sua irmã e de sua sobrinha.

— Por certo que sim. Vamos esquecer tudo isso e esperar que Henry e Nicole se entendam.

Quando Henry retornou ao escritório os dois já haviam se entendido. Michael se despediu com a alma feliz e foi embora, deixando Henry e Patrick no escritório.

— Conto com sua discrição. Por favor, sem comentários, sabe que Lia vai atormentá-lo para saber o que houve; apenas diga que acertei uma pendência que meu pai deixou.

— Mas por que guardar segredo? Achei que fosse correr feliz e contar tudo para sua mãe.

— Patrick, sei o que estou fazendo. O que acha que poderá acontecer com minha mãe no estado que ela está? Tenho de arrumar um jeito e prepará-la, sua saúde está cada vez mais delicada.

POR TODA A MINHA VIDA

— Mas pensei que... — Henry o cortou:

— Do que acha que sou feito? De pedra? — perguntou e respondeu ao mesmo tempo Henry. — Todos me consagram como se eu estivesse acima de tudo e de todos. Mas não é assim. Você acha que não sinto nada? Minha vontade é sair pelos quatro cantos desta fazenda e gritar que eu a amo e que finalmente vou tê-la em meus braços. Patrick, não sabe o que estou sentindo neste exato momento. Meu corpo todo está trêmulo igual ao de um garoto de quinze anos que ganha o primeiro beijo. Puxa, cunhado, como amo sua irmã... Parece um sonho! E eu tenho uma filha! Você sabe o que é isso, cunhado?

Patrick não respondeu, apenas o abraçou. E, muitas vezes, um abraço é muito mais encorajador do que qualquer palavra.

Capítulo 30

A HISTÓRIA

Henry finalmente pôde dar alegria à sua alma. Em tempo algum foi vencido, sabia que a paciência e a perseverança andavam lado a lado e que seu amor, embora tivesse nascido quando ele era apenas um garoto, não deixava de ter seu valor. Naquela noite, ele se deitou, mas não conseguiu dormir. Em seus pensamentos eufóricos via o rosto da filha. Sua alegria era tão singular que parecia o homem mais rico de sentimentos da face da Terra. Já era alta madrugada quando conseguiu adormecer. Sonhou novamente com Rosa, com seu irmão João, com Germano e com Cláudia. Só que seu sonho tomou mais forma e, aos poucos, ele pôde ver cada um em suas verdades. E como em um filme, concentrou-se nos personagens que, em algum outro tempo, haviam contracenado com ele. Ciente, deixou-se levar.

Viu-se novamente em uma cadeira de rodas, em sua humilde casa, observando sua amada esposa nos afazeres domésticos com o ventre enorme, próximo do nascimento do filho. Januário, angustiado por se encontrar paraplégico, remoía o acidente com o cavalo que o colocara naquele estado limitado, que o obrigava a se sujeitar ao pouco que seu irmão João lhe dava como esmola para se sustentar. João, como prometera, casou-se com Cláudia, filha de Germano, que também estava à espera de um filho. Logo depois do fatídico casamento, Germano ficou doente e faleceu, sem motivo aparente. Ambicioso, o genro passou a ser dono de tudo e enriqueceu à custa dos empregados, que mais pareciam escravos. A esposa, ingênua, procurava intervir, mas de nada adiantava. Por amá-lo muito, ela se sentia insegura e tinha medo de perdê-lo. Cláudia também sofria maus-tratos e se submetia a humilhações constantemente.

Januário, por muitas vezes, chorava em segredo, pois João cruelmente o classificava de estorvo e peso inútil. Cláudia amava muito o casal, ao lado deles, sentia-se segura e fortalecida. Visitava-os às escondidas.

* * *

— Cláudia, por que sofre tanto? Onde está aquela moça feliz e cheia de vida, que comandava os negócios do pai admiravelmente? Hoje você chora as poucas migalhas de atenção do seu marido!

— Ah, Januário, não consigo ser a mesma. Às vezes, tento reagir, mas tenho medo de que João me abandone. Eu o amo muito.

POR TODA A MINHA VIDA

— Mas não vê que João só pensa em enriquecer? — retrucou Rosa.

— Eu sei, mas não me falta nada. Alimento-me bem, ele me compra roupas, sapatos! De que mais preciso?

— De ter a sua vida, de ser você mesma. Você precisa se amar. Não vê que não significa nada para ele?

— Calma, Rosa! — interveio Januário.

— Januário, Cláudia precisa acordar, daqui a pouco vai ter o mesmo fim que o pai.

— Rosa, chega, já foi longe demais!

— O que quer dizer igual com isso? — perguntou Cláudia em choque.

— Rosa não quis dizer nada, Cláudia. Ela, às vezes, diz coisas sem sentido! — interveio Januário a tempo.

Rosa silenciou em arrependimento.

— Você disse sem pensar, não foi, meu amor?

— Sim, perdoe-me, Cláudia, não quis dizer isso, apenas sinto muito por você deixar se humilhar, pois tem todas as oportunidades do mundo para mudar essa situação.

— Mas eu o amo muito. E se ele for embora?

— Não diga uma asneira dessa. Você acha que João iria deixar essa fortuna toda só para você?

— Por favor, Rosa, vamos parar por aqui!

— Cláudia tem tudo em suas mãos. Tudo bem, Cláudia, vamos esquecer esse assunto. Não tenho direito de dar palpites, perdoe-me mais uma vez.

— Como gostaria que João e eu fôssemos iguais a vocês, que se amam e são cúmplices em tudo, mesmo depois que Januário ficou...

— Impossibilitado? — continuou Rosa.

— Perdoe-me, eu não quis dizer isso!

— Não quis dizer, mas pensou. Não tem importância, Cláudia, mesmo depois do trágico acidente com meu Januário nada mudou entre nós. Nosso amor é muito mais forte que qualquer impedimento. O problema dele não há de me afetar e se eu tivesse de voltar atrás faria tudo de novo. Januário é o homem da minha vida.

O homem carinhosamente segurou as mãos de Rosa entre as suas e as beijou repetidas vezes.

— Saiba que eu a amo mais que tudo em minha vida.

Cláudia, depois de alguns segundos de reflexão, concluiu:

— Gostaria muito de poder ajudá-los.

— Cláudia, não se sinta obrigada a nada, sabe que já nos ajuda com os fregueses que semana sim, semana não, vem comprar nossos doces. Até que nos viramos muito bem com a venda deles, não é mesmo, meu amor?

— É verdade, Cláudia. Esses doces são uma mão na roda, não nos falta absolutamente nada. Até conseguimos terminar o enxovalzinho do nosso rebento — brincou Januário.

— Vocês são mesmo abençoados, é maravilhoso participar da felicidade de vocês.

Passaram-se alguns dias e Januário e Rosa foram abençoados com a chegada de uma linda menina, que levou ainda mais harmonia àquela humilde casa.

* * *

Henry acordou assustado, com o coração pulsando fortemente em seu peito. Aos poucos, recobrou o raciocínio e disse a si mesmo: "Eu conheço aquele homem. Deixe-me lembrar. Não consigo. É melhor tomar uma água".

Assim, ele se levantou, colocou água no copo e ingeriu. Voltou e sentou-se na cama, com memória aguçada e começou a falar sozinho:

— Eu sei que o conheço. Mas quem é?

— Com toda certeza você os conhece, puxe pela memória!

Henry ficou feliz com a presença do amigo espiritual.

— Não pode ser, você é o sr. Germano? — disse admirado para seu amigo.

— É isso mesmo, meu caro. Procure se lembrar o que cada um representa em seu sonho. É a sua história, Henry!

Henry fechou os olhos e, aos poucos, reconheceu cada um. Nicole era Rosa; Cláudia, sua mãe Lisa; João, seu pai Jean; Germano, seu amigo espiritual; e finalmente ele, Januário.

Finalmente, o médico deixou que a emoção tomasse conta de sua alma. Era maravilhoso ter permissão do Criador para reviver todos os personagens da sua própria história. Quando Henry abriu os olhos, vislumbrou as mãos de seu amigo espalmadas sobre si, com muitos cordões prateados a iluminar seu quarto.

— Fico feliz por você ter tido compreensão para com seu pai. Jean precisava muito de seu perdão para continuar sua jornada.

— Eu não fiz nada que mereça agradecimento, apenas procurei contribuir para meu próprio adiantamento.

— Por que nunca se apresentou a mim como Germano?

— Por que nessa minha última encarnação tive a oportunidade de cooperar para que você cumprisse sua parte e findasse os laços amargos com Jean. Henry, lembre-se de que não podemos colocar tudo a perder. Independentemente do meu nome, nada mudaria o que você tinha a cumprir.

— Se todos temos provações, por que você não está nessa história conosco?

— Henry, sua alma é generosa e tem seu tempo, lembra-se? Terá respostas para todos os seus anseios; porém, treine sua paciência. Há muito o que ser respeitado. Henry, não se esqueça de que lhe quero muito bem. Despeço-me com muita alegria por tê-lo como meu amigo. Até mais.

O amigo espiritual volitou e desapareceu.

* * *

Na manhã seguinte, Henry passou no quarto da mãe e a ajudou a se arrumar para o café da manhã. Todos se reuniram na sala de jantar com alegria.

— Meu irmão, ontem demoraram tanto para sair do escritório que mamãe e eu fomos dormir.

— Que bom, sabe que nem percebi as horas passarem?

— E qual foi o assunto? — perguntou Lia curiosa.

— Ah, minha irmã! Sempre curiosa, mas fique descansada, apenas falamos de negócios, não foi, Patrick?

— Sim, só falamos de negócios.

— Que tipo? — insistiu Lia.

POR TODA A MINHA VIDA

— Minha irmã, apenas acertei uma pendência que papai havia deixado. Lia, deixe de ser tão curiosa. Enquanto eu estiver por aqui resolverei os problemas que ficaram pendentes. Quando eu voltar a Paris, você terá todo o tempo do mundo para se inteirar dos negócios. Bem, se nos derem licença, Patrick e eu vamos deixá-las, há muitas coisas a serem resolvidas ainda.

Carinhoso, ele beijou a mãe e a irmã e saiu em companhia do cunhado. Henry não parecia nada com o médico da romântica e movimentada cidade de Paris. Usava botas até o joelho e um chapéu de *cowboy* e estava montado num cavalo, como era costume de Jean. Andou por toda a fazenda inspecionando o andamento dos funcionários. Cumprimentou a todos com bom humor e simpatia. Depois de andar bastante e acertar as pendências, pediu que o cunhado seguisse para casa. Esperou que Patrick se distanciasse e parou diante da casa de Pierre e Marietta. Desceu e bateu palmas. A emoção era grande.

— Ó de casa! — gritou entrando na pequena sala. Quando Marietta apontou na porta, encontrou o jovem médico ali parado. Apressou os passos e o abraçou com lágrimas nos olhos, sem conseguir falar. Henry segurou em suas mãos e as beijou:

— Ah! Dona Marietta. Quantas recordações esta casa me traz!

— Ah! Meu querido, como está?!

— Estou bem, mas não quero que chore.

— Mas como segurar as lágrimas? A emoção de tê-lo aqui tão próximo de mim é muito grande. Quando o olho, é como se sentisse minha filha ao seu lado.

357

Henry calou-se, mas sabia que teria de tocar no assunto. Antes que ele respondesse qualquer coisa, Marietta concluiu:

— Desculpe, não deveria ter tocado no assunto.

— Não tem importância, dona Marietta, é sempre bom expormos nossos sentimentos, faz bem ao coração. Só assim nos sentimos melhor.

— Você continua o mesmo. Sempre gentil e com uma palavra de carinho na ponta da língua. Estou feliz que tenha voltado.

— Agradeço o carinho de todos, principalmente da senhora. Sempre que puder, estarei por aqui, mas tenho meu compromisso como médico em Paris e meus pacientes precisam de mim.

— Eu sabia que ouviria isso de você. Você nasceu para ser médico e deve seguir seu coração. Desde menino sonhou com isso. Estou bem informada, sei que é um médico muito dedicado, pena que minha Nicole foi descabeçada e não o acompanhou. Eu lamento muito.

— Dona Marietta, é sobre isso que vim lhe falar; temos de falar sobre Nicole.

— Já sei, quer se casar e pensou que eu fosse ficar triste! Não se preocupe, se existe alguém que merece ser feliz, é você, meu filho.

— Não, dona Marietta, não é isso. Eu amei uma única mulher em minha vida: Nicole.

Marietta chorou e, sem graça diante da generosidade de Henry, ouviu-o:

— E se eu lhe disser que sua filha não sumiu? Pelo menos, não como a senhora supõe.

Marietta ficou pálida e com as mãos gélidas. Seu coração, já disparado pela alegria de ver Henry, acelerou com mais violência.

— Por que diz isso, meu filho? Sabe de alguma coisa? — perguntou com a voz embargada.

— Dona Marietta, eu sei onde Nicole está.

— Não consigo entendê-lo; se minha filha saiu daqui para morar com outro, por que insiste em procurá-la?

— Dona Marietta, se não se acalmar e continuar fazendo suposições, não conseguirei concluir meus pensamentos.

Marietta, com um lencinho que tirou do avental, enxugou as lágrimas que desciam emotivamente e respondeu:

— Está certo, meu filho, vou me acalmar. Continue, estou pronta para ouvi-lo.

Henry contou-lhe tudo, desde o dia em que a pedira em casamento, até o presente momento. E finalizou:

— Eu preciso muito de seu auxílio.

— Mas como posso ajudá-lo? É só ir buscá-la e pronto!

— Mas o auxílio de que preciso é com minha mãe.

Depois de alguns instantes Marietta respondeu:

— Entendi, precisa preparar sua mãe. Lisa, a cada dia, encontra-se mais frágil.

— Exatamente, gostaria de pedir que a senhora fosse mais vezes visitá-la. Ela precisa de companhia. Para ela tudo é difícil!

— Mas não costumo visitá-la, ela vai desconfiar!

— Talvez sim; contudo, meus propósitos são outros.

— Seus propósitos? Esclareça-me, meu querido.

— A verdade é que gostaria que a senhora e o sr. Pierre fossem morar lá em casa.

— Mas como vamos mudar para a casa de *madame*? Não tem cabimento. O que sua mãe dirá?

— Eu entendo, vendo a situação friamente, de fora, é um despropósito para resolver assim de imediato; mas não há mais impedimento. E, depois, somos uma família, independente de ter Nicole ao meu lado ou não; afinal, a senhora e o sr. Pierre são sogros de minha irmã!

— Tem certeza, meu querido?

— Nunca tive tanta certeza em minha vida! Apenas gostaria de oferecer uma qualidade de vida melhor a vocês.

— Não sei não, Henry. Há tantos anos que vivo aqui.

— Eu preciso que a senhora e seu marido estejam ao lado de minha mãe quando eu trouxer Nicole de volta.

— Henry, sua certeza é tão grande que trará Nicole de volta que temo por você.

— Pois não tema, eu a amo e sei que ela cultiva o mesmo amor por mim.

— O que lhe dá tanta certeza?

— Minha alma, sra. Marietta. Eu sei que precisamos estar juntos!

— Está bem. Mas devo ser sincera, farei isso por você; porque se fosse por Nicole não faria.

— Ainda guarda mágoa de sua filha? Não está acreditando no que lhe contei?

— Desculpe, mas ainda não acredito em tudo isso.

— Tudo bem. Respeito sua opinião. Contudo, conto com seu auxílio. Amanhã Patrick virá buscá-los.

Henry se despediu de Marietta e montou no cavalo; antes de se distanciar, a senhora lhe disse:

— Desejo que seja feliz, meu filho!

— Eu serei, pode acreditar — respondeu em tom alto.

Henry chegou e logo o almoço foi servido. Todos se sentaram à mesa:

— Mamãe e os demais, e você também Julliete, trago uma novidade.

— Até para mim? — perguntou Julliete admirada.

— Para todos desta família; e você, Julliete, faz parte dela!

— Conte logo, meu irmão. Do que se trata?

— Senhor Pierre e dona Marietta virão morar aqui.

— Meus pais? De onde tirou essa ideia? — perguntou Patrick atônito.

— Não sei por que tanto espanto! Seus pais não são sogros de sua esposa?

— Sim, é que... — gaguejou Patrick.

— Eu explico. Não perdendo o respeito pelo meu pai, pois sempre o amei e o aceitei como ele era, gostaria da permissão e aprovação da dona da casa para que eles venham para cá. Quero dar uma vida melhor para seus pais. Ou acha que eles não merecem?

— Claro que meus pais merecem, só estou um pouco surpreso com a notícia.

— Por mim, tudo bem. Fico muito feliz, aliás, como não pensei nessa possibilidade?

— Por que tem seu filho para pensar pela senhora — brincou o jovem.

— Ah, meu querido! Ainda bem que tenho você, está aprovadíssimo seu pedido, meu filho! Quando eles chegam?

— Que bom que está feliz, mamãe. A senhora precisa de muita alegria nesta casa. Chegam amanhã. Peço que Patrick ajude-os com algumas coisas, como roupas, sapatos etc. Enfim, com os pequenos objetos de que necessitam.

— Meu irmão, ainda fico surpreso com você.

— Está feliz também, Lia?

— É claro, sua atitude foi providencial.

— Lia, faço questão de que comprem tudo novo. Conto com você.

— Fique tranquilo, irmão, amanhã mesmo vou providenciar!

Capítulo 31

Um feliz acordo

Naquele mesmo dia, depois do almoço, Lisa pediu que o filho fizesse companhia a ela na varanda.

— Henry, meu filho, vamos nos sentar lá fora? Está uma tarde linda. Gosto desta época do ano, o céu azul e a neve enfeitando as árvores me fazem bem!

Henry, satisfeito por ver a mãe alegre, acomodou-a na cadeira de rodas cobrindo-a com uma manta para aquecer suas pernas.

— É, meu filho, faltam poucos dias para o Natal. Precisamos enfeitar uma árvore.

Apreciando o vasto campo coberto pela neve, Lisa deixou seus pensamentos voltarem à nostálgica infância de Henry, Lia, Nicole, quando eles brincavam com a neve que caía. Henry fixou seus

olhos na mãe imaginando o que o poderia estar passando por seus pensamentos, mas não a tirou de seus devaneios.

— Henry, estou muito feliz de ter você e Patrick aqui comigo e se inteirando novamente dos negócios de seu pai. Contudo, quero que saiba que não sinto a partida de seu pai. Sei que nós, seu pai e eu, precisamos nos perdoar, mas ainda não consigo me libertar de alguns sentimentos que me magoaram durante muitos anos.

— Eu sei que nada que eu disser vai aliviar tantos sentimentos desencontrados; porém, podemos pedir ao Criador que traga entendimento à nossa alma e dissipe sentimentos desnecessários à nossa evolução, para a partir daí perdoarmos e sentirmo-nos livres das amarras que nos arrastam pelas muitas encarnações e deixam marcas doentias no nosso eu verdadeiro.

— Você o perdoou, não foi?

— Eu sei que não é tarefa fácil; porém, perdoei-o de todo o meu coração. Antes de ele partir, conversamos bastante e devo dizer que nos entendemos.

— O que exatamente conversaram?

— Mãe, do que tanto tem medo? Eu sempre soube que a senhora e meu pai nutriam muitos ressentimentos, mas nada do que houve entre vocês vai mudar o que sinto por cada um! — respondeu Henry.

— Mas o que realmente ele lhe contou, meu filho?

— Mãe, nada do que conversamos mudará algo entre nós; papai e eu já nos entendemos e nos perdoamos. Eu só peço que não se condene por suas desavenças, a senhora, mais do que eu, sabia os motivos de tantos desentendimentos. Não estou aqui para julgar ninguém, amei meu pai mesmo ele fazendo diferença entre mim e Lia, e a amo de toda a minha alma. O dia que conseguir perdoar, sentirá o mesmo alívio que sinto agora. Não guardo nenhum ressentimento; afinal, o fato de ele ser meu pai nunca mudará.

Embora Henry não tivesse descoberto o segredo da mãe, Lisa ficou receosa. Muitas vezes, quando cometemos algum erro deparamos com o terrível medo de que alguém possa descobri-lo, como Lisa, por exemplo. Nada foi revelado ao jovem médico para que ela pudesse perder o amor e a atenção dele. Contudo, a consciência nos cobra terrivelmente e, mais do que isso, podemos esconder os segredos de todos, durante toda a nossa encarnação, mas de nós e do Criador jamais conseguiremos. Portanto, não devemos nos maltratar, pois tudo será resolvido. E, claro, para ser perdoado, é preciso que se perdoe primeiro, de alma limpa e com a verdadeira intenção de nunca mais sentir raiva. Só assim receberemos a misericórdia divina do nosso Pai. Todos nós somos livres para escolher por onde seguir, mesmo que esse caminho não seja o correto. Henry, continuou:

— Eu, minha mãe, sempre soube que você nunca amou meu pai. E talvez ele também nunca a tenha amado. Apenas tinha sentimentos e, no seu orgulho cego, não admitia derrotas.

Quanto mais Henry falava, mais Lisa suspeitava que o filho estivesse sabendo demais.

— Por que sempre sabe o que nós sentimos se não nos abrimos? E por muitas vezes nós mesmos não sabemos com exatidão nossos pensamentos?

— Engano seu, minha mãe. Nem sempre sei o que as pessoas sentem; porém, quando elas fazem parte do meu convívio, não acho isso tão difícil, basta observar. E durante toda a minha vida senti que nunca houve amor entre a senhora e meu pai.

Lisa não queria prolongar o assunto com o filho, tinha medo do que poderia escutar. Mas, num ímpeto, não aguentou e fez uma pergunta, arriscando o que poderia vir ao seu encontro:

— Se amamos com a alma, por que desistiu de procurar por Nicole? Não era amor o que sentia?

— Eu não desisti.

Lisa, mais uma vez, sentiu que não era páreo para o filho. Ele sempre tinha uma resposta na ponta da língua.

— Às vezes, acho que nunca amou Nicole. Parece tão passivo!

— Nicole deve ter tido seus motivos para sumir da minha vida; mas ela voltará.

— Henry, acredita mesmo nisso?

— Com certeza absoluta.

— Você tem razão, ela deve ter tido muitos motivos mesmo para sumir. Nicole jamais fugiria com um... — Lisa parou de falar a tempo.

— Jamais fugiria com um...? A senhora tem algo a me falar, mamãe?

Lisa sentiu um frio percorrer-lhe a espinha. Olhou para o filho e não sabia se contava ou não o que guardara em segredo.

POR TODA A MINHA VIDA

— Mãe, fiz uma promessa para duas almas, uma foi para meu pai antes que partisse e a outra para um amigo que prezo muito. Portanto, tenho certeza absoluta que vou encontrar Nicole mais rápido do que a senhora espera.

— Meu filho, sabe de alguma coisa? Só falta Nicole aparecer para que eu possa partir em paz!

— Mamãe, não diga isso. Sabemos que um dia todos nós partiremos, mas não use de subterfúgios para se redimir!

— Por que está me acusando, meu filho?

Lisa ficou muito nervosa com a altivez do filho.

— Mamãe, muitas vezes está em nossas mãos solucionar o que adiamos tanto. Infelizmente, não é assim que devemos proceder, porque sendo de nossa vontade ou não, deparamos com o problema mais à frente. Nem sempre podemos deixar para outro dia o que podemos resolver hoje. E sabe por quê? Porque esse momento poderá nos escapar e talvez não tenhamos outra oportunidade.

— Sinto muito que durante toda a minha vida não tenha tomado uma atitude por covardia, por medo.

— Mãe, esse sentimento de medo e covardia que sentiu durante toda a sua vida a fez adoecer dessa maneira.

— Não estou entendendo o que quer dizer, meu filho.

— Querida mãe, quando algum problema chega, ou melhor, alguma provação, isso é para a nossa evolução, nosso amadurecimento. Eu sei que às vezes é difícil e doloroso. Mas pensando assim, deixamos que essas vibrações tomem conta de nossa vida. Pensamos que o tempo vai se encarregar de tudo, e logo tudo estará solucionado. Contudo, nem sempre funciona dessa forma. Cada caso é um caso. Temos de analisá-lo com cuidado e sabedoria, senão o tempo que temos para solucionar a questão passa e perdemos a oportunidade valiosa de crescer. Um dia, aquele problema que deixamos para trás vem à tona e, de um jeito ou de outro, teremos de resolvê-lo, pois nada fica pelo caminho. E pior, deixamos que a oportunidade se apodere de nosso corpo físico, causando consequências dolorosas em forma de doenças. Geralmente, é mais fácil sentirmos pena de nós mesmos.

— Meu Deus, por que não me ajuda? — lamentou Lisa fragilizada.

— A dor, a mágoa, o rancor e o ódio causam as enfermidades. São como chagas abertas, não no corpo físico, mas no corpo espiritual. Essas provações são oportunidades que Deus nos confia. Com frequência, acovardamo-nos e escondemos algo que nem diz respeito a nós, mas sim a terceiros. Dessa forma, contribuímos para que nosso irmão deixe de praticar seu livre-arbítrio.

— Ah, meu filho, perdoe-me.

— Não é preciso se desculpar. Apenas gostaria que tentasse achar uma saída, só assim ultrapassará os obstáculos da sua valiosa estada aqui. Afinal, foi para isso que voltamos a este planeta, para evoluirmos e findarmos nossas tarefas tão treinadas pelos nossos amparadores do invisível. Sempre que posso digo aos meus pacientes: "grite mais alto se alguém perder o respeito por vocês, responda à altura se alguém os ferir", pois se não reagirmos a insultos desnecessários, sofreremos as consequências em nosso corpo físico. Não devemos magoar, humilhar nem ofender a terceiros, mesmo com a razão a nosso favor, da mesma forma que não devemos permitir que outros faltem com o respeito conosco. Se não agirmos dessa forma, seremos vítima da inércia, que causa enfermidades desnecessárias.

— Você, meu filho, acha que sou fraca, perdedora?

— Não, minha mãe, mas sinto que prefere deixar que os outros tomem atitudes que a senhora não quer tomar.

— Mas por que, meu filho?

— A senhora sabe a solução, contudo, prefere ser frágil, a coitadinha perdida em suas próprias incertezas.

Lisa, perplexa com a sinceridade do filho e ao mesmo tempo magoada pois ele nunca havia falado com ela daquela maneira, abaixou a cabeça sem nada dizer. Henry, sentindo que fora duro com a mãe, quebrando o silêncio concluiu:

— Mãe, não disse tudo isso para magoá-la, mas para reconhecer que é passiva demais, ao extremo, eu diria.

Lisa sentiu o coração bater no peito com mais vigor; as lágrimas desciam e denunciavam sua fragilidade. Henry tomou suas mãos entre as suas e continuou:

— Mãe, amo-a muito e sempre estarei a seu lado. Mas pense comigo, lembre-se de quando era apenas uma jovem, de suas perspectivas, de seus sonhos, enfim, volte ao tempo em que sua vida em plena vitalidade estava apenas se iniciando. Por favor, lembre como tudo começou, de quando conheceu o homem por quem se apaixonou, como era sua vida com seus pais. E no colégio que estudou com quem se identificou mais? Com quem trocava seus segredos?

Henry falava devagar para que a mãe voltasse anos antes. Emocionada, ela chegou a sentir realmente "aquela" Lisa feliz, expansiva, extrovertida, vistosa; ocupada com seus afazeres no lar em companhia da mãe; no colégio, onde seus maiores sonhos eram o assunto entre as amigas! Sentiu saudade. Ela voltou no tempo tentando buscar na memória o resgate que já não fazia mais sentido, pois tudo se perdera no vão da estrada onde restou somente lamento e dor.

— Aonde quer chegar, meu filho?

— Aonde está neste momento! Aonde seus olhos brilham com efusão. Diga-me, onde está esse amor que a levou a muitas lamentações?

Num rompante de amargura por não se esquecer do verdadeiro amor de sua vida, Lisa gritou:

— Por que, meu filho? Por que me lembrar de quando fui a pessoa mais feliz deste universo?

Henry ajoelhou-se diante da mãe abraçando-a com força e disse:

— Perdoe-me, mas precisava chegar nessa história. Sei que ela é sua e pertence somente a senhora. Contudo, preciso entender de onde vem essa Lisa que quer se punir e sofrer tanto! Tudo para a senhora tornou-se difícil. É penoso ter de acordar todos os dias, alimentar-se, e, para falar a verdade, é difícil viver, não é? É como se isso fosse atirá-la na cova dos leões! Mãe querida, sente-se a mais infeliz das criaturas, ao passo que deveria agradecer e dizer: "Obrigado, Senhor, por tudo o que possuo! Obrigado, Senhor, pelo conforto do meu lar! Obrigado, Senhor, pelos filhos que vieram ao mundo através de mim! Obrigado, Senhor, pelos netos que ainda virão encher--me de alegria!".

Lisa foi tomada pelo choque, lembrando-se de Nicole, que saíra de sua casa com um neto no ventre, despertou para a realidade como se tivesse sido arrancada de um sonho profundo. Soluçando, fixou o olhar nos olhos do filho e disse:

— Meu filho querido. Preciso lhe contar um segredo que guardo comigo e que nunca deveria ter ocultado de você!

Henry, sem dizer uma só palavra, esperou que ela se pronunciasse e entendesse que já não poderia fugir de um ato onde o protagonista merecia ter um final feliz. Que não seria correto deixar inacabada uma bela história; mas sim terminar o roteiro onde a participação de cada personagem foi fundamental.

— Henry, meu filho, só espero que entenda minhas razões e que possa perdoar minha omissão.

— Pode falar, minha mãe, nada mudará o que sinto pela senhora.

— Sabe aquele dia em que você veio me visitar e prometeu casar-se com Nicole?

— Sei, minha mãe, como eu poderia me esquecer? Foi a última vez que a vi...

— Meu Deus, como lhe dizer?

— Dizendo, mamãe. Sei que deve ser muito importante tanto para a senhora quanto para mim!

— Quando Nicole sumiu de casa, ela estava grávida. Esperava um filho seu... Mas antes que me condene, deixe-me explicar os meus motivos...

— Calma, mamãe.

— Estou lhe dizendo que Nicole foi embora esperando um filho seu, e você aceita com essa naturalidade?

Henry sorriu com os olhos brilhando de felicidade. Lisa, nervosa, começou a questionar desordenadamente, sem entender nada:

— Henry, o que está havendo? Perdeu o respeito por sua mãe?

— Obrigado, Senhor, por ela ter conseguido! — gritou o médico com alegria.

Lia e o esposo foram até a varanda para ver o que estava se passando. Assustada, Lia perguntou:

— Mamãe, Henry, o que houve, estão loucos?

Henry abraçou a mãe, e Lisa também ria sonoramente, embora sem entender absolutamente nada do que estava acontecendo.

— Por favor, alguém poderia me explicar essa loucura? Vocês dois riem, mas a boba aqui quer entender também...

— Ah, Lia, minha irmã, não estou louco, estou feliz! Agora sim, já posso participar a vocês a minha felicidade!

— E qual é o motivo para tanta felicidade?

Henry pegou a mãe nos braços e entrou feliz.

— Julliete, querida, ainda tem aquele bolo de que tanto gosto? — inquiriu Henry.

— Tem sim, senhor.

— Então, traga com um bom café para comemorarmos!

Lia e Patrick estavam perplexos. Pararam um ao lado do outro à espera de uma explicação.

Lisa, ansiosa e sem saber o que o filho havia aprontado, pois sempre vinha com alguma brincadeira, pronunciou-se:

POR TODA A MINHA VIDA

— Henry, por favor, coloque-me no sofá e se explique.

— Vocês não calculam o que estou sentindo!

— O que está sentindo eu não sei, mas com certeza enlouqueceu. Daqui a pouco a vila toda virá internar o médico da família que não se encontra em seu estado normal! Grita feliz, porém sem motivo aparente!

— Pois então, sentem-se, vou lhes explicar.

Julliete, que vinha com o bolo, parou, deu meia-volta e já ia se retirando para deixar a família à vontade.

— Quero que fique, Julliete. Afinal, faz parte da família. Sente-se perto de mamãe.

— Bem, mamãe e eu estávamos tendo uma longa conversa e, entre um assunto e outro, ela me contou que quando Nicole partiu estava grávida...

Lia deu um pulo de susto e gritou:

— Grávida? Meu Deus, de quem?

— Do seu irmão, ora essa! — retrucou Patrick.

— Do meu irmão? Como sabe?

— Não sei, só estou deduzindo...

Henry rindo sonoramente interferiu:

— Lia, não pressione seu marido; ele tem razão, claro que o filho é meu; ou melhor, filha, é uma garotinha.

Lisa e Julliete não sabiam se choravam ou se riam; Lia, por sua vez, deu umas palmadas no marido.

— Ah, seu ingrato! Você já sabia, hein?!

— Perdoe-me, meu amor, mas seu irmão pediu...

— Vocês querem me ouvir ou vão ficar brigando? — perguntou Henry cortando o cunhado.

373

Todos se calaram esperando que ele contasse a história. O jovem médico narrou tudo o que havia acontecido. As mulheres choraram comovidas por tudo o que Nicole havia passado.

— Eu sabia, Nicole jamais me decepcionaria! Ela foi forte, admirável... Agradeço a Deus por tê-la amparado!

— Eu também nunca me enganei, mamãe, estou orgulhoso da senhora, pois é preciso ser muito forte para guardar um segredo como esse. Peço-lhe desculpas por tê-la obrigado a se abrir comigo.

— Meu irmão, você é maravilhoso. Nunca esmoreceu, sempre manteve a perseverança em seu coração! Quero lhe dizer que sempre, a cada dia, aprendo mais com você. Desejo que seja feliz ao lado da mulher que ama.

— Eu lhe agradeço, minha irmã, e peço que tenham um pouco de paciência, pois não vai ser de uma hora para outra que teremos Nicole entre nós. Ela ainda não sabe de nada, nem que papai já não está entre nós. Assim como está sendo difícil para nós, para ela será igual ou pior, mesmo porque agora temos também Isabelle.

— Isabelle... Minha neta! Como será ter uma criança nesta casa? Quero dizer muitas crianças, viu Lia?

— Mamãe, fique tranquila, pois se depender de mim terá no mínimo uns três netos.

— Amor, terei de ser muito competente! — brincou Patrick.

— Diga-me, meu filho. O que fará?

— Ainda não sei, mamãe. Quando chegar a hora tudo vai se encaminhar, eu confio.

POR TODA A MINHA VIDA

Julliete serviu bolo e café a todos. Henry, depois de toda a euforia que pulsava em sua alma, ficou a um canto observando a felicidade da mãe; contudo, não esqueceu que houve realmente um grande amor na vida de sua mãe, e que, sem dúvida, ele sabia que não fora seu pai. Absorto em seus pensamentos, depois de certo tempo, ele se deu conta das horas ao consultar o relógio e disse:

— Não vamos jantar?

— Ah, meu filho, vamos conversar mais um pouco, sinto-me tão feliz, que nem estou com fome!

— Nada disso, dona Lisa. Vamos jantar, sim. Já é tarde e amanhã terá o dia todo para fazer planos.

Todos se sentaram à mesa e fizeram a refeição; logo após, recolheram-se para um sono reparador.

No dia seguinte bem cedo, Patrick foi buscar seus pais. Lisa, com o auxílio de Lia e Julliete, acomodou Pierre e Marietta. Boas vibrações começaram a ser plasmadas, a paz e a harmonia envolviam todos daquela casa, e tudo mudou em pouco tempo, não havia lugar para desavenças e tristezas. Marietta achou Lisa diferente, mais bonita e confiante, como havia muito não se recordava; realmente a felicidade instalara-se naquela grande e aconchegante casa.

Patrick questionava quanto à hospedagem dos pais, mas, no fundo, realizou-se. Já havia pensado nessa possibilidade, pois estava financeiramente bem e nada impedia que os pais fossem morar com ele e a esposa; só estava esperando o momento certo, pois a partida de Jean ainda era muito recente. O jovem sentia-se feliz pela iniciativa do cunhado. Olhando

375

todos em volta da mesa como uma grande família, ele se emocionou. Nunca imaginara uma cena como aquela, em que os pais desfrutariam de bons momentos ao lado da família D'Moselisée, interagindo sobre assuntos que não eram só uvas e vinhos e em que a mãe fosse servida. Tudo diante de suas vistas era mais que uma bênção.

Era realmente a presença do Criador se manifestando e irradiando luz a todos os merecedores daquela magnânima empreitada.

— Patrick, meu filho...

— Desculpe, mãe. A senhora falou comigo?

— Sim, meu filho, parece estar longe!

— Não, apenas estava observando todos nós aqui reunidos.

— É, meu cunhado, não é sonho, é realidade! — completou Henry.

— Como sabe o que eu estava pensando?

— Seus olhos dizem tudo.

— Se todos permitirem, eu gostaria de fazer a prece de hoje, pois tenho muito a agradecer.

— Claro, Patrick, fique à vontade.

Patrick solicitou que todos dessem as mãos e fez uma linda prece em agradecimento por tudo o que havia alcançado de bom em sua jornada. Logo depois do almoço, Henry se dirigiu ao escritório com Patrick e Pierre. Todos se acomodaram.

— Bem, sr. Pierre, como sabe, seu filho e eu temos muitos compromissos em Paris. Por esse motivo, gostaria de lhe propor um trabalho e sei que dará conta!

— Propor-me um trabalho?

— Sim, ou melhor, já conto que sua resposta seja positiva.

— Bem... Se eu puder ajudá-lo e estiver ao meu alcance, estou às ordens.

— Senhor Pierre, conhece tudo isso como a palma de sua mão, estou certo?

— Isso é verdade. Não há canto desta vasta fazenda que eu desconheça. Sei onde fica cada parreira de uva, até as mais humildes.

— Pois bem, o que acha de tomar conta disso tudo?

— Bem, eu francamente não sei o que lhe responder!

— Senhor Pierre, o que lhe proponho é que cuide da fazenda como se fosse sua.

Pierre não esperava uma proposta como aquela e ficou confuso, sem saber o que dizer.

— Henry, está falando sério? — perguntou Patrick aturdido.

— E por que, não? Tem mais alguém qualificado para tomar conta disso tudo? Seu pai conhece tudo e um pouco mais.

— Não sei, não, parece-me meio sem propósito!

— Patrick, não quero ser indelicado com você. É seu pai quem deve dizer se aceita ou não. Pois então, sr. Pierre, o que acha?

— Estou assustado. Será que darei conta?

— Senhor Pierre, acompanhe meu raciocínio, não é para o senhor colher e amassar uvas, é para comandar com se fosse o dono; e quando digo tomar conta é apenas inspecionar os empregados desde a colheita até a produção dos vinhos. Não fará mais esforço físico, apenas comandará e colocará em prática sua experiência; enfim, comandar como meu pai fez por muitos anos.

— O que eu entendi é que você está propondo que meu pai cuide de tudo, mas do lado de fora, é isso?

— Exatamente, quero que ocupe o lugar de meu pai. E eu sei que ele tem competência para isso!

— No lugar do sr. Jean? — questionou Pierre assustado com a ideia.

— Sim, qual é o problema? Quem mais eu poderia colocar no lugar de meu pai, senão o senhor?

A alma de Patrick exultava. Como não se emocionar com o pedido de Henry? Ver seu pai no comando de tudo era muita felicidade para ser realidade. Pierre seria um homem de negócios.

— Por favor, pai, aceite. O senhor vai dar conta, eu sei!

— Não é bem assim, meu filho. Até ontem eu era um simples empregado, o que vão achar os outros empregados que estiveram lado a lado lutando todos os dias comigo?

— Saberão que será meu sogro e que confio no senhor, que é um homem inteligente e competente. Senhor Pierre, aceite, o senhor merece ter uma vida mais digna e decente.

Pierre, emocionado, ficou com os olhos rasos d'água.

— Meu caro Henry, como pode ser tão bom? Eu sei que confia em mim, mas sabe que não é bem assim.

— Senhor Pierre, qual é o problema de ter uma vida financeira melhor? Dona Marietta merece viver melhor e ter tudo o que sempre desejou. Com certeza ela deve ter muitos sonhos ainda, e isso não é proibido, pelo contrário, devemos aproveitar as oportunidades que nos chegam.

Pierre deixou as lágrimas fluírem pelo seu rosto e lembrou-se de que só chorara uma única vez: quando a filha desaparecera. Ele era um homem bom e sensível, mas, com a vida dura, não tivera tempo para lamentações e lágrimas.

— Henry, agradeço-lhe muito a confiança. Você tem toda a razão, darei conta de tudo, sim. Aceito sua proposta, mas posso lhe fazer uma única pergunta que não seja sobre trabalho?

— Claro, sr. Pierre, faça.

— Por que disse que serei seu sogro? Você sabe tanto quanto eu que minha filha sumiu! Henry silenciou por alguns instantes, depois, com um meio sorriso respondeu amavelmente:

— Apenas por um motivo, tenho esperança e não desisto, Nicole vai voltar.

Pierre olhou para o filho sem entender nada, porém não obteve resposta. Henry não estendeu o assunto, pois notou que Marietta ainda não havia comentado nada com o marido.

— Bem, sr. Pierre, já que aceitou, dou-lhe os parabéns e seja bem-vindo aos nossos vinhos! Tenho certeza de que poderei voltar descansado para Paris. De hoje em diante, tudo ficará em suas mãos. E não quero mais dona Marietta trabalhando. O senhor será responsável por proporcionar uma vida melhor a ela.

— Mas como, Henry? Ainda nem comecei minha função! Não tenho dinheiro para isso, não! — disse humildemente Pierre.

Henry e Patrick riram sonoramente.

— Do que estão rindo?

— Papai, comandar tudo inclui a parte financeira também.

— É, sr. Pierre, não vai cuidar de tudo como dono? Pois então, terá de saber o que fazer com os lucros!

— Meu Deus! O que farei com tanto dinheiro nas mãos?

— Não se aflija, sr. Pierre, aprenderá com o tempo!

— Não, meu filho. Não é bem assim! Você e Patrick vão para Paris, e o dinheiro que entrar, o que farei?

— Senhor Pierre, já pensei sobre isso também. Por hora, deixe com Lia, sua nora, que já sabe muito bem o que fazer. Conversarei com ela sobre aplicações e investimentos. Essa parte burocrática e financeira ela vai ensiná-lo. Juntos, vocês darão conta. Vai aprender, eu sei. Levará um tempo, pois sei que é muito dinheiro em giro e se não for bem administrado poderá se perder.

— Ah, Henry, será que conseguirei aprender? Não faço nem ideia de quanto é a soma que vocês acumulam!

— Senhor Pierre, tranquilize-se. Tenho uma pessoa apta para ajudá-lo, aliás, vão trabalhar juntos. Essa pessoa sabe muito bem como administrar a parte das finanças.

— De quem se trata, Henry?

— De Michael.

— De Michael? Mas pensei que...

— Eu sei, Patrick, o que pensou. Contudo, ele sempre esteve a par dos investimentos e das negociações dos vinhos em geral. Se ele aceitar, será bom para auxiliar seu pai.

— Você tem razão, Michael sempre foi um empregado exemplar, merece uma oportunidade — concluiu Patrick.

POR TODA A MINHA VIDA

— Isso não quer dizer que não estaremos atentos, pois Michael apenas vai auxiliar seu pai em como administrar os gastos e os lucros. Com a cooperação de todos, logo o sr. Pierre será um grande empresário.

— Bem, agora estou mais tranquilo. Michael sempre foi o braço direito do sr. Jean. Muitas vezes o vi discutindo sobre produção, vendas, pagamentos e recebimentos. O sr. Jean confiava muito nele.

— Bem, já que tudo está acertado e resolvido, amanhã partirei para Paris. Não posso mais protelar, minha vida está lá. Mas, antes, gostaria de lhe pedir um favor, Patrick.

— Claro, se eu puder ajudar...

— Será que pode ficar mais alguns dias e acompanhar seu pai? Ele precisa de tempo para se acostumar com a ideia. Com você ao seu lado ficará mais confiante.

— Sem problemas, será um prazer ajudá-lo!

— Só há mais um detalhe que gostaria que resolvesse.

— Pode dizer, meu cunhado.

— Provavelmente começarão a trabalhar amanhã, não é, sr. Pierre?

— Com certeza. Amanhã estarei no posto que me confiou.

— Muito bem, sr. Pierre, estou gostando de ver! E é sobre isso que quero pedir um grande favor. Antes de qualquer coisa, vocês têm de fazer uma reunião com os responsáveis de cada setor e expor as mudanças que vão ocorrer. Não quero que nenhum empregado tire conclusões precipitadas e indesejadas, pois sempre tratei a todos com ordem e respeito. Agora, nada mais justo que se reúnam e esclareçam nossas ideias e mudanças para continuarmos com desempenho satisfatório em todos os setores. Para isso, é preciso que todos se sintam importantes.

— E como quer que ajamos? — questionou Patrick.

— Coloque-os a par de tudo o que decidimos, deixando bem claro que as ordens partirão do senhor Pierre. Para obter sucesso, seja firme sempre. Sei que para o senhor Pierre será um pouco constrangedor, pois agora está do outro lado, mas, querendo ou não, o poder nos dá vazão para sentimentos de arrogância e autoritarismo, e sabemos muito bem que não é isso que gostaríamos de cultivar em nossos colaboradores. E sim formarmos uma grande e harmoniosa família pensando em um bem comum. Dessa forma, todos serão recompensados e merecedores de uma vida melhor. Devemos respeitar para sermos respeitados e não fazer aos outros o que não queremos que nos façam. Entenderam?

— Sim. Fique sossegado, Henry, jamais mudaria meu comportamento com meus amigos e trabalhadores.

— Muito bom, sr. Pierre. Contudo, para conseguirmos êxito, será preciso usar a sabedoria que possuímos. Quando fizer a comunicação de que a partir de hoje estará à frente de tudo, abra o jogo e coloque exatamente o que conversamos e decidimos aqui.

— Como assim? — perguntou Patrick.

— Não fui sincero para com o sr. Pierre sobre os motivos que o escolhi para o cargo? Não expus meus motivos de querê-lo no lugar de meu pai?

— Sim — respondeu Patrick satisfeito.

— Meus motivos foram plausíveis e sinceros para vocês?

— Sim — respondeu Patrick.

— Claro — disse Pierre.

— Temos de tratá-los de igual para igual para que não tenham dúvidas e inseguranças para conosco. Que sejam leais conosco como somos com eles. É isso?

— Exatamente, Patrick. Assim, eles vão agir com a mesma lealdade conosco. Quando queremos respeito e sinceridade, abrimos nossa alma, nosso coração e sentimos a recíproca. Façam tudo com amor na alma, que serão sempre correspondidos.

— Henry, você é muito vivaz, isso sim!

— Não sei por quê.

— Não sabe, meu cunhado? Porque foi você quem decidiu! E tudo é muito simples, é só contar isso a eles.

— Aí que você se engana, Patrick. Se eu fosse um dos funcionários ia querer saber o porquê das mudanças. Todos merecem nossa consideração, só assim trabalharão com mais empenho. A verdade em todas as situações é tudo.

— Tudo bem, Henry, concordo com seu ponto de vista, mas ainda acho que é só falar na reunião que foi você quem escolheu meu pai no comando de tudo, que com certeza não vão sequer respirar, quanto mais arrumar intrigas!

— Patrick, se é assim que pensa, nem vou mais perder meu tempo. Mas, por favor, façam a reunião. Bem, se está tudo acertado, posso ir para Paris tranquilo.

— Claro, meu filho. Pode voltar a seus compromissos, que Patrick e eu faremos tudo direitinho.

— Então, meus aliados, vamos dar uma volta pela fazenda e aproveitar o resto da tarde — disse Henry feliz.

Os três homens subiram nos receptivos cavalos e cavalgaram por todo o vasto campo.

Capítulo 32
"Anjo" de Deus

P ela manhã, bem cedo, Henry embarcou para Paris em companhia de Michael, como já haviam combinado. O médico estava com saudade dos amigos e dos pacientes. Michael acompanhou de perto sua rotina de médico dedicado e, por muitas vezes, olhava-o intrigado com a hospitalidade que lhe dispensava, mas não comentou nada e até se sentiu importante por poder andar ao seu lado no hospital. Michael conheceu de perto Village e Marseille. A bem da verdade, encantou-se com aquele mundo. Achou tudo fascinante, deslumbrou-se com o amor que Henry sentia por todos. Ele realmente não fazia diferença entre idosos, crianças, enfermeiros e companheiros de profissão. A evolução do garoto que conhecera em Versalhes, era clara, e ele achou realmente que fazia

todo o sentido o chamarem de "anjo de Deus". Henry mostrava a vida pura e simples para aquelas pessoas que tiveram a sorte de tê-lo não só como médico, mas como um ser dedicado inviolavelmente aos doentes. Cuidar de seus pacientes era tudo o que mais valia a pena para ele.

Michael estava absorto em seus pensamentos enquanto os médicos discutiam alguns diagnósticos.

— Michael — chamou a bela francesa.

— Perdoe-me a falta de educação, mas estava com os pensamentos distantes.

— Acompanha-nos em um café? — perguntou Marseille.

— Como não? Aceito, sim.

— Então, vamos. Estou precisando de um bom café!

Marseille, muito à vontade, apoiou seu braço no jovem Michael e saiu andando à frente. Logo que chegaram à cantina, escolheram uma mesa e se acomodaram:

— Michael, o que faz da vida?

— Bem, eu trabalhava para o sr. Jean.

— Por que, não trabalha mais?

— Bem, na verdade...

— Na verdade é que quando meu pai faleceu, Michael estava de férias, mas com certeza continuará conosco. Não é mesmo, Michael? — emendou Henry.

— Sim, vou continuar — respondeu Michael sem entender nada.

— E qual é sua função?

— No tempo do sr. Jean eu fazia um pouco de tudo, mas minha função mesmo era cuidar da parte financeira.

— Quer dizer então que era responsável pelo aumento do patrimônio da família D'moiselisée? — brincou Village.

— É, mais ou menos.

Michael estava sem jeito e não esperava tantas perguntas.

— Você vai se hospedar na casa de Henry?

— Não. Tenho viagem marcada.

— Vai viajar para onde?

— Para a Itália.

— Michael, você vai para a Itália? Se eu pudesse iria junto! — entusiasmou-se Marseille.

— Desculpe, mas o que vai fazer lá? — perguntou Village curioso.

— Tenho família e vou visitá-los.

Henry se admirou com a perspicácia de Michael.

— Em qual cidade da Itália?

— Milão. Você conhece, Marseille?

— Conheço, mas muito pouco. Nas vezes em que estive por lá foi a trabalho. Quer dizer, fomos trabalhar, eu, Henry e meu pai.

— Bem, se um dia quiser conhecer melhor, posso acompanhá-la, servirei de guia turístico, pois conheço tudo, cada pedacinho daquela maravilhosa cidade.

— Muito gentil de sua parte. Quem sabe? Gostaria muito, estou precisando de um descanso! Tem alguém que prometeu me levar e até hoje nada...

— Querida Marseille — disse Henry —, não fique aborrecida comigo, mas lembro-me muito bem de ter-lhe dito que assim que tivéssemos oportunidade eu iria levá-la para conhecer Veneza e não Milão.

— Tanto faz, Milão, Roma, Veneza é tudo a mesma coisa. O difícil é chegar essa tal oportunidade!

— Desculpe, Marseille, mas não é bem assim — interveio Michael. — Veneza é a cidade mais bonita e romântica da Itália, dizem que quem vai a Veneza se apaixona.

— Pronto, Marseille, já achou quem vai levá-la para conhecer a Itália. E olha que beleza, pelo visto conhece muito bem as cidades! — disse Village.

— Farei isso com muito prazer. É só me dizer quando que estarei pronto!

— Está pensando que não vou, *né*? Fico muito lisonjeada com seu convite, Michael. O problema é que é quase impossível ter uma folga.

— Não é bem assim, minha filha. Você é que não se dá folga. Henry cansou de lhe pedir que tirasse férias!

— O que está questionando? O senhor, papai, e Henry também, nunca se deram essas merecidas férias!

— Espere um pouco. Sou obrigado a defender seu pai, Marseille! Minha médica preferida não precisa acompanhar seu pai e eu. Você tem todo o direito de tirar alguns dias de folga. Não concorda comigo, Michael?

— Concordo plenamente com o dr. Henry, as mulheres têm prioridade!

— Eu sei aonde querem chegar, querem se livrar de mim, isso sim!

— Eles só querem é ver uma bela mulher como você, ficar mais bela ainda — comentou Michael. — Viajar a passeio é sempre regenerador. Deveria experimentar. Tenho certeza de que fará muito bem a você.

Henry logo notou o entusiasmo do jovem por Marseille. Mais alguns dias juntos e estaria completamente apaixonado pela francesa. Marseille, por sua vez, ficou acanhada com os elogios de Michael, e seu pai foi em seu socorro:

— É, minha filha, fica escondida aqui neste hospital e não se dá conta de que é uma linda mulher.

— Com todo o respeito, dr. Village, faz tempo que não admiro uma mulher tão bela como sua filha.

— Por favor, rapazes, vamos parar, vocês estão me deixando péssima com tantos elogios.

— Tive uma grande ideia, já que estamos falando de férias, folga, que tal se fossem jantar lá em casa hoje à noite? Françoise vai adorar a companhia de vocês, pois vive reclamando que você, Henry, nunca mais foi vê-la!

— Eu lhe agradeço muito, mas terei de ir ainda hoje para a Itália.

— Não pode deixar para amanhã, Michael? — perguntou Henry.

— Não sei.

— Teve uma ótima ideia, dr. Village, eu gostaria muito de ir. Espero que Michael não me faça essa desfeita! Seja gentil, vai adorar a companhia de Françoise — disse Henry.

— Se o dr. Henry vai, eu também aceito.

— Então está combinado. À noite espero por vocês, mas agora vamos trabalhar!

Enquanto Henry terminava o expediente, Michael o aguardava com admiração.

Henry estava terminando a última consulta quando uma enfermeira bateu à porta disse:

— Desculpe, dr. Henry, mas o senhor precisa vir depressa!

— O que houve?

— Jacques.

— Calma, assim você assusta todo mundo!

— O senhor precisa vir urgente comigo!

Henry se desculpou com a paciente que já estava de saída e correu com a enfermeira. Quando chegaram à sala de emergência, onde já estavam vários médicos, Henry perguntou:

— O que houve de tão grave?

— Ele sofreu um acidente, está desacordado.

O jovem médico começou a examinar o garoto. Depois de alguns longos minutos, constatou que o pequeno sofrera traumatismo craniano. Rapidamente pediu uma maca e o levou para fazer exames. Infelizmente, os resultados não foram satisfatórios. Henry tomou as providências para a internação de Jacques, pois a única coisa possível a fazer era mantê-lo em observação.

Médico e enfermeiros ficaram com pena da situação do garoto. Nos corredores, o comentário era um só, como aquilo podia ter acontecido? Henry não se importava com o burburinho do lado de fora. Fechou-se com Jacques no quarto, segurou suas pequenas mãozinhas carinhosamente, elevou seus mais sinceros pensamentos a Deus e rogou misericórdia. Certo de que o pequeno Jacques podia ouvi-lo, falou:

— Por favor, meu amiguinho não me deixe agora, preciso de você, preciso de seu amor, de sua amizade, de sua companhia. Sei que fiquei muito tempo ausente. Mas tive meus motivos. Assim que voltar, vou lhe contar e você vai entender-me; mas preciso, quero que saiba que nestes últimos anos você

POR TODA A MINHA VIDA

foi a coisa mais importante e mais bonita de minha vida. Por favor, meu estimado amiguinho, volte para mim, tenho uma ótima notícia para você. Lembra-se de quando conversamos sobre eu me casar? Pois então, já encontrei a mulher que eu amo, a sua mamãe. Ah, e você tem uma linda irmãzinha também. Jacques, sei que pode me ouvir. Por favor, eu lhe imploro, não me abandone, precisamos estar juntos. Volte para mim!

Num rompante, Jacques apertou sua mão. Henry beijou seu rosto por várias vezes e agradeceu:

— Senhor Pai, se eu for merecedor de Sua misericórdia, traga de volta meu filho. Deixo diante do Senhor a promessa de que tudo farei para tê-lo ao meu lado e fazer dele um homem de honra.

Henry espalmou suas mãos sobre um copo com água e rogou aos médicos da casa espiritual que ministrassem o remédio necessário. Com fé e confiança inabaláveis, ele molhou a boca de Jacques.

— Agora descanse, meu filho. Confie que papai do céu, como diz, vai sanar toda a sua enfermidade.

Depois, Henry pousou um beijo na testa de Jacques e saiu. Assim que fechou a porta, todos estavam à sua espera; inclusive o dono do automóvel que atropelara o pequeno Jacques.

— Por favor, doutor, o garoto está bem?

— Ainda não... Mas vai ficar, mantenha-se tranquilo.

— Perdoe-me, doutor, mas, não deu para frear, ele apareceu de repente... Diga-me, doutor, o que posso fazer por ele?

Henry parou diante do homem, pousou suas mãos sobre seus ombros e disse:

— Vai para casa e ore. Ore muito para Deus. Daqui a três dias volte que lhe farei um pedido.

O humilde senhor, sem entender nada, retirou-se. Village e Marseille, bastante assustados, indagaram:

— Como ele está?

— Não se preocupem, ele vai ficar bem.

— Posso entrar para vê-lo?

— Claro, Marseille. Nosso amiguinho precisa de todos nós.

— Henry, conversou com a monitora do orfanato?

— Ainda não.

— Ela está desesperada; contou-nos que Jacques estava doente havia vários dias sentindo muito sua falta. Já não comia, não lanchava com os coleguinhas. A única coisa que sabia fazer era correr para o portão logo cedo e esperá-lo. Passava horas ali e ninguém o convencia de sair de lá.

— Desculpe, dr. Village, mas sei o que aconteceu.

— Mas disse que não conversou com a monitora!

— Não foi preciso ninguém me contar.

— Desculpe, Henry, não quis ser inconveniente.

— Fique tranquilo, o senhor nunca é. Eu é que não deveria ser ausente. Como pude fazer isso com um garotinho de cinco anos?

— Você não tem culpa, acidentes acontecem!

— Não, doutor. Nada justifica a atitude de um homem com possibilidade de ir e vir milhões de vezes de um lugar. Daria para eu ter ido ao Japão, a Marte, ao fim do mundo e voltado; o que não dá para voltar é o tempo, e eu jamais vou me perdoar se Jacques não acordar para a vida, não acordar para mim!

POR TODA A MINHA VIDA

— Acalme-se, Henry. Como poderia imaginar que uma fatalidade dessas fosse ocorrer?

— Quer saber? As pessoas estão certas. Como um homem como eu poderia adotar uma criança tão indefesa?

— Pelo amor de Deus, Henry!

— Fui muito egoísta quando pensei apenas em resolver meus problemas. Como um pai poderia se esquecer de um filho?

— Henry, não estou acreditando que está se punindo. Pare de se culpar! A bem da verdade, se tivessem dado Jacques a você, jamais uma coisa dessas teria acontecido. E sabe por quê? Porque sem questionamento, ele estaria ao seu lado, fosse onde fosse, como qualquer pai que carrega seus filhos seja lá para onde for!

— É, pode ser. Agora não adianta me questionar. O que me resta é apenas esperar pelo auxílio do Criador. Meu Deus, esqueci-me de Michael!

— Não se preocupe, ele estava comigo. Disse que precisava dar um telefonema urgente. Acalme-se, ele logo estará de volta — alguns instantes depois, Michael chegou acompanhado de Marjorri.

— Doutor Henry, como está o nosso menino?

Henry abraçou a amiga.

— Vamos à minha sala, lá estaremos mais à vontade.

A moça, aflita, acompanhou o médico. Assim que entraram ela disse:

— Meu querido, nem sei o que dizer para acalmar seu coração, jamais poderia imaginar que Jacques passasse por

393

todos os portões e saísse para a rua. Nunca descuidamos de qualquer criança que fosse.

— Não se culpe, as crianças são imprevisíveis, eu sei que cuidam bem de todas elas.

— Mas o que o doutor acha? Jacques ficará bom?

— Marjorri, com certeza sim, porém no momento não posso omitir nada.

— Por que doutor? Foi grave?

— Jacques sofreu traumatismo craniano e no momento está desacordado. Para ser sincero, não sei quando vai despertar.

Marjorri se desesperou e chorou compulsivamente.

— Eu sabia. Pedi tanto às monitoras para não descuidarem dele! Há dias não se alimentava, só pedia pelo senhor. A culpa foi minha, fui muito relapsa, meu dever era ficar atenta!

Henry, gentil, abraçou a moça, que não continha as lágrimas. Em silêncio, fez uma prece para serenar os ânimos. Por mais que se esforçassem para manter a paz, estava difícil.

— Ah, Henry, esse garoto o ama tanto! O que faremos, agora?

— Muita prece para que ele acorde desse sono que nos separa. Sinto-me mal com tudo isso que está acontecendo, e sinto que todos estão sofrendo muito. Contudo, ficarmos desesperados não vai adiantar nem vai trazê-lo de volta. O único que poderá trazê-lo de volta é Deus, nosso pai. Com fé Ele vai nos dar mais uma oportunidade.

— Você tem razão. Faremos isso com louvor. Você, mais do que ninguém, ensinou-nos muitas coisas de Deus e não será agora que vou fraquejar. Gostaria muito de ver nosso garoto. Você me leva até ele?

— Só se prometer não chorar mais.

Henry beijou a testa de Marjorri e juntos foram ver Jacques. A moça entrou no quarto, confiante; não derramou mais nenhuma lágrima como Henry havia lhe pedido e, em silêncio, aproximou-se do enfermo e beijou-lhe o rosto.

— Jacques, está me ouvindo? É a tia Marjorri. Quero que acorde logo, pois precisamos preparar aquele bolo que o dr. Henry gosta tanto... Sabe, querido, ele está aqui bem pertinho de você, e como não quero deixá-lo triste, peço que você volte, pois nós o amamos muito.

Já passava das oito horas da noite. Todos estavam cansados. Michael, a um canto do quarto, compadecia-se com a situação, mas não ousou perguntar se Henry ainda iria ao jantar na casa dos Village. Contudo, o jovem médico sentiu a impaciência que inquietava a alma de Michael e solícito se pronunciou:

— Michael, não poderei ir ao jantar, mas espero que você nos represente.

— Ficará aqui?

— Sim, ficarei com Jacques.

— Mas não seria melhor deixá-lo aos cuidados das enfermeiras?

— Não, quero dedicar-me a ele, dar-lhe amor. Eu o amo muito.

— Michael, não adianta pedir; com certeza, Henry não sairá daqui de maneira nenhuma.

— Desculpe, não quis ser inconveniente; mas acidentes acontecem todos os dias!

— Você tem razão, Michael; mas não com o garoto que Henry luta na justiça há anos para adotar — completou Marseille.

— Adotá-lo? — perguntou intrigado Michael.

— Isso mesmo. Jacques é tudo para ele!

Michael olhou para o médico e depois para Village, como se pedisse uma explicação.

— Sei o que está pensando, Michael, mas é a pura verdade. Há anos luto para obter legalmente a custódia de Jacques. Aconteça o que acontecer já lhe comunico de antemão que nada vai me fazer mudar de ideia, mesmo porque, até então, ele foi a criança com que mais convivi nos últimos cinco anos. Preciso lhe explicar mais alguma coisa? Vai me cobrar algo?

— Não, claro que não. De forma alguma faria isso.

— Quando aprendemos a cultivar uma grande amizade, achamo-nos no direito de distorcer alguns fatos de acordo com nosso entendimento. O que você acabou de ouvir, já estava em meus planos. Por esse motivo gostaria de deixar claro que nada nem ninguém mudará isso. E você, como é um homem muito inteligente, entendeu que esse assunto ficará somente entre nós.

Michael ficou sem ação, não sabia o que dizer, muito menos como agir. Calou-se envergonhado.

— Não quero ser intrometido, mas perdi alguma coisa? — questionou Village pressentindo algo. Marseille fixou seus olhos em Henry cobrando o que, com certeza, havia entre ele e Michael.

— Desculpe, doutor, mas por hora não quero falar sobre isso.

— É, dr. Village, Henry e seus segredos — afirmou Marseille zangada, por desconfiar que jamais ele tocaria no assunto perto dela. Sem dizer mais nada, ela pediu licença e saiu.

— Por que não vamos todos juntos e depois você volta. Você tem de se alimentar — Marseille disse a Henry.

— Sinceramente gostaria, mas não vou deixar Jacques. Já me ausentei demais. Ele precisa de mim ao seu lado. Não quero estragar a noite de ninguém, Michael fará a vez de nós dois.

— Bem, não sei se devo!

— Ah, Michael, não diga que também não vai!

— Michael, não se prenda por mim, gostaria muito que você fosse.

— Mas, Henry, como irei a uma casa pela primeira vez sem você?

— Qual é o problema de ir sem mim? Já conhece o dr. Village e Marseille!

— Michael, eu convidei os dois. Henry não vai, mas espero que você não me desaponte!

— Eu não sei se devo, é melhor eu ficar com o dr. Henry!

— Michael, estou estranhando-o. Está inseguro por quê? Está fazendo novas amizades, vai participar de um ótimo jantar na companhia de três mulheres incríveis. Deixe essa timidez comigo e vá a esse jantar, pois não é sempre que aparece um convite especial desses!

— Mas preciso tomar pelo menos um banho!

— Agora gostei, homem de opinião! Quanto ao banho, não se preocupe. Vou levá-lo à minha casa. Você toma um banho e depois o deixo na casa do dr. Village. O que acha?

— Acho que vou aceitar.

— Só mais um detalhe, quando quiser voltar, pegue um automóvel de aluguel e volte para a minha casa. Seu quarto estará pronto, esperando-o.

Henry pediu que uma enfermeira de plantão ficasse com Jacques e os três homens se foram.

* * *

Quando Henry parou o automóvel diante da sua casa, esperando que o porteiro abrisse o portão, Michael ficou estupefato com o que seus olhos vislumbraram.

— Minha nossa, doutor! É aqui que o senhor mora?

— Sim, é aqui. Quer dizer, é aqui que venho para dormir. Isso quando eu venho, claro.

Quando Henry parou na porta principal, todos os empregados correram para recebê-lo. Michael mal conseguia sair do automóvel. Henry cumprimentou um por um com alegria. Michael ficou para trás, sem saber se entrava ou não.

— Venha, Michael, entre. A casa é sua.

— Bem, pessoal, este é Michael, um amigo meu. Ele ficará aqui conosco o tempo que for preciso. Espero que o tratem muito bem. Depois de tantos cumprimentos, Michael subiu para os quartos em companhia de Henry e seu braço direito, Desirée, para acomodá-lo em um dos quartos.

POR TODA A MINHA VIDA

— Michel, fique à vontade, sinta-se em casa. Desirée cuidará de você.

Henry foi para seu quarto e deixou que Michael se sentisse mais à vontade.

— Por favor, senhor, aqui no armário encontrará tudo de que precisa, como toalhas de banho e sabonetes. O senhor trouxe roupas?

— É mesmo! Não trouxe, pensei que eu... — a prestativa empregada o cortou:

— Não precisa se explicar, senhor. Tome seu banho à vontade; logo vou lhe trazer roupas limpas. Com licença, senhor.

Michael entrou para o banho e Desirée colocou sobre a cama perfumes e algumas peças de roupas impecavelmente limpas e elegantes. Assim que o jovem terminou de se arrumar, olhou-se no espelho e ficou satisfeito com o que viu.

— Nossa, meu Deus, nunca me senti tão elegante em toda a minha vida!

Henry bateu à porta:

— Posso entrar?

Michael deu uma olhada se admirando no espelho e foi abrir a porta.

— As roupas lhe serviram? — inquiriu Henry.

— Parecem que foram feitas para mim! Nunca me senti tão bonito!

— Não exagere, ficou arrumado, mas bonito é meio difícil. Não acha, não? — brincou Henry bem-humorado.

— Doutor Henry, não sei o que lhe dizer!

— Não diga nada, apenas aproveite a noite e se já estiver pronto, podemos ir. Gostaria de voltar logo para o hospital.

399

Henry estava saindo do quarto quando Michael, emocionado, interpelou-o:

— Doutor, sinto muito por tudo o que lhe causei.

— Por que se lembrar disso agora?

— Porque sou um estúpido, você não merecia sofrer.

— Mas não sofri e não estou sofrendo. Confio e espero.

— Eu sei que sofre. Você é um homem que ama a todos com muita intensidade; imagino como ama a mulher que escolheu para viver o resto de sua vida!

Henry ficou parado na porta olhando e pensando que realmente só Michael chegara mais próximo da verdade de sua alma. Depois de alguns instantes, respondeu:

— Só vou realmente me sentir feliz e em paz quando encontrar Nicole e Isabelle. Você não está errado.

Henry se virou silenciosamente em direção à porta. Michael, com lágrimas a descerem pelo rosto, antes que ele saísse, gritou:

— Henry!

Quando Henry se voltou, Michael se aproximou e o abraçou com força, deixando fluir o que estava sentindo por aquela criatura que o acolhera com dignidade e respeito, como nunca em tempo algum alguém fizera por ele. O rapaz, depois de alguns segundos em silêncio, gritou:

— Perdão, dr. Henry. Perdão.

Henry afrouxou o abraço e, sustentando um olhar fulminante em Michael, brincou:

— É melhor eu deixar você logo na casa de sua amada!

— De que amada você está falando?

POR TODA A MINHA VIDA

— Não sabe mesmo?

— Não...

— Pensa que não reparei no olho comprido em cima da Marseille?

Michael ruborizou-se, sem conseguir esconder seu interesse pela médica.

— Quem sou eu para olhar com interesse uma mulher como aquela?

— Um jovem atraente que sabe conquistar uma bela mulher! Suas chances são muitas, sabia?

— Bobagem. Qualquer um vê que ela só tem olhos para o doutor.

— Então você confessa que existe um interesse?

— Pode ser. Mas eu sei, quer dizer, todos sabem que ela o ama.

— Todos? Quem? Do que está falando?

— Todo mundo, oras. Inclusive essa pessoa em que o doutor está pensando!

— Michael, não estou pensando nada. Aliás, nem quero pensar!

— Mas é bom pensar!

— Vamos embora e no caminho você me explica direitinho essa história.

No carro, Henry disse:

— Bem, Michael, continue. O que você quis dizer com "é bom pensar"?

— Ah, doutor, ela já o viu com Marseille. Lembra-se do congresso na Itália?

401

— Sim. Mas agora ela já sabe que continuo sozinho, não é?

— Saber ela sabe, mas ficou com raiva quando viu Marseille ao seu lado.

— Mas você já deve ter explicado tudo para ela, não é?

— Para falar a verdade, doutor, eu a deixei mais atormentada.

— Michael... Não acredito! Agora mesmo, alguns minutos atrás, você me pediu perdão! Como pode ter agido assim comigo?

— Mas, doutor, foi por uma boa causa! Tudo o que fiz foi com a intenção de que ela tomasse uma atitude!

— Michael, você ficou louco?

— Eu tinha de fazer alguma coisa. Não fiz nada de mais, apenas lhe falei que se caso ela não o procurasse, o doutor iria acabar se casando com Marseille!

— Acho que ficou louco de vez.

— Acalme-se, eu apenas o ajudei.

Henry brecou o automóvel bruscamente.

— Como pode dizer que me ajudou com uma atitude desmiolada dessas?

— Ajudei, sim. Foi aí que Nicole acordou do pesadelo; acalme-se, vou lhe explicar tudo.

Henry passou as mãos pelos cabelos. Mas, sem ter como mudar o episódio, deu partida novamente no automóvel e saiu às pressas. Michael expôs tudo o que havia acontecido depois que ele voltara do casamento de Lia. O jovem médico, prevendo a reação de Nicole, perguntou desconfiado:

POR TODA A MINHA VIDA

— E qual foi o resultado dessa grande e brilhante ideia?

— Foi positiva. Quer dizer, acho...

— Como acho?

— Fique tranquilo, vai dar tudo certo.

— Michael, posso lhe pedir um último favor?

— Claro.

— Não precisa me defender nem me ajudar. Está bem? Por que se isso foi uma ajuda, imagina se não me ajudasse! Eu estaria perdido! — brincou Henry.

— Sabe, doutor. Não vejo a hora de vê-los juntos. Nicole não vai acreditar que me hospedei em sua casa.

— Eu sei o interesse que você tem de nos ver juntos, não me esqueci, não. Chama-se Marseille, não é?

— Que é isso, doutor? Sei que uma mulher como ela não é para mim.

— Mas que você está apaixonado está! Não tem como negar; seus olhos estão brilhando de felicidade.

— O doutor acha mesmo?

Henry riu sonoramente de Michael. Depois que o deixou na casa de Marseille, apressou-se para chegar ao hospital. Assim que entrou, foi direto para o quarto do pequeno Jacques.

— Como ele passou? — perguntou o médico para a enfermeira que estava ao lado do garoto.

— Até agora o quadro é o mesmo.

— Tudo bem. Pode ir, obrigado por ficar com ele.

— Por nada, se precisar de alguma coisa pode me chamar, estou de plantão nesta noite.

— Agradeço-lhe.

403

A enfermeira saiu e Henry trocou a água que estava no copo e novamente fez uma prece.

— Pai, mais uma vez estou aqui rogando por Sua misericórdia. Que Sua sabedoria possa se compadecer deste pequeno ser inocente. Que esta água possa ser fluidificada com as bênçãos curativas e cicatrizantes desse poder incalculável que o Senhor derrama todas as horas, todos os minutos e segundos e todos os dias incessantemente na regeneração dos filhos de fé. Que assim seja em Seu nome.

Henry levantou com cuidado a cabeça do garoto e ministrou pequenos goles de água.

— Confie, Jacques, volte desse sono sem medo, estarei aqui ao seu lado. Prometo que sempre estaremos juntos. Eu o amo.

O médico sentou-se em uma poltrona ao lado do pequeno enfermo e, vencido pelo cansaço, adormeceu.

Capítulo 33
Uma grande notícia

Na quinta dos vinhos, tudo corria bem. Lisa estava feliz pelos últimos acontecimentos. A casa parecia outra, as mulheres, em convívio harmonioso, participavam Lisa de tudo o que decidiam. Nunca mais ela ficou isolada no quarto. Patrick e Pierre se ocupavam com a produção dos vinhos. Pierre ainda se perdia por conta das muitas responsabilidades, mas nada que pudesse colocar em risco a qualidade e o teor dos vinhos D'Moselisée. Depois da reunião que fizeram, todos, sem exceção os apoiaram. Na verdade, os empregados ficaram satisfeitos com as mudanças, e isso possibilitou mais felicidade à nova empreitada.

* * *

Passava das sete horas da noite quando pai e filho voltaram para casa.

— Que bom que vocês chegaram. Daqui a pouco o jantar será servido.

— Estou cansado! — suspirou Patrick.

— Então é melhor você e seu pai irem tomar um bom banho! — disse Marietta, feliz.

— Que estranho, cadê a Lia? Por que não está aqui?

— Hoje ela não passou muito bem.

— Por que não me chamaram? Eu a teria levado ao hospital!

— Não foi preciso, Patrick. O dr. Jardel veio examiná-la.

— Se o dr. Jardel esteve aqui, o caso é grave!

— Não seria melhor você ir falar com ela?

— *Lady* Lisa... Está me deixando preocupado.

— Não precisa se preocupar, querido genro, mas tenho certeza de que se você fosse vê-la, ela ficaria feliz!

— A senhora não está me escondendo nada, está?

— Patrick, pare de fazer tantas perguntas e vá logo ver sua mulher! — disse Julliete impaciente.

Ele saiu correndo e logo que entrou no quarto gritou pela mulher.

— Lia, cheguei. O que aconteceu? Estou preocupado, sua mãe me disse que o dr. Jardel esteve aqui examinando-a!

— Calma, meu amor, está tudo bem.

— Então por que chamaram o médico?

— Tive uma vertigem passageira e um pouco de enjoo.

— Mas não parece que esteve indisposta. Está até mais bonita!

— Por quê? Nos outros dias não estava?

— Meu amor, está sempre maravilhosa para mim. Contudo, especialmente hoje, está muito mais!

Lia, com carinho, segurou as mãos do esposo, beijou-as e colou-as em seu ventre.

— Não desconfia de nada?

Patrick olhou nos olhos da esposa, e com um sorriso de menino concluiu seus pensamentos:

— É o que estou pensando?

Lia, balançando a cabeça positivamente, deixou a emoção envolvê-la.

— É sim, meu amor. Vamos ter um bebê.

Patrick beijou os lábios da esposa apaixonadamente.

— Meu Deus. Vou ser pai. — gritou Patrick enlouquecido.

O casal desceu e entrando na grande sala, deparou com os familiares, que os esperavam felizes.

— Parabéns Lia e Patrick, que Deus os abençoe! — disse Julliete.

Pierre, emocionado pela chegada do neto, abraçou o casal.

— Lia, querida, sempre fui um homem rústico, do campo. Espero que me perdoe por nunca ter tido um momento como esse para demonstrar minha benquerença a você. Sinto-me um pai e um avô muito feliz. Agradeço-lhe por amar meu filho.

Lia, com lágrimas a caírem, pousou um beijo na testa do sogro e completou:

— Eu é que agradeço por ter um marido como seu filho. Que esta criança que Deus está nos enviando possa nos trazer felicidade, mas, principalmente, ao senhor, à dona Marietta e à minha mãe.

* * *

Nicole estava apreensiva pela demora de Michael. Ele nunca havia demorado tanto para dar notícias.

— Estou preocupada, sra. Bridget. Michael nunca fez isso. Deve ter acontecido alguma coisa!

— Calma, minha filha. Quando menos esperar, ele vai entrar por aquela porta.

— Não sei, não. Disse que voltaria no máximo em quatro dias e já se foram esses dias e nada!

— Pelo amor de Deus, Nicole, acalme-se. Ele vai voltar; sempre esteve ao seu lado, não será agora que vai decepcioná-la!

— Eu concordo, não estou questionando sua lealdade, apenas estou preocupada com o que possa ter acontecido, pois podemos esperar qualquer coisa do sr. Jean.

— Nicole, minha filha, se você continuar assim vai me deixar preocupada também!

— A senhora tem razão, vou me acalmar.

Sem alternativa, a jovem sentou-se no sofá ao lado de Bridget.

— Posso lhe fazer uma pergunta?

— Sim, minha filha. Se eu puder responder...

— Nunca toquei no assunto, mas sempre tive curiosidade.

— Pergunte logo, minha filha! — cortou-a a senhora, já esperando o que talvez não pudesse esconder mais.

— A senhora não tem parente? Uma irmã, tia, prima, sei lá, alguém?

A senhora pegou nas mãos delicadas de Nicole e disse com serenidade:

— Eu sabia que um dia iria questionar; mas já está na hora de eu dividir com alguém minha história de vida.

Nicole se acomodou melhor no sofá e com os olhos brilhantes silenciou, esperando a senhora narrar suas verdades.

— Bem, Nicole, muitos anos atrás, em minha juventude, conheci um homem por quem me apaixonei perdidamente. Jean era novo também e não tinha essa fortuna toda.

Nicole arregalou os olhos. Mais uma vez Jean se fazia presente entre eles. Contudo, nada disse, apenas esperou que a senhora continuasse.

— Deve estar se perguntando o que Jean tem a ver com a minha história, não é? Pois lhe direi, minha jovem, que ele é meu irmão. Não se espante, é isso mesmo que ouviu.

— Mas se é seu irmão, por que nunca a levou para perto da família? — perguntou Nicole com muita expectativa.

— Antes de você chegar aqui com Michael, eu já morava nesta casa. Meu irmão sempre me manteve, nunca precisei trabalhar. Jean sempre fez tudo por mim e sempre vivi com tudo do bom e do melhor. Mas com uma condição.

Nicole, sem conter a ansiedade, mexia os lábios na tentativa de responder pela senhora.

— Mas...

— Mas na condição de nunca aparecer para quem quer que fosse da família.

— Meu Deus amado! Por quê?

— Porque em minha juventude conheci um moço por quem me apaixonei desesperadamente. Jean estava começando a cultivar suas uvas na cidade de Versalhes. Nossos pais haviam falecido por conta da tuberculose. Ficamos apenas nós dois e morávamos em uma pequena casa, num pedacinho de terra, no meio do nada. Ainda não era a fazenda que ele conquistou. Foi nessa época que conheci Gerard, um vendedor de tecidos e roupas, que ganhava a vida visitando as cidades vizinhas, trazendo as novidades de Paris. Na verdade, ele era um simples mascate. Contudo, o danado realmente trazia vestidos lindos. Se eram de Paris ou não, até hoje não sei! Sempre que vinha, eu sentia meu coração palpitante. Até que eu comecei a contar os dias para que ele aparecesse. Gastava todas as economias que Jean pedia para eu guardar. Um dia, o mascate chegou bem cedo e eu pedi que entrasse e lhe contei sobre os meus sentimentos. Aquele foi o pior dia de minha vida. Jean havia esquecido alguns papéis, documentos, algo parecido.

Bridget parou por alguns segundos, pegou o lencinho do avental e enxugou as lágrimas.

— Quando meu irmão entrou e viu Gerard em nossa casa, quase o matou, imaginando que havia acontecido algo entre nós.

— Mas havia acontecido?

— Claro que não, Nicole! Mas foi naquele instante que começou meu sofrimento.

— Por quê? O que aconteceu?

— Gerard foi embora todo machucado, mal conseguia se mexer. Mas, antes de fechar a porta, jurou vingança a Jean. Passaram-se muitos meses e meu amor aumentava a cada dia. Chorei muito. Até que um belo dia eu estava preparando o almoço e ouvi alguém bater palmas no portão.

— E quem era? — perguntou Nicole curiosa.

— Fui ver quem era e, para minha surpresa, era Gerard; pedindo que eu saísse um pouco. Eu o atendi e pedi que ele fosse embora.

— E ele foi?

— Antes tivesse ido, mas ele insistiu. Gritou lá do portão que não podia mais viver sem mim. Mesmo assim, pedi que ele sumisse.

— E ele foi?

— Não, minha filha. Ficou gritando o meu nome e jurando que precisava de mim, até que meu coração amoleceu e eu fui até ele. Assim que me aproximei do portão, ele me agarrou e me beijou dizendo que não poderia viver longe de mim, que estava completamente apaixonado, que logo voltaria para casar-se comigo.

— E ele voltou?

— Depois daquele dia, passamos a nos encontrar às escondidas. Foi assim durante alguns meses. Um dia, disse-me que havia alugado uma casa no centro de Versalhes e que estava quase toda mobiliada. Queria que eu fosse conhecê-la.

— E a senhora foi? — perguntou Nicole sentindo a emoção de um grande amor.

— Fui sim, minha filha. Fiquei encantada, o amor me cegou, pois eu achava que realmente ele estava disposto a se

411

casar comigo. Naquele dia, aprendi o que era amar um homem, e, confiante que ele seria meu marido, entreguei-me por amor. Gerard passou a viver em Versalhes, e eu me convenci de que o nosso amor era puro e verdadeiro. Ele repetia todas as vezes que nós nos amávamos que ninguém ia nos separar e que se Jean não aprovasse nossa união, fugiríamos. Foi então que descobri que estava grávida. Logo que ele chegou, contei-lhe.

— E ele? Ficou feliz?

— Sim, muito feliz, pelo menos foi o que demonstrou. Fez mil planos e disse que nosso filho teria o enxoval mais fino de Paris e tudo a que um bebê tivesse direito. Só que depois de tantos planos nunca mais o vi.

Bridget abaixou a cabeça e chorou muito. Nicole, com pena, silenciou e aguardou que a senhora serenasse.

— Dei-me conta de que ele não voltaria mais. Havia planejado detalhadamente sua vingança contra meu irmão. Eu apenas lhe servi como instrumento...

— Bridget, sinto muito.

Nicole abraçou a senhora que, sensibilizada, tremia muito, e concluiu:

— E sabe o que meu irmão fez assim que soube que eu esperava um filho?

— Nem imagino, mas se a senhora não quiser contar, não se sinta obrigada — concluiu Nicole, triste.

— Não sou obrigada, minha querida, mas é um caso de necessidade. Nunca pude desabafar com ninguém; há anos guardo essa lamentável história em meu peito. Por tudo isso, se não se incomodar, gostaria de dividir com você.

Nicole, sem suportar mais, desabou a chorar. Era um misto de pena e de amor que aprendeu a dividir com Bridget.

— Por favor, gostaria muito de ouvir sua história até o fim.

— Meu irmão me enxotou aqui para a Itália. Desde então vivia aqui sozinha, sem família, sem ninguém.

A jovem se aproximou da senhora e a acolheu em um forte abraço. Longos e tristes instantes se fizeram entre as duas mulheres.

— Senhora Bridget, e o bebê? — perguntou Nicole num rompante.

A senhora se afastou para olhar nos olhos de Nicole, e com o lencinho ensopado nas mãos respondeu:

— Não sei, minha filha. A única coisa que sei é que nunca mais o vi.

— Mas a senhora teve o bebê?

— Sim, era uma linda criança!

— Era menino ou menina?

— Ah, Nicole, era um lindo menino, jamais vou esquecê-lo!

— Mas o que foi feito dessa criança?

— Não me pergunte, porque não sei lhe responder. Jean o tirou e me proibiu de tocar no assunto.

— Quem sabe ainda o encontra!

— Não, minha filha, não há a menor possibilidade. Já faz muitos anos, nem sei se ainda está vivo!

— Pelo amor de Deus, sra. Bridget!

— Mas é a pura realidade. Como encontrá-lo depois de tantos anos?

— A senhora é muito pessimista. Saiba que para Deus nada é impossível.

— Não é questão de ser pessimista, é questão de ter coerência, sei que nunca mais vou vê-lo, eu sinto...

— Que ódio tenho desse homem. Por que pessoas ruins como ele não morrem logo? — gritou Nicole.

— Não diga uma coisa dessas. Jean não era ruim para mim. Olhe à sua volta, nunca me faltou nada!

— Faltou o principal: seu filho!

— Vamos esquecer tudo isso que ficou para trás, bem longe, minha querida. O que interessa agora é sua filhinha e você. Sabe, Nicole, se quer saber, Jean me fez um bem quando a trouxe para cá. Aprendi a amar você como uma mãe ama sua filha e Isabelle como se fosse sua avó. A verdade é que sou muito, mas muito feliz por tê-las aqui comigo, como uma família. Até Michael aprendi a amar. Às vezes me pego pensando, quando olho para Michael, que meu filho deve ser um homem formado como ele.

— Mas como a senhora disse, vamos esquecer, tudo isso já passou. Não quero que sofra mais se lembrando dessa lamentável história. Hoje a senhora tem uma família mesmo, nunca, eu e minha filha vamos deixá-la. E tenho certeza de que Michael pensa a mesma coisa.

A senhora tomou a iniciativa e abraçou Nicole, bem apertado.

— Nada disso, senhorita. Você tem de voltar para o pai de sua filha.

— Por que está dizendo isso?

— Porque é assim que tem de ser. Nicole, minha filha, embora nada vá justificar o que fiz em minha juventude, fui ludibriada, mas você, minha querida, tem um homem de verdade que a ama. Não perca mais seu tempo, volte para ele enquanto é jovem e bonita, não deixe se abater pelo meu irmão. Ele não merece que Isabelle, Henry e você paguem por seus lamentáveis enganos e pecados. Lute, vá em frente. Não desista como eu, senão vai se arrepender pelo resto de seus dias.

Nicole chorava desesperadamente, não por estar com a alma triste, mas pela admiração que sentiu por Bridget, pela força de viver que ela de repente deixou transparecer de sua alma. A mulher dura e condicionada caiu por terra.

* * *

Já estava amanhecendo quando Henry acordou com o pequeno Jacques chamando seu nome.

— Doutor Henry!

O médico acordou assustado, mas em fração de segundos lembrou-se de onde estava e o que havia acontecido.

— Jacques, meu garoto. Graças a Deus que voltou! Dormiu bastante, seu dorminhoco. Como se sente?

— Bem, mas minha cabeça dói.

— Não se preocupe, logo vai passar. Você sabe o que aconteceu?

— Eu lembro que sai correndo para a rua e bati com a cabeça num automóvel.

— Foi isso mesmo, meu garoto. Como fico feliz que se lembrou.

— O senhor ficou feliz que bati a cabeça no automóvel?

— Não, meu amiguinho, fiquei muito triste por isso. Fico feliz por ter se lembrado de tudo o que aconteceu!

— E isso o deixou feliz?

— Sim. Eu vou lhe explicar por quê.

Se você não se lembrasse, não seria ruim, mas muito preocupante. Sabe por quê? Por que quando batemos a cabeça e não nos lembramos, podemos sofrer sérias consequências. Ainda é um pouco difícil de você entender, mas quando crescer, ficar forte e bonito, vai saber direitinho o que seu amigo aqui quis dizer. Está bem?

— Quando eu crescer vou ficar fortão e bonito como o doutor?

— Com certeza, ficará muito mais fortão e muito mais bonito que eu...

— E quando eu crescer e ficar do seu tamanho também vou entender tudo de médico também, não é?

— Se estudar muito, vai. Jacques, fiquei muito triste quando soube o que havia acontecido com você, e muito bravo também! Vai me prometer que nunca mais fará isso novamente.

— Mas eu estava com saudades do senhor!

— Jacques, eu também senti muita saudade. Só o que você fez não se faz. Quero lhe pedir uma coisa: quando eu não for ao orfanato por algum motivo é por que aconteceu alguma coisa que me impossibilitou.

— Não entendi.

— Desculpe, às vezes me esqueço de que é um amigo ainda muito pequeno. Mas, vamos lá, vou tentar simplificar.

Quando eu não aparecer no orfanato é porque não consegui. Desta vez, minha irmã e minha mãe estavam precisando muito de mim. As pessoas precisam ajudar as outras, e eu precisei ajudá-las. Entendeu?

— Acho que sim. O doutor precisou atender sua mãe e irmã porque elas estavam doentes. É isso?

Henry abraçou com ternura o amiguinho e, feliz por ele ter reagido ao trauma, respondeu:

— Mais ou menos... Está vendo, não é tão difícil de entender assim, não é? Está com fome?

— Sim, muita fome!

— Que bom! Vamos fazer o seguinte: fique bem quieto que vou pedir o café para você. Está bem?

O pequeno Jacques estava muito feliz, era como se nada houvesse acontecido com ele. Embora seja comum as crianças caírem rapidamente doentes, também é muito rápido seu restabelecimento.

— Pode ficar sossegado, vou ficar quieto esperando-o.

— Jacques, que felicidade vê-lo acordado!

Marseille se aproximou do garoto e com carinho perguntou:

— Não vai dar um beijo na tia Marseille?

Jacques, sorrindo, abriu os bracinhos, abraçou e beijou Marseille.

— Que bênção que Jacques acordou! Faz tempo que despertou?

— Não. Foi agora pela manhã.

— Eu estava com muito medo de ele não voltar.

— Para ser sincero, eu também. Mas graças a Deus o pior já passou, só nos resta acompanharmos o quadro por mais 72 horas e estarei completamente feliz! — disse Henry aliviado.

— Bem, gostaria muito de conversar com você, mas vou deixar para mais tarde.

— É urgente? Se for, podemos conversar agora.

— Não é sobre o garoto. Posso esperar.

— Jacques, preciso ir. Vou pedir que uma enfermeira lhe faça companhia até que a tia do orfanato possa chegar, olhe...

Para alívio do médico bateram à porta e uma enfermeira entrou.

— Pronto, agora não vai ficar mais sozinho, está bem? Já estava de saída, sua chegada foi providencial — disse Henry.

— Estou com fome, dr. Henry!

Todos no quarto riram e sorriram de alegria por Jacques estar bem.

— Quem bom, Jacques, vou pedir seu café! Por favor, doutor, aguarde-me só mais cinco minutos — a enfermeira saiu às pressas para pedir o café de Jacques e logo voltou:

— Bem, meu amigão. Agora tenho de ver os outros pacientes. Mais tarde passo para vê-lo. Está bem? — Henry beijou Jacques e saiu com Marseille.

Quando se viu sozinho com a jovem, preocupado, perguntou:

— Qual é o assunto? É sobre Jacques?

— Não, mas estou admirada por vê-lo tão bem! Só seu amor para curar as pessoas!

— Mas o que é exatamente que quer me falar?

POR TODA A MINHA VIDA

— Podemos ir até sua sala?

— Claro.

Assim que entraram, Henry se mostrou preocupado; já a conhecia suficientemente bem para deduzir que não se tratava de assuntos da profissão.

— Sou todo ouvidos.

— Agora o doutor vai poder adotar Jacques, não é mesmo?

— Marseille, sem rodeios. Do que se trata?

— Você achou Nicole?

— Marseille, essa história é longa, e no momento nem eu, nem você, temos tempo para isso. Se você quiser, à noite podemos jantar e conversar com mais calma.

— Não é preciso tudo isso.

— Tudo isso o quê, Marseille?

— Você acha que vou sair com você para ouvi-lo falar sobre ela?

— Marseille... Escute-me, não está sendo racional. Quem tocou no assunto foi você.

— Henry, talvez não devesse falar com você sobre isso, mas é tudo muito novo e estou tentando digerir essa história.

— O que você sabe? Porque perguntar quem lhe contou, não será preciso!

— Soube que durante todo esse tempo Nicole viveu na Itália. E você, já sabendo, não me contou nada!

— Marseille, pare para pensar e raciocine. Não houve tempo desde que chegamos.

— Se você quisesse teria contado, mas não, deixou que Michael fosse jantar em minha casa para me contar! Fez isso de caso pensado! Por que não foi você? Por que tem mania de esconder as coisas dos outros? Por que é todo certinho? Você acha que vai arrumar o mundo? Se um paciente seu estiver condenado, também vai esconder da família? Quem você pensa que é? O soberano? O dono do mundo?

Henry silenciou, mais uma vez deixou com que Marseille despejasse sua raiva. Desesperada, ela não conteve as lágrimas, e olhando Henry ali passivo, gritou:

— Eu o odeio! Está me ouvindo? Você é a pessoa mais desprezível com quem já cruzei em minha vida.

Quando Marseille, completamente desorientada, virou-se para abrir a porta e sair, Henry rapidamente intercedeu, agasalhando-a no peito e deixando que chorasse descontroladamente. O silêncio se fez por longos e longos minutos. A moça sabia que o perdera para sempre. Sem conter seus sentimentos confusos, abraçava-o com força. Aos poucos, serenou. Henry enxugou delicadamente o belo rosto da francesa e tornou a fazer o convite:

— Marseille, por favor, vamos sair à noite, podemos ir jantar. Aqui não é lugar para resolvermos nossos problemas. Por favor, estou lhe pedindo.

Mais calma, ela afrouxou o abraço e disse olhando fixamente nos olhos do amado médico:

— Por que não me contou? Por que me deixou passar por tola diante de Michael?

— Você não é tola e nunca será. Marseille, olhe bem em meus olhos, se eu tivesse lhe contado, você acha que sua reação seria diferente? Pense bem antes de me responder.

— Talvez.

POR TODA A MINHA VIDA

— Marseille...

— Realmente, não seria.

— Marseille, eu lhe quero muito bem. Você nem imagina como me dói vê-la assim. Não mereço seu amor. Marseille, olhe para mim.

— Não quero olhar mais para você. Eu o odeio, Henry.

— Essa situação está sendo mais difícil para mim do que para você. Nunca lhe escondi meus sentimentos. Seria ótimo, ideal se tivéssemos ficado juntos, pois compartilhamos a mesma profissão, gostamos das mesmas coisas, lutamos pelos mesmos projetos, mas, infelizmente, eu não a faria feliz.

— Não falo que acha que sabe tudo? Como sabe que não me faria feliz?

— Como eu sei? Talvez não consiga lhe explicar, mas sinto.

— Você é prepotente e arrogante. Acha que sabe tudo. E ninguém, ninguém sabe tudo... Quer saber? Cansei... Cansei do senhor certinho, de tentar saber o que se passa aí dentro de sua cabeça, de sentir que sempre, para toda a vida, vai amar perdidamente Nicole. Chega, não quero ver mais a sua cara.

Marseille passou as mãos nos cabelos, respirou fundo e se virou para sair; mas antes de passar pela porta concluiu com a alma em prantos:

— Não quero jantar com você. Prefiro deixar as coisas exatamente com devem ser. Prometo que não vou me suicidar, vou sobreviver. Siga seu caminho que seguirei o meu.

A médica fechou a porta, deixando Henry pela primeira vez sem chão. Ele sabia que ia ser difícil, mas não achou que fosse sofrer tanto.

421

Aquele dia, tanto Marseille como Henry trabalharam muito para não sentir a dor de mais que uma amizade interrompida pelos caminhos paralelos que cada um deveria seguir. Já passava das dez horas da noite quando Henry entrou em casa e pediu a Desirée que não gostaria de ser incomodado, queria ficar sozinho. Marseille, por sua vez, além de muito cansada estava arrasada. Subiu para o seu quarto e não quis ver ninguém.

O médico tomou um banho demorado e se jogou na cama. Estava lendo alguns livros sobre tratamentos paralelos quando bateram à porta.

— Quem é?

— Sou eu, dr. Henry, Michael.

— Pode entrar.

— Desculpe, Desirée disse que não gostaria de ser incomodado, mas precisamos combinar sobre seu encontro com Nicole. Amanhã bem cedo tenho de voltar para a Itália. Nicole deve estar preocupada.

— Mas você não é um homem que sabe resolver tudo, pois então, resolva, depois me comunique!

— Eu sei por que está tão zangado.

— Ah, é? Então me diga.

— Doutor, perdi a cabeça, Marseille só falava em você!

— E aí você se irritou e pôs o dedo onde não era chamado. É assim que você acha que vai conquistá-la?

— Mas eu não quero conquistar ninguém!

— É mesmo? Pare com isso, Michael. Qualquer um vê que se apaixonou por ela!

POR TODA A MINHA VIDA

— Bem, já que está sendo verdadeiro, vou dizer o que penso de você também!

— Pois diga, não tenho nada a esconder de você!

— Você está todo nervosinho e sentido, porque gostava de ver Marseille se arrastando a seus pés, não é mesmo? E agora que tudo acabou, sabe muito bem que ela definitivamente vai esquecê-lo e você não vai tê-la vinte quatro horas por dia se rastejando!

— E o que mais você sabe ao meu respeito? Faça-me um favor, Michael, você não sabe nada da minha vida para chegar aqui e despejar sua falta de confiança em si mesmo. Marseille não é dessas mulheres com quem costuma sair, ela tem bons princípios e moral, teve uma educação singular, talvez você tenha de nascer de novo, ralar muito, para poder chegar nela!

Michael silenciou por alguns instantes, depois respondeu humildemente:

— É, acho que tem razão. Veja como quer fazer para encontrar Nicole e depois me avise. Eu farei tudo como quiser.

Michael deu meia-volta e saiu. Henry soltou os braços, desalentado.

— Ah, Henry, pelo amor de Deus, a que ponto chegou! O que pensa que está fazendo? Como sou estúpido! Meu Deus, como pude falar tudo isso para ele? Quem sou eu para criticá-lo? Meu Deus, o que está acontecendo comigo? Estou indo contra todos os meus princípios e ensinamentos.

Henry se levantou, colocou o robe por cima do pijama, abriu a porta e parou na frente do quarto de Michael. Por duas vezes fez menção de bater à porta e parou.

423

"Ah, Henry. Coragem, você está errado."

Henry bateu à porta e a abriu.

— Posso entrar?

Henry ficou pior do que já estava se sentindo, pois Michael estava encolhido sobre a cama chorando. O jovem médico entrou timidamente. Sentia-se muito mal com as palavras que colocara a Michael.

— Michael, desculpe. Fui um estúpido, por favor, desculpe.

— Não se preocupe, muito menos me peça desculpas. Você está certo. Quem sou eu para amar uma mulher como Marseille?

— Michael, por favor, sente-se; vamos conversar como dois homens civilizados.

Michael sentou-se, encostado à cabeceira da cama. Henry sentiu-se um covarde por magoar um homem bom e solitário.

— Eu não queria dizer tudo aquilo a você. Claro que tem muitas possibilidades de conquistar Marseille, e mais, de fazê-la muito feliz também! Estou completamente errado, realmente caí em mim, não sou ninguém para achar que posso tudo. Aprendi hoje com você, por mais que eu quisesse poupar Marseille, ela teria a mesma reação. Muitas vezes, não temos como não magoar as pessoas que amamos. Realmente, não temos o controle de tudo, como afirmou Marseille, e não sou absolutamente nada. Contudo, o que aconteceu entre Marseille, você e mim, foi bom, pois me fez compreender que talvez as pessoas me veem como arrogante e prepotente. E, por incrível que pareça, você foi o único que me enfrentou de igual para igual e disse o que pensa a meu respeito.

POR TODA A MINHA VIDA

— Não, Henry, pelo amor de Deus, não se sinta assim. Eu é que tenho de ser realista e colocar-me em meu lugar. Eu nunca fui ninguém, mesmo.

— Nunca mais diga isso! Todos nós somos muito importantes perante a sociedade e principalmente Deus. Merecemos conquistar o melhor e fazer o melhor.

— Você não entende, eu nunca vou ter o melhor nem ser coisa alguma. E sabe por quê? Porque por toda a minha vida ninguém brigou por mim nem se importou comigo. Nunca tive a felicidade de chamar alguém de mãe ou de pai. Não fui merecedor de ter um lar; enfim, ninguém sequer, sabe que existo. O muito que conquistei foi morar de favor e cumprir com minhas obrigações.

Henry fora preparado para seguir seus instintos racionais com muito estudo e treino conquistados com apoio dos amigos enquanto viveu no lar espiritual. Quando aqui chegou, já sabia que seria a sustentação dos laços consanguíneos. Era sua missão amparar os seus para que cada um tivesse o mérito de subir os degraus da escada evolutiva.

Todo indivíduo, em sua família consanguínea, tem um irmão, uma tia, um tio, um primo, mãe e pai. Por essa razão, sente-se seguro, feliz e bem ao lado desse encarnado de sustentação. Fala com alegria: "Ah, essa minha tia. Esse é meu primo. Esse é meu irmão, todos são ótimos, sempre têm uma solução para os problemas". Enfim, todos têm um encarnado genial em sua família.

Contudo, naquele momento de tristeza de Michael, Henry sentiu algo indefinido, um misto de pena, com afinidade de irmão. Um misto de amor, com lealdade. Sentia-se

425

bem ao lado do novo amigo e queria tê-lo a seu lado, porém não só por conta da mão de obra para a quinta dos vinhos, mas porque sentiu um amor mexer com o seu coração. Percebeu que Michael, ao citar que morava de favor e cumpria obrigações, estava se referindo a Jean. Isso fez com que ele deixasse o sentimentalismo da alma de lado e pensasse com a razão. De repente, surgiu a racionalidade. Intuitivo, ele questionou para si mesmo: "De onde apareceu Michael? Nunca comentou sobre família, nunca falou de uma irmã ou irmão, nem mesmo de uma tia qualquer...".

— Michael, fale-me um pouco de sua família, por que desde que me conheço por gente nunca vi um parente seu? Tem irmão, por exemplo?

— Não. Pelo menos não que eu saiba; por quê?

— Não quer falar sobre o assunto?

— Que assunto?

— Sobre sua infância, por exemplo, ou sobre seus pais!

— Eu não tive pais.

— Como não teve pais? Todo mundo tem ou teve um pai e uma mãe!

— Que eu me lembre, nunca tive. Fui criado em um orfanato, pelo menos foi a história que me contaram. Vivi em um orfanato desde que nasci. Lá havia um grande colégio de freiras também, e eu cresci e estudei até meus dezessete anos.

— E depois? — perguntou Henry suspeitando de suas intuições.

— Depois seu pai foi me buscar para eu trabalhar para ele. E aqui estou até hoje, quer dizer, como prometi, vou embora assim que Nicole estiver com você.

POR TODA A MINHA VIDA

— Michael, desculpe a insistência, mas como meu pai foi buscá-lo? Meu pai nunca comentou nada com você?

— Mais ou menos, disse-me que meus pais morreram quando eu ainda era bebê.

— E você ficou nesse colégio até os dezessete anos?

— Exatamente, fui criado lá. Às vezes, sinto muita saudade das irmãs. Elas eram bravas, mas muito boas!

— E o que você fazia quando começou a entender?

— Como assim?

— O que fazia, qual era seu passatempo?

— Não havia muita diversão. Tínhamos de estudar muito, senão ficávamos de castigo. Modéstia, à parte, fui bem educado e fiz até aula de esgrima e hipismo. E um pouco de piano também!

— Sabe tocar piano?

— Um pouco... — respondeu Michael com os pensamentos perdidos em sua infância.

— Essas aulas eram para todos?

— Alfabetização todos tiveram. Alguns, claro, foram adotados. Eu é que dei azar, ninguém me quis e fiquei por lá até minhas primeiras penugens de barba.

— E as aulas de esgrima, piano e hipismo todos tinham?

— Alguns. As aulas eram apenas para os alunos que tinham talento para essas modalidades. Participei de vários campeonatos de hipismo.

— E meu pai, como o conheceu?

— Nesses campeonatos, ele sempre estava lá e ficava feliz quando eu ganhava!

427

A cada palavra de Michael, Henry mais se convencia de que Michael tinha algo a ver com Jean.

— Então, bons estudos você teve? Como pode dizer que não é nada?

— É... Não posso reclamar. Mas o que eu gostaria era de ter conhecido um parente, qualquer um que fosse, já iria me deixar feliz. Mas, infelizmente, ninguém me procurou. Por tudo isso sou agradecido ao seu pai, ao sr. Jean. Particularmente não posso reclamar, assim que completei dezessete anos ele foi me buscar. E sem querer ser pretensioso, o sr. Jean me tratava como um filho. Se não fosse ele, não sei o que teria sido de mim. Para falar a verdade, acho que ele gostava de mim. Tive muita sorte de ter ido trabalhar com ele, pois aprendi tudo sobre vinhos e a parte administrativa também.

— É, teve muita sorte mesmo. Mas você já se perguntou por que acha que teve sorte? Vou mais longe, por que pôde estudar em um bom lugar e qual seria o interesse do meu pai em você?

Michael ficou pensativo por breves instantes, depois respondeu:

— Sei lá, acho que ele gostou de mim. Por quê? Já sei, você está pensando que me aproveitei de seu pai por aceitar o emprego?

— Longe disso, nem pense uma coisa dessa. Só achei estranho esse interesse sem explicação por você. Posso lhe fazer mais uma pergunta?

— Claro.

POR TODA A MINHA VIDA

— Com quantos anos você está?

— Completarei trinta e cinco daqui a dois meses. Eu me lembro de você direitinho. Quando cheguei, você ainda era um garotinho e, para variar, Nicole já andava atrás de você para cima e para baixo.

Henry ficou intrigado com a história de seu pai e Jean, mas não disse nada.

— Por que quis saber minha idade?

— Por nada. Apenas fiquei curioso. Gostei de saber sobre sua vida, foi importante para mim. Bem, Michael, mais uma vez peço que me perdoe por tudo o que despejei em cima de você. Espero que conte comigo quando precisar. Estarei ao seu lado, independente de Nicole e Marseille. Gostei de sua sinceridade. Sabe muito bem o que diz e o que faz. Vamos discutir muito ainda, você tem um temperamento explosivo e fala o que pensa, doa a quem doer; e eu, meu caro Michael, sou igual, prefiro a verdade à hipocrisia. Vamos nos pegar muito ainda, no bom sentido, é claro.

Henry estendeu a mão para cumprimentá-lo, Michael correspondeu:

— Gosto do senhor — disse Michael com admiração.

— Vamos ao que interessa, precisamos resolver o meu assunto.

— Posso lhe fazer um perdido?

— Diga!

Sei que você e Marseille trabalham juntos, reconheço que estarão se esbarrando sempre, mas gostaria de lhe pedir que se afaste dela. É ridículo o que estou lhe pedindo, mas quem sabe assim ela se interessa por mim. Por favor, não pense que é pretensão minha, mas com você afastado, sei que posso conquistá-la. Você me entende?

— Não precisa nada disso, sei que você é capaz, desde que o que sinta seja realmente sincero. Contudo, fique tranquilo, Marseille já se posicionou; ela já decidiu isso.

— Por quê? Vocês brigaram?

— Não, não brigamos. Michael, façamos o seguinte: dê tempo ao tempo, tenho certeza de que vai se dar muito bem. Não atropele as coisas, acalme o coração e dê um passo de cada vez. Faça-se apenas de amigo dela e finja que não tem segundas intenções. Seja presente sempre que ela precisar e espere.

— Só mais um coisa, não vai me perguntar porque contei tudo a ela?

— Não.

— Mas preciso lhe dizer. Vou me sentir melhor.

— Não, Michael, por favor, vamos discutir. E eu não quero, pelo menos nos próximos dias. O que preciso mesmo é falar de Nicole, encontrá-la! Minhas expectativas são grandes.

— Se depender de mim, antes do Natal estará com ela. Eu, mais do que ninguém, preciso uni-los, pois só assim poderei seguir meu caminho de cabeça erguida. Doutor Henry, depois de tudo solucionado talvez não nos veremos mais, porém gostaria de lhe pedir que me permita visitar Nicole e Isabelle quando estiver aqui na França.

— Mas não pretende viver aqui na França?

— Talvez não. Por enquanto pretendo continuar na Itália. Vou propor à sra. Bridget que continuemos juntos. Eu não tenho ninguém e ela também não. Não quero deixá-la sozinha, tenho condições para isso. Claro que vou arrumar um emprego, porque o que tenho não durará para sempre, mas para nós dois dará para começar!

— Você ainda não havia comentado sobre essa senhora! Quem é ela?

— Quando Nicole e eu chegamos à Itália, mais propriamente nessa casa, a sra. Bridget já residia lá. Ela é uma senhora muito boa. No início parecia durona e carrancuda, mas com o tempo se apegou a nós, e nós a ela. Hoje posso dizer que somos uma família.

Henry, a cada história do jovem rapaz, ficava mais intrigado.

— E de onde surgiu essa senhora? Quero dizer, como surgiu essa senhora nessa história toda?

— Não sabemos direito. Nicole e eu já tentamos falar sobre o assunto, mas ela sempre se mantém calada. Não gosta de falar sobre sua vida! Hoje gostamos dela, não importa de onde veio nem quem é. Simplesmente nos damos muito bem.

O jovem médico ficou mais que surpreso com as incógnitas que surgiam a cada instante, mas não era momento para questionamentos, pois notava que Michael não sabia de nada.

— Michael, por que não continua conosco na fazenda?

— Não sei, amo muito aquele lugar, mas...

— O que o impede?

— Como lhe disse, tem a sra. Bridget, ela vive sozinha e eu não quero deixá-la.

— E se a levarmos também?

— Levar a sra. Bridget para a França?

— E por que, não? Ela não aceitaria?

— Sinceramente, não sei!

— Vamos fazer o seguinte, quando vier a Paris, traga-a também. Diga que é apenas para um passeio. Afinal, quero muito conhecer essa senhora que amparou Nicole, minha filha e você!

— Não sei se ela vai aceitar; mas seria muito bom se nos acompanhasse.

— Pois então, tente. Quem sabe...

— O senhor por acaso me convidou para voltar para a quinta dos vinhos?

— Sim... As coisas mudaram um pouco. Gostaria de contratá-lo para trabalhar ao lado do sr. Pierre.

— Senhor Pierre? O senhor está dizendo, o pai de Nicole?

— Sim... Ele agora comanda tudo por lá. Como conhece tudo sobre a produção, e sei que você conhece tudo sobre a parte administrativa, juntos dariam uma boa dupla. Eu, com certeza, ficarei mais tranquilo para continuar a fazer o que gosto. O que acha da minha proposta?

— Seria muito bom para mim! Aquela fazenda é minha referência de vida. Fora que eu estaria perto de todos vocês! O doutor tem certeza? Isso tudo é muito bom para ser verdade! Jura que está falando a verdade?

— Não gosto de juramentos. Não acredita em mim?

— Farei o impossível para convencer a sra. Bridget a me acompanhar.

— Bem, Michael, já é muito tarde. Tanto você quanto eu precisamos descansar. Daqui a pouco estará clareando. Assim que chegar à Itália, telefone, estarei esperando uma posição e espero que sejamos felizes em nosso futuro.

Capítulo 34
Novos planos

No dia seguinte, Henry e Michael tomaram o café e seguiram para o aeroporto. Henry, gentilmente, esperou que o hóspede embarcasse e depois foi para o hospital.

Depois das setenta e duas horas de observação, Jacques já estava recuperado e todos sentiam-se felizes. Henry voltou a conversar com ele sobre seu tempo escasso e os porquês de sua ausência. Jacques, bem disposto, entendeu os motivos do amigo médico. Depois de tudo conversado, o pequeno garoto voltou para o orfanato.

Michael estava tão feliz que nem notou a viagem. Logo desembarcou na Itália. Chamou um automóvel de aluguel e seguiu para a casa de Bridget. Assim que chegou, causou a maior alegria na pequena Isabelle e grande alívio para as

duas senhoras. Michael abraçou as três mulheres de sua afetiva jornada.

— Ah, Michael, aconteceu alguma coisa? Nunca demorou tanto!

— Não aconteceu nada. Quer dizer, na verdade aconteceu sim.

— Pois fale logo, meu Deus! — pediu Bridget aflita.

— Bem, não sei como começar, talvez seja um grande alívio para você, Nicole.

— Michael, pare com esse suspense. Fale logo!

— É que o sr. Jean faleceu.

Bridget tomou um susto. Michael correu para confortá-la:

— Calma, senhora. Sabia que levaria um susto. Pegue um copo com água com açúcar para ela, Nicole!

— Michael, precisava falar assim? — retrucou Nicole já com o copo na mão.

— Como você queria que eu falasse? Essas notícias, ou comunicamos, ou não!

— Tudo bem. Já estou melhor — disse Bridget ofegante.

— Como foi isso, meu filho?

— Ele sofreu um infarto.

— E não foi levado ao hospital?

— Sim, foi, mas depois ele quis ir a Paris, e o caso se complicou.

— Mas por quê?

— Porque ele quis; começou a passar mal em Versalhes. Mas quis ir para a casa de Lia, pois queria se encontrar com Henry. E, claro, tudo se complicou.

POR TODA A MINHA VIDA

— Que Deus tenha misericórdia de meu irmão!

— De seu irmão? Do que está falando, senhora?

— É isso mesmo que ouviu, Michael, o sr. Jean era irmão da sra. Bridget.

— E a senhora nunca nos contou nada?

— Michael, é uma história muito longa, depois, com tempo, ela lhe conta tudo — respondeu Nicole.

— Nossa, essa notícia me deixou muito surpreso!

Eles estavam tão preocupados com Bridget que não se deram conta de que Isabelle chorava em um canto. Quando Nicole percebeu, falou:

— O que foi, minha querida?

— A sra. Bridget também vai morrer? — questionou Isabelle chorando.

— Ah, minha querida, o que sabe sobre a morte, meu amor?

— Quando alguém morre vai para o céu, mamãe?

— Sim, minha querida, vai ficar com papai do céu.

— E a gente nunca mais vê?

— É verdade. Mas isso ocorre por um tempo. Depois, encontramos todos os que amamos.

— E a sra. Bridget amava o sr. Jean?

— Sim, minha querida. A sra. Bridget ama muito o sr. Jean.

— Então, a sra. Bridget não precisa ficar assim triste, depois vai ficar com ele...

— Claro, minha querida. Não estou mais triste, viu?

Bridget procurou se acalmar para não assustar ainda mais Isabelle. Michael terminou de contar os detalhes e concluiu:

— Sinto muito, senhora. Sei que é muito recente para tocarmos em outro assunto que fatalmente estão interligados, mas preciso contar tudo o que mudou na vida da família D'Moselisée.

— Mas é preciso, Michael? Não poderíamos deixar para mais tarde? Tem certos assuntos que não convêm falarmos perto de Isabelle.

— Não, Nicole, não temos mais como protelar. Precisamos colocar as cartas na mesa. O assunto diz respeito também a Isabelle.

— O que está querendo dizer, Michael? Estou ficando preocupada!

— Sinto muito, Nicole, mas nada poderá mudar agora, tudo já foi decidido.

— Então diga, meu filho, Nicole já está pronta para ouvi-lo — pronunciou Bridget firmemente.

— É melhor assim, pois tem a ver com você, Nicole.

— Então diga logo, Michael — pediu Bridget.

— O sr. Pierre vai comandar a fazenda no lugar do sr. Jean.

Nicole não conteve as lágrimas, mas silenciou, esperando o jovem concluir seu raciocínio.

— Por que está chorando, mamãe?

— Porque a mamãe está muito feliz, minha querida.

— Tem mais, Nicole, sua mãe e seu pai agora vivem na casa-grande ao lado de *mis lady* Lisa e sua família.

— Você tem pai e mãe? — perguntou a pequena Isabelle confusa com tantas novidades.

— Sim, minha querida. Mamãe tem.

— E por que eu não tenho pai?

POR TODA A MINHA VIDA

— Meu Deus, Michael. Essa conversa está complicando as coisas. Não podemos conversar mais tarde?

— Não, minha querida.

— Michael, se você continuar a insistir...

— Nicole, não há nada que você possa fazer. Deixe-me terminar — disse Michael, decidido.

— Mas já lhe pedi. Já conversamos sobre isso!

— Bom, Nicole, como já disse, não há mais nada que você possa esconder ou que você possa fazer. Tudo veio à tona.

— O que você está querendo dizer, Michael? — Nicole estava muito assustada e com medo.

— Se você não me interromper saberá dos últimos acontecimentos!

— Calma, meu filho, Nicole não vai mais interrompê-lo, não é, minha filha?

— Bem, com todas essas mudanças, o dr. Henry me propôs trabalhar com ele.

Nicole não conseguia mais esconder o que estava sentindo diante de tantas informações.

— E você aceitou, Michael? — perguntou Nicole com a alma aflita.

— Depende.

— Depende de quê? Você está me deixando mais nervosa do que já estou!

— Falei para ele que só vou aceitar, se a senhora Bridget me acompanhar.

— Eu, meu filho? — questionou a senhora com um quase grito.

— Sim, a senhora. Se for comigo, aceitarei de pronto.

439

— Não o estou entendendo, Michael. Por que está me provocando?

— Eu, provocando-a, Nicole? Estou apenas expondo tudo o que aconteceu depois da morte do sr. Jean, só isso.

— E eu, como fico? Vai me abandonar?

— Você, Nicole? Querendo ou não, com o seu consentimento ou não, vou levá-la de volta para o sr. Henry!

— Minha nossa senhora! Quanta felicidade, senhor! Michael tem razão, minha querida, não tem mais por que se esconder — gritou Bridget, feliz.

— Exatamente, sra. Bridget.

Nicole sentiu-se acuada, já não sentia seus instintos; a razão, então, havia perdido. Sem sentir seus pés tocarem o chão, andava de um lado para o outro.

— Mas como farei? E minha filha?

— O que tem eu, mamãe?

— Nada, Isabelle, nada.

— Calma, Nicole. Não é preciso falar assim com ela.

— Minha filha, perdoe-me. Mamãe não está se sentindo muito bem.

— Mas me esclareça uma coisa, Michael, você quer que eu o acompanhe, e o que disse o dr. Henry sobre isso?

— Não se preocupe, senhora Bridget, já falei a seu respeito. Aliás, ele quer muito conhecê-la.

— O dr. Henry quer me conhecer?

— Isso mesmo, falei para ele que só aceitaria se a senhora me acompanhasse. E, depois, pensando agora, a senhora é tia dele! Meu Deus, quanta informação!

Michael também se sentia atrapalhado com tantos encontros do destino.

— Michael, você está decidindo sua vida e não está nem um pouco preocupado comigo! — afirmou Nicole.

— Como pode dizer isso? Se todos nós podemos começar uma nova vida, por que não pensarmos nessa possibilidade? O dr. Henry já me perdoou.

— Do que você está falando?

— Estou dizendo exatamente o que você entendeu. Ele já sabe de tudo, inclusive do meu envolvimento no seu sequestro.

— Michael, você contou tudo a ele? — perguntou a senhora emocionada e confusa.

— Em parte.

— Como assim? Fale logo, Michael.

— Contei-lhe tudo, falei de você, Nicole, e que a trouxe aqui para a Itália. Quanto a Isabelle, não sei como descobriu. É claro que eu não me atrevi a perguntar!

— Meu Deus, Nicole! Eu aqui abrindo meu coração sobre a minha história e a sua sendo decidida! Como Deus é bom — comoveu-se a senhora solitária.

— Michael, qual foi a reação dele?

— Só quem o conhece sabe dizer o que ele fez comigo.

Nicole, cada vez mais perplexa e receosa, não dizia nada, apenas pegou Isabelle nos braços.

— Pois então, conte-nos, Michael — pediu Bridget.

— Bem, para começar, quando fui procurá-lo em sua casa ele estava jantando com todos da família e pediu que eu o aguardasse no escritório. Assim o fiz. Henry entrou no escritório acompanhado de Patrick. Imaginem minha situação!

Bridget não dizia nada, apenas olhava para Michael esperando que ele continuasse.

— Ele me fez muitas perguntas e eu, com medo danado, só respondi o necessário. Contudo, o que mais me intrigou foi que ele já sabia da existência de Isabelle, e eu não havia contado nada sobre ela.

— Meu Deus! E, Patrick, o que disse?

— Ah, sra. Bridget, no começo ameaçou me agredir, e só não o fez porque o doutor interveio.

— É mesmo, Michael?

— Foi, sra. Bridget. Mas depois ficou tudo bem. A emoção falou mais alto por saber sobre Nicole e a sobrinha.

— Tio Michael, é do tio Patrick que está falando? Mamãe me disse que ele é meu tio!

— Isso mesmo, minha princesinha. Patrick é seu titio, e logo vai conhecê-lo!

— E esse moço, que o tio Michael fala a toda hora?

— Doutor Henry?

— Esse mesmo. Também é meu tio?

Ninguém conseguiu responder nada, todos silenciaram e a pequena insistiu:

— Fale. Quem é, mamãe?

— Isabelle, minha filha, é um moço muito bom, mais tarde ou outro dia, vou lhe contar tudo sobre ele!

— Promete, mamãe?

— Sinceramente, estou muito sentida pelo meu irmão, mas acho que chegou finalmente a hora de resolverem tudo. Não há mais como protelar. Ah, meu Deus, há tanto tempo vivo sozinha! Será difícil me acostumar a uma família. Mas, para falar a verdade, tenho muita vontade de conhecê-los também.

— Pois vai conhecê-los, senhora. E, com certeza, vai gostar muito de todos. Henry, às vezes parece arrogante, mas não é, na verdade, é um homem muito generoso.

— O que me diz, Nicole?

Distante com seus pensamentos, além do infinito, a moça buscava coragem para enfrentar tudo aquilo e pensava se realmente Michael estava falando de Henry.

— Nicole — chamou Michael.

— Ainda não sei o que será de minha vida — respondeu com a palidez que denotava certo mal-estar.

— Eu sei, minha querida, que essas últimas notícias nos pegaram de surpresa, mas chegou a hora de voltar para o seu país, para os seus familiares, e, acima de tudo, para Henry, que a ama muito — concluiu Bridget.

Nicole estava letárgica com as últimas informações. De repente, sua apatia tornou-se visível.

— Pense bem, Nicole, esse moço é maravilhoso, ele poderia muito bem mudar seu destino e levar sua vida adiante, mas não, sua escolha foi esperar por você. Anime-se, chegou a hora que tanto esperou. Esse homem maravilhoso tem caráter e mostrou-se perseverante. Está à sua espera para serem felizes. Você o ama desde pequena e merece viver ao seu lado. E ele, mais do que nunca, merece ter e criar a filha. Nicole, não tem mais nada a pensar. Se eu fosse, você faria agora mesmo as malas e correria para seus braços!

A moça só conseguia chorar e abraçar a filha. Sentia-se insegura e com muito medo de enfrentar essa parte de sua vida e ter de deixar definitivamente a Itália, onde ficara como refém de si mesma por tantos anos.

— Vamos, Nicole, reaja. Volte para a sua terra; sua vida está lá, pronta para recebê-la. Henry anseia por você e Isabelle — disse Bridget comovida por toda a vibração de cada uma daquelas pessoas entrelaçadas simplesmente pela afinidade do amor e reconhecimento, que aprenderam a cultivar um pelo outro.

— Como posso ter certeza de tudo isso, sra. Bridget?

— Pare de ser tola, Nicole!

— Você não me entende, Michael. Como posso ter certeza de que Henry me ama? Quem poderá me dar certeza de que ele não está me querendo de volta só por causa de Isabelle?

— Nicole, o dr. Henry não precisa de você para tê-la ao seu lado. Ele, como pai, tem todo o direito sobre a filha. Não precisaria de você para ter Isabelle a seu lado. Ele não precisa obrigatoriamente conviver com você. Nicole, entenda de uma vez por todas, ele ainda a ama.

— Eu concordo plenamente, Michael. Vamos arrumar as malas de vocês — intrometeu-se Bridget animada.

— Será mesmo que ele me esperou?

— Nicole, já estou perdendo a paciência com você. Vamos arrumar as malas!

— Vamos viajar, mamãe?

— Sim, minha querida. Bridget vai arrumar sua mala e a da mamãe para irmos viajar com o tio Michael.

— A senhora não vai conosco? — perguntou Michael decepcionado.

— Não, meu filho. Não quero incomodar mais a vida de vocês. Só desejo que sejam felizes.

— De jeito nenhum! Sem a senhora não vamos a lugar nenhum!

— Mas não está certo.

— E o que é certo? Deixá-la aqui depois de cultivarmos o amor de uma família? Senhora Bridget, amo-a como se fosse minha mãe. Nunca tive ninguém por mim, nunca tive alguém que se incomodasse comigo, que me aconselhasse, que brigasse por mim quando não fizesse as coisas direito, nunca tive alguém que esperasse eu voltar de viagem! Nunca me senti tão protegido quanto agora, sra. Bridget. Por favor, não me abandone.

Nicole, que havia pouco estava preocupada apenas consigo mesma, parou e sentiu que havia histórias piores do que a sua. Como a de Michael e de Bridget, que viveram uma grande solidão.

Bridget deixou as amarguras de um coração que padeceu por muitos anos pela perda do filho e extravasou suas lágrimas.

— Michael, vontade não me falta, meu filho, de viver os poucos anos que ainda me restam ao lado de filhos do coração como vocês. Mas como vamos contar para o dr. Henry sobre o meu parentesco com Jean?

— Não precisamos lhe contar nada. Deixe que ele descubra como sempre faz. Nada na vida dele fica sem respostas. Nicole e eu, que já o conhecemos, sabemos que ele não vai sossegar enquanto não descobrir de onde veio e a que veio, para estar ao lado de Nicole e Isabelle. A esta altura, deve estar investigando com o pouco que soube sobre a senhora por meio de mim.

Nicole sentia pena por Bridget, mas não pôde deixar de rir sonoramente ao imaginar o aperto que Michael havia passado durante vários interrogatórios. Henry realmente era muito chato quando queria. Ainda mais quando pressentia alguma veracidade ou mistério.

— Do que está rindo, Nicole?

— Estou rindo de você, Michael. Deve ter passado muitos apuros, porque quando ele quer é um chato, sabe tirar leite de pedra. O que era segredo só seu, deixa de ser. Imagino que já deve saber até a sua idade, sra. Bridget!

— Chato? Põe chato nisso. Ele é muito esquisito, isso sim! A senhora precisa realmente conhecê-lo; por vezes, ficamos com o pé atrás, mas acabamos por admirá-lo.

Bridget e Nicole finalmente se descontraíram com os gestos de Michael e riram muito.

— Podem rir. Vocês hão de sofrer alguma coisa parecida também, pois só assim saberão realmente o que passei.

Já passava da hora do almoço e pela primeira vez a carrancuda Bridget se esqueceu completamente da pequena italianinha. Só se deu conta, quando a pequena reclamou:

— Minha barriga está doendo, mamãe!

As duas correram e prepararam o almoço e todos se sentaram à mesa. À tarde, Nicole, mais calma, convenceu-se de que chegara a hora de enfrentar a situação. Embora sentisse um frio na barriga quando se lembrava do rosto do médico, o amor que ainda sentia em seu coração, encorajava-a com grandes expectativas. Bridget sentia-se feliz por Nicole e Isabelle. Naquele dia as horas passaram voando. Nicole cuidou de Isabelle, que mal se mantinha em pé, por tantas vibrações e sentimentos confusos. A pequena caiu em sono profundo. Já era de madrugada quando todos conseguiram descansar e revigorar o corpo ainda sentindo as emoções do dia.

* * *

No dia seguinte, bem cedo, a pequena casa ainda se mantinha em silêncio quando a campainha tocou.

— Michael, atenda a porta — pediu Nicole ainda sonolenta de seu quarto.

— Já vou.

Michael, ainda com sono, colocou o robe por cima do pijama e foi atender.

— Minha nossa. Quem será a esta hora?

Quando o jovem rapaz abriu a porta, ficou paralisado. Não acreditou no que seus olhos viam. Bridget, que veio logo atrás, ajeitando as roupas no corpo, questionou:

— Quem é, meu filho?

Michael não respondeu.

Ela se aproximou do portão e logo viu que se tratava de um belo e elegante rapaz. Nem percebeu que Michael continuava paralisado no mesmo lugar. Bridget perguntou:

— Pois não, senhor. O que deseja?

— Muito prazer. A senhora deve ser Bridget. Acertei?

Diante do moço, ela não sabia definir direito, mas teve a impressão de que era Henry. Do lado de fora do portão, o moço esperava pacientemente a senhora se pronunciar. Como ela não tomou nenhuma atitude, ele mesmo abriu o portão e entrou, conduzindo-a para dentro da casa.

Gentilmente, sentou-a no espaçoso sofá, foi à cozinha e pegou água para Bridget e Michael.

— Por favor, bebam um pouco, vão se sentir melhor.

Depois de alguns goles, ainda com o olhar fixo no belo rapaz, Bridget se pronunciou:

— O senhor é quem eu estou pensando?

— Depende... Em quem a senhora está pensando?

— É ele mesmo, sra. Bridget.

— Muitíssimo prazer, sou Henry.

— Santo Deus, é ele, Michael?

— O próprio, senhora.

Sem saber o que fazer, ela se levantou e dirigiu-se ao quarto de Nicole. Encontrou-a pronta, elegantemente arrumada.

— Quem é, senhora? A senhora está bem? Parece pálida.

— Não vá à sala agora, minha filha!

— Por quê? O que houve?

— Espere um pouco!

— O que houve? Está me assustando.

— É ele, é ele.

— Quem?

— É ele, minha filha.

— Por favor, sra. Bridget, sente-se e se acalme.

— Ele veio buscá-la.

— Quem?

Nicole parou por alguns instantes e entendeu a quem a senhora se referia. Lentamente, deixou-se cair sobre a cama.

— Doutor Henry está aí, veio buscá-la, minha querida. Isso não é maravilhoso?

A bela francesa ficou ofegante e mal respirava. A emoção tomou conta de seu corpo.

— Nicole, respire fundo e vá vê-lo. Ele está bem no meio da sala, como você sempre sonhou.

Nicole levantou, ajeitou a roupa e afirmou:

— Venha, senhora. Vamos recebê-lo.

— Não, minha querida, esta é a sua hora. Vá e mostre a ele como está linda. E o mais importante, entregue a ele esse amor que a manteve viva por todos esses anos.

— Deseje-me sorte.

— Toda a sorte do mundo, minha querida! Você merece.

Nicole pousou um beijo na fronte da senhora em sinal de benquerença e saiu.

— Por favor, fique com Isabelle. Não deixe que ela vá até a sala.

— Fique sossegada. Entregue sua felicidade a quem de direito.

Nicole entrou na sala. As lágrimas desciam com enlevo. O coração disparou, as mãos ficaram gélidas. Henry, emocionado, mas sereno, como era de sua alma, fixou seus olhos na mulher amada. Todos aqueles anos e nada mudara.

— Nicole!!!

Ela, sutilmente foi se aproximando e parou a pouca distância. Por alguns segundos ficou contemplando aquele rosto por quem todas as noites revivia a paixão sem ter como tocá-lo nem senti-lo. Num rompante, em plenitude de amor e desejo, ambos se abraçaram, deixando que o tempo parasse. Apenas o corpo fluídico entrelaçou-se com êxtase. As lágrimas dos dois amantes se fundiam em um misto de plena felicidade e paz. Eram duas almas em uma busca constante de várias encarnações, lutando para unificar todas as existências vividas com amor e por amor.

Michael, mais calmo e já raciocinando, chorava num canto da sala. Sentado humildemente, nunca havia presenciado os dois jovens juntos. Em sua pequena sabedoria, enxergou nitidamente que nenhum homem e força alguma poderia separá-los. Não nesta vida. Feliz, achou providencial deixá-los sozinhos. Era hora do entendimento.

Henry, abraçado a Nicole, sussurrava em seu ouvido:

— Eu a amo. Amo-a muito. Como sonhei com este momento! Prometa-me que nunca mais vai me deixar?

— Você é e sempre será o amor da minha vida!

— Olhe em meus olhos, Nicole, e repita o que acabou de dizer.

Nicole afrouxou o abraço, suas lágrimas insistiam em participar de tão glorioso momento.

— Você é e sempre será o amor da minha vida!

Henry beijou seus lábios apaixonadamente, repetidas vezes. Era tão somente nos braços de Nicole que podia sentir sua virilidade.

— Preciso do seu amor, do seu corpo, de você, Nicole.

— Diga que nada mudou, que seu desejo por mim é tão intenso como quando ainda éramos apenas adolescentes — disse Nicole, não controlando seus instintos.

— Digo tudo o que quiser, meu amor.

O ritmo frenético de Nicole, deixou-a descompassada.

— Calma, Nicole. Vamos manter a calma, estamos juntos. Nada nem ninguém vai nos separar. Vamos nos sentar e conversar um pouco? Há tantas coisas que precisamos falar!

— Não, Henry. Não me largue, fique mais um pouco junto de mim!

Nicole não conseguia se soltar de Henry para ouvi-lo. Mas o jovem, por conhecê-la, já sabia que teria de usar de habilidade para que ela não se sentisse insegura por tudo o que havia acontecido.

— Nicole, está tudo bem. Estou aqui. Vim buscá-la. Está bem?

— Eu sei, esperei muito por isso, mas, por favor, fique em meus braços.

— Nicole, preste atenção, não tem por que temer, estou aqui, não estou?

Antes mesmo de o casal se separar por forças contrárias, Nicole já sentia aquela sensação de perda. Henry já havia notado isso fazia muito tempo. Desde o dia em que se despediram nos degraus da fazenda, quando ele lhe prometera uma casa para estarem juntos para sempre. Ali, naquele dia, as inseguranças de Nicole a fizeram sentir as energias de medo e perda, o que facilitou a ação de Jean. As forças contrárias se aproveitaram de sua fragilidade e colocaram seus planos em andamento, sem que Nicole se desse conta.

— Nicole, preste atenção, estou aqui, neste momento, por sua causa. Vim buscá-la, mas precisa confiar em mim. Está compreendendo?

Nicole disse que sim com a cabeça, mas não o largava. O jovem médico percebeu que aqueles sentimentos haviam se agravado, e, sem alternativa, precisou ser firme:

— Nicole, vim buscá-la. Vamos nos sentar e conversar. Há muito precisamos nos entender. Agora, se não confiar em mim, serei obrigado a ir embora sem você.

Sentindo a reação do jovem, ela concordou e se deixou cair no sofá, mas perdeu os sentidos. Henry chamou por Michael, pediu álcool ou uma bebida destilada. Assim, o médico friccionou os pulsos e a nuca dela, trazendo-a de volta. Abriu alguns botões de sua roupa e a deixou livre para respirar.

— É grave, doutor?

— Não. É um mal-estar passageiro. Logo estará bem.

— Estes últimos dias não estão sendo fáceis para mim!

— Controle-se, Michael. Afinal, você é o homem da casa.

— Graças a Deus logo, logo passarei esse título para suas mãos.

Henry sorriu feliz.

— Doutor Henry, será que a sra. Bridget pode vir para a sala? Ela está muito preocupada com Nicole.

— Sim, claro; afinal, a casa é dela.

Quando Bridget entrou na sala de mãos dadas com a linda Isabelle, Henry, o durão, frio e calculista, ficou estático. Manteve-se assim por breves segundos até retomar o fôlego. A linda italianinha era sua filha!

— Quem é essa garotinha linda? — perguntou Henry com um sorriso a iluminar seu rosto.

— Sou Isabelle. E o senhor?

— Eu sou Henry. Muito prazer em conhecê-la!

Isabelle, mais do que depressa e sem rodeios, correu com os bracinhos abertos e o abraçou, causando-lhe grande surpresa. Pensou que agir com a razão não era mais preciso, apenas deixou a emoção atropelar qualquer outro sentimento e chorou compulsivamente, abraçado a ela. Todos os que ali estavam, não conseguiram segurar as lágrimas e se entregaram a elas. Foi o dia mais feliz da vida deles. O mentor do plano espiritual, conhecido pelo promissor médico, rejubilou-se com aqueles irmãos que faziam parte de sua história. Henry mal acreditava que sua colaboração fora tão imprescindível para que aquele pequeno ser de luz viesse ao mundo encantar sua vida. Isabelle, depois de abraçar o pai, segurou o seu rosto com as suas delicadas mãozinhas, e perguntou:

— Por que está chorando?

— Bem, porque... Olhe só como é a vida, eu a conheci hoje, mas a amo há muito tempo.

Isabelle, enxugando as lágrimas do pai que teimosamente desciam, continuou:

— Ah, mas agora não vai chorar mais. Já que me ama muito, senhor, pode morar aqui comigo, não é, mamãe?

— Claro, minha querida, se o doutor Henry quiser, será bem-vindo!

Henry tornou a abraçar a filha com um amor que jamais sequer poderia supor que existisse.

— E se eu convidasse a mamãe, o tio Michael, a sra. Bridget e você para morarem comigo em outro lugar. Você iria?

— Eu posso ir, mamãe? Eu levo vocês também!

Todos, muito felizes, riram bastante do jeito extrovertido da pequena Isabelle.

— Bem, minha querida, se o dr. Henry quiser todos nós morando com ele, claro que pode, meu amor!

— O senhor quer mesmo todos nós?

— Claro que sim. Posso contar um segredo para você? — perguntou o pai bem baixinho no ouvido da pequena.

— Pode sim — respondeu Isabelle em seu ouvido.

— Então já está combinado, vamos todos morar juntos.

— O senhor mora onde?

— Moro em um país chamado França. Não é muito longe daqui, é pertinho!

— Ah, mamãe, esse é aquele que tio Michael falou outro dia, não é?

— Sim, mas não foi outro dia, foi ontem que o tio Michael chegou de viagem contando as novidades.

— Tá vendo, senhor, o tio Michael falou assim para a mamãe: 'Você, querendo ou não, Nicole, vou levá-la para o sr. Henry!'. Ah, não foi assim não, foi assim: 'Vou levá-la para o dr. Henry'. Por acaso é médico?

Henry não cabia em si de felicidade; sua alma exultava por conhecer um amor incontrolavelmente forte. Ele não sabia o que fazer para agradar à garotinha. Seu mundo agora estava perfeito.

— Bem, Isabelle, eu sou médico sim, mas você não precisa me chamar de doutor. Para você sou Henry, está bem? Eu a amo, Isabelle. Eu a amo muito.

Isabelle apertou as bochechas do pai e, em seguida, beijou-as. Henry já não sabia definir tanta felicidade. Pela primeira vez, estava eufórico demais.

— Isabelle, posso lhe pedir um grande favor? Vamos fazer o seguinte: você vai arrumar tudo, tudo de que mais gosta para levarmos na viagem. Está bem?

Isabelle saiu correndo feliz por ir viajar e Henry aproveitou sua ausência para dizer o motivo de sua ida até lá.

— Gostaria de pedir desculpas a todos por ter vindo de surpresa e invadido este lar, mas confesso que fiz isso por medo. Contratei um detetive para seguir Michael e peço minhas mais sinceras desculpas, mas era impossível perdê-los de vista novamente. Fui antiético, mas não encontrei saída.

— Não se preocupe, eu em seu lugar faria o mesmo!

— Esqueci-me, sra. Bridget, que não confia mais em mim — contestou Michael.

— Confiar em você, confio, Michael, mas passar o que o que o dr. Henry passou é diferente.

— A senhora está certa, mesmo assim ficam aqui minhas desculpas.

Nicole parecia estar sonhando, olhava com tanta admiração para Henry que até parecia que acabara de conhecê-lo. Notou que estava muito mais bonito com a maturidade. Sem conter sua paixão, aproveitou que Isabelle não estava ali e sentou-se perto dele. Henry, tranquilizando sua alma, segurou sua mão com carinho.

— Sente-se melhor?

— Sim, quero embarcar logo. O que estamos esperando?

— Calma, meu amor, hoje mesmo vamos para a França. Acalme o coração, logo partiremos e deixaremos tudo para trás.

— Está tudo pronto sra. Bridget?

— Sim... Quando quiserem podem ir!

— Mas a senhora vai conosco!

— Não sei, faz muitos anos que moro aqui...

— A senhora vai sim, já conversei com o dr. Henry e ele já autorizou!

— Com certeza, a senhora vai nos acompanhar.

— Michael, você fica insistindo, mas tenho um problema, lembra-se?

— Senhora Bridget, desculpe me intrometer, mas todos os problemas podem ser resolvidos.

— Mas é que o senhor...

— Não se preocupe com nada, a senhora vai conosco, sim. Faço questão de tê-la em casa — o médico não deixou que ela se explicasse.

— Não disse, senhora, que Henry era bom para todos?

— Não exagere, Michael. Sou bom com quem é comigo. Nicole beijou o rosto do amado.

— É mentira, sra. Bridget, ele é assim com todos.

— Mas também, por muitas vezes passamos apuros com ele!

— Não dê ouvidos, senhora, Michael exagera em tudo o que diz.

— Henry é maravilhoso, sra. Bridget.

— Tenho certeza disso, Nicole. Bem, doutor, sinto-me tão feliz e plena que aceito acompanhá-los.

POR TODA A MINHA VIDA

— Bom, já que está tudo resolvido, eu e Michael vamos comprar as passagens. Ainda hoje embarcaremos para a França. Tudo bem para você, Nicole?

— Não seria melhor irmos juntos? Como eu disse, já está tudo arrumado, falta uma coisa ou outra, mas nada que atrapalhe nossa ida ao aeroporto.

— Nicole, preste atenção, o problema é saber se tem embarque imediato. E se não tiver? Ficarão cansadas. Fique tranquila, se arrumarmos voo para breve, voltamos para buscá-las.

— Mas gostaria tanto de ir com vocês! Se não tiver voo, podemos passear pela cidade, já que você não a conhece. Tem muitos lugares que eu gostaria de lhe mostrar.

Henry sentiu que Nicole não estava nada bem, mas era preciso ter paciência.

— Tudo bem. Tive uma ótima ideia: vamos todos. Se tiver passagem para logo, bom; se tivermos de esperar, gostaria que as senhoras me levassem a um bom restaurante, de massas, claro! Vir à Itália e não comer uma boa massa, é como não ter vindo! O que acham, senhoras?

Nicole, sem se importar com quem estava presente, abraçou Henry com paixão:

— Ah, Henry, que ótima ideia. Adorei!

As duas mulheres correram para terminar de arrumar as bagagens.

— É impressão minha ou Nicole não quer largá-lo um só minuto?

— Não é impressão sua, depois de anos ainda sente as mesmas sensações, ou melhor, acho que piorou.

457

— Mas durante todos esses anos, ela me pareceu bem. Até foi resistente em procurá-lo!

— Será que ela precisou ficar tantos anos sem me procurar? Ou será que se deu por vencida, abraçou a perda e, por medo, renunciou à felicidade para sempre?

— Desculpe, mas sou obrigado a defendê-la. Eu sei que ela não teve escolha.

— Estou falando de "precisão" e não de "escolha".

— Assim o doutor me confunde. Não o estou entendendo.

— É simples, Michael. Tem coisas que "precisamos" fazer. Mas as escolhas dependem exclusivamente de nós mesmos. A diferença é que somos obrigados a arcar com as consequências das "escolhas", porque foram nossas "escolhas". Já "precisar" é a mesma coisa que "não ter escolha" eu "tive de fazer" "eu precisei fazer" esse "precisei fazer" é mais cômodo quando alguém vem cobrar uma atitude.

— É isso mesmo. Como não reparei? Sempre que eu cobrava uma atitude dela, ela colocava milhões de empecilhos. Até mesmo que o senhor ia acabar comigo! Ou que Jean ia matá-lo!

— Se Nicole enfrentasse meu pai diante de todos, principalmente da minha família, o que ele poderia fazer?

— Ah, doutor, não é bem assim. Se o senhor visse como ele ficava endiabrado quando falava do senhor. Eu faria o mesmo que Nicole!

— Pois é aí que está o pânico dela. Michael, as pessoas muitas vezes sofrem por necessidade do sentimento. Nicole,

POR TODA A MINHA VIDA

em vez de lutar por mim e por sua filha, precisou passar por tudo isso, a ter de me perder outra vez e sofrer novamente. Agora, sequer pode imaginar me perder novamente. É do seu espírito, são provações dela. É claro que não vamos crucificá-la por sentir essas inseguranças. Todos nós temos nossos medos e conflitos; para uns é mais fácil enfrentá-los, já para outros é mais fácil esperar. E foi o que ela fez. No fundo, sabia que se eu voltasse, as chances de me perder seriam remotas. Sabe por quê? Porque se eu conseguisse voltar seria porque já havia ultrapassado todos os obstáculos e não "precisaria" que alguém cobrasse uma atitude dela, compreendeu?

— Mas se Nicole não pode pensar em perdê-lo, por que não tomou uma atitude?

— Porque quando ela está perto de mim sofre inconscientemente o medo de me perder, e quando está longe, sente-se derrotada, não precisa mais lutar e me perder novamente. A sensação que ela tem é que a qualquer momento a vida vai nos separar, e ela usa a imobilidade para se defender. Talvez isso perdure por muito tempo. Eu é que terei de resolver tudo por nós dois.

— Nossa, que complicado! E o que vem a ser isso, doutor?

— Muitas vezes, carregamos as marcas de outras vidas. Tornamo-nos doentes, porém a doença não é visível para a ciência. Daqui a alguns anos, esse será o mal da humanidade. A ciência ainda engatinha nas descobertas das fobias de variadas origens. O que é simples para uns, é terrível para outros, como por exemplo: lugares fechados, altura, andar de avião, falar em público, caminhar sozinho pelas ruas etc. Os cientistas e os grandes doutores estudam para descobrir de onde vêm esses sintomas de pânico sem sentido aparente; e, para o bem da ciência, logo teremos de estudar incessantemente novas drogas que atuem nesse tipo de doença, que não aparece em exames clínicos. Resumindo, a ciência evoluirá nos próximos anos com a espiritualidade, pois as doenças sintomáticas e sem resultados físicos têm origem na alma encarnada. O que os médicos do planeta Terra cuidam como sintomas clínicos os médicos do plano espiritual cuidarão como marcas doentias do espírito. Isso não quer dizer que o paciente em questão não tenha de tomar remédios, pois as drogas, quando aqui chegam, já passaram alguns bons anos sendo testadas e foram aprovadas pelo departamento específico do plano espiritual. Por tudo isso, afirmo-lhe mais uma vez que tudo o que aqui chegar para o bem da humanidade será porque foi muito bem estudado e autorizado pelo Senhor do Mundo, nosso Criador. A evolução material sempre, em todos os tempos, andará paralelamente à evolução espiritual. Quando ouvir qualquer coisa extraordinária, tenha a certeza de que foi nada mais, nada menos que as bênçãos do Criador em prol de seus filhos.

— Já existem essas doenças entre nós?

— Já sim, Michael. Mas ainda não são consideradas doenças. Dizem coisas do tipo: "Fulano está possuído". Mas qualquer tipo de enfermidade tem origem espiritual, que pune o físico de alguma maneira. Você só vai ouvir falar sobre algumas possíveis doenças daqui a alguns anos, em um futuro bem próximo. Você me fez uma pergunta sobre Nicole e eu estou aqui lhe dando uma aula. Por esse motivo que mulher nenhuma quer se casar com médico. Eles são muito chatos! — brincou Henry.

— É, todos os médicos são esquisitos, quer dizer, acho que nasceram para isso mesmo.

Henry fingiu que não havia entendido a crítica:

— Com certeza. Tem de gostar muito da profissão e, acima de tudo, dedicar-se vinte e quatro horas por dia, pois sempre surgirão novas doenças. E nós, médicos, teremos esse desafio pelo resto de nossos dias, até que possamos fazer a viagem de volta à pátria espiritual.

— Gosto de vê-lo falar sobre essas coisas.

— Se gosta do assunto, por que não ingressa na carreira?

— O doutor está falando para eu estudar Medicina? Quem sou eu?

— Um jovem que tem uma vida pela frente e pode estudar o que mais lhe der prazer.

— Não, doutor, eu não. Gosto de ouvi-lo, mas daí a estudar existe uma diferença muito grande. Eu falei que médico nasceu para isso e, com certeza, não é o meu caso.

— Mas se pretende se casar com uma médica seria o ideal, concorda?

— O senhor por um acaso está falando de Marseille?

— Dela mesma.

— Doutor Henry, minha realidade é outra. Marseille não é para mim. Por mais que a deseje, ela está fora da minha humilde realidade.

— Por que se menospreza dessa forma? Você teve uma boa educação. Se eu fosse você cursaria uma faculdade.

— O senhor acredita que eu ainda posso voltar a estudar?

— Eu acredito. E você deve acreditar também.

— O doutor está sugerindo que eu continue meus estudos por causa da posição social de Marseille, é isso?

— Também. Seria muito bom. Mas o aconselho por você mesmo. Temos sempre de nos aprimorar quando houver oportunidades. Não devemos parar no tempo achando que sabemos tudo. A única riqueza real que levaremos conosco quando fizermos a travessia, "a viagem", são os ensinamentos materiais e morais. Tudo o que aprendemos é para sempre, e nada nem ninguém, em tempo algum, apagará o que registramos em nosso espírito, que é a essência eterna de vários ciclos de muitas provações a serem alcançadas. Por todos esses motivos é que você deve continuar seus estudos. E nunca deixe que ninguém diga o contrário. Não importa a idade cronológica, o importante é suprir a sede de conhecimento e ser um grande contribuinte para o bem comum da humanidade, seja em que segmento for.

Henry e Michael começaram a se entender, encontravam-se absortos na conversa e não perceberam que Nicole e Bridget já estavam prontas.

— Por favor, será que os homens desta casa poderiam fazer a gentileza de nos ajudar com as malas? — brincou Bridget.

Os dois as ajudaram com as bagagens e todos saíram para o aeroporto. Como o médico havia previsto, só havia passagem para o fim da tarde. Foram almoçar em um bom restaurante e depois fizeram um passeio pela cidade. Henry conheceu vários lugares. Isabelle estava encantada com o pai, embora ainda não tivesse percebido de quem se tratava, apesar de ter ouvido as conversas. Suas delicadas mãozinhas não o largavam um segundo. Nicole teve de se contentar em ficar em segundo plano, pois com aquela rival não tinha a menor chance. O médico, por sua vez, sentia-se orgulhoso por desfilar com a pequena ao seu lado.

— Isabelle, estou muito feliz de passear por Milão em sua companhia.

— Eu também, senhor.

A pequena, de mãos dada com o pai, toda hora levantava a cabeça para admirá-lo. Foi amor à primeira vista. Aquele dia eram só sorrisos a embelezar mais ainda seu rosto.

— O que gostaria de ganhar de presente?

— O senhor vai me dar um presente?

— Isso mesmo, o que quer ganhar?

— Hum... Gostaria muito de um sapato de balé!

— Não seriam sapatilhas de balé? — perguntou.

— Sim, é isso mesmo, sapatilhas de balé.

— Então me leve a uma boa loja que tenha sapatilhas.

Indo em direção à loja, Henry perguntou:

— Isabelle, antes de escolher não seria melhor perguntar para a mamãe o que ela acha?

Isabelle balançou a cabeça em sinal de positivo.

— Nicole, Isabelle quer uma sapatilha de balé. Tudo bem?

Nicole, sorrindo, olhou para a filha e fez outra pergunta:

— A mamãe já não lhe explicou que ainda não é a hora? Você é muito pequena.

Isabelle olhou para a mãe, já conhecia a resposta.

— Hi... E agora, o que faremos? — brincou Henry.

— Que mal há? Pode comprar sim, doutor. Faz tempo que Isabelle pede para a mãe! Eu, como avó postiça, permito!

— Está vendo, Henry, como paparicam essa menina? — disse Nicole indignada.

— Não sei, mas me parece que conheço uma garota igual!

— Por um acaso essa garota sou eu, dr. Henry?

— Não sei, mas seu nome é Nicole. Vocês a conhecem? — brincou Henry bem-humorado.

Nicole, impulsiva, chegou perto de Henry e o beijou. Isabelle olhou para a mãe com desconfiança. Henry, de mãos dadas com Isabelle, disparou na frente e entrou na loja. Ele não só comprou as sapatilhas como a roupa toda de balé e, baixinho, falou no ouvido da filha:

— Quando chegarmos a Paris vamos conhecer uma boa escola de balé. O que acha?

Isabelle com as duas mãozinhas no ouvido do pai, em sentido de segredo, respondeu feliz:

— Eu vou gostar muito! O senhor vai me levar para a escola?

— Com certeza, terei o maior prazer.

Henry estava completamente apaixonado pela filha. Pela primeira vez não se deu conta de que a emoção o havia tomado por completo. Queria que aquele momento não acabasse. Enquanto a vendedora fazia o embrulho, Henry, sem segredos, perguntou para Isabelle:

— Vou lhe pedir um favor. Você poderia me ajudar a escolher um presente para um garotinho?

POR TODA A MINHA VIDA

— Um garotinho como eu?

— Sim, como você.

— Quem é esse garotinho? É seu filho?

Nicole na mesma hora fixou seus olhos no médico esperando uma resposta:

— Não, é um amiguinho meu!

— Como ele se chama?

— Jacques. Ele é um garoto muito bonito também, igual a você. Tenho certeza de que vai gostar de brincar com ele.

Nicole, sem se conter com aquele bico próprio dela quando se zangava, pronunciou-se:

— Quem é Jacques?

— É uma criança do orfanato de que eu lhe falei, Nicole — interferiu Michael, poupando Henry.

Isabelle e o pai compraram algumas roupas e alguns brinquedos para ambos e seguiram rumo ao aeroporto, pois já estavam em cima da hora de embarcar.

Henry, feliz e muito agitado, como nunca havia se sentido antes, não cochilou nem por um segundo. Em compensação, as duas mulheres mais importantes de sua vida disputaram seu ombro e dormiram tranquilas.

Capítulo 35

A UNIÃO

J á era noite quando todos chegaram à casa de Henry. Os visitantes se encantaram com tudo o que os olhos puderam admirar. Estava tudo impecavelmente arrumado. Bridget não encontrava palavras para qualificar tanta beleza e harmonia. Parecia ter entrado em uma galeria de arte, que, aliás, é uma coisa muito típica dos franceses, que são admiradores e colecionadores de obras de arte em geral. Já tinham bom gosto e elegância desde Napoleão Bonaparte, sem contar com os bons perfumes e a gastronomia singular. Henry, além de médico, era conhecedor requintado de belas obras.

Nicole olhava à sua volta com admiração e ao mesmo tempo constrangimento. O jovem, com sua percepção aguçada, quebrou o desconforto que ela estava sentindo:

— Nicole, isso tudo é seu... Lembra-se de quando ainda éramos pequenos e ficávamos durante horas olhando as gravuras dos melhores pintores nos livros de minha mãe?

— Sim, eu me lembro, mas nunca imaginei que um dia veria em sua casa essas pinturas.

Henry se aproximou dela e beijou suas mãos carinhosamente.

— Minha casa não, nossa casa, Nicole. Esta casa é sua. Desejo do fundo de meu coração que se sinta à vontade para mudar e colocar o que quiser onde quiser. Os objetos e enfeites foram conquistados pensando em você. Minha vida toda, até o presente momento, tudo, tudo o que montei, foi por você.

Nicole, perdendo totalmente o senso de proteção da filha, abraçou-o e beijou no rosto repetidas vezes.

— Ah, Henry como o amo. Você está me surpreendendo a todo minuto. Como eu poderia esquecer um homem como você?

— Mamãe, a senhora vai namorar o sr. Henry?

Nicole, feliz e determinada, respondeu abraçando a filha:

— Olhe, minha querida, a mamãe tem muitas coisas para lhe contar a respeito de Henry. Apenas peço que espere um pouco mais, assim que todos estivermos vivendo junto vou lhe contar tudo, já está na hora de saber tudo sobre nossa família. Está bem?

Isabelle tinha apenas cinco anos completos e ainda não entendia muita coisa, mas as vibrações de amor sempre são o maior riqueza de ligação de benquerença que o ser humano pode sentir e desfrutar. Por essa razão, a filhinha de Henry e

Nicole abraçou com força a mãe, deixando cair algumas lágrimas sem sentido nenhum para ela, mas muito emocionantes para seu espírito.

— Esta casa também é minha? É muito grandona! — perguntou Isabelle enxugando as lágrimas que vertiam de seus olhos.

— É sim, minha querida. Tudo o que está vendo é seu.

Henry agasalhou sua filha em seus braços e a apertou comovido.

— Isabelle, quero que conheça Desirée.

— Muito prazer, Isabelle. O dr. Henry me falou que logo ia chegar uma garotinha para morar aqui, mas não pensei que fosse tão linda!

Arriet, outra de suas colaboradoras, estendeu a mão para cumprimentá-la:

— Espero que você goste de mim, estávamos muito ansiosos para conhecê-la.

— O que você é do sr. Henry?

— Eu trabalho aqui. Eu e todos os outros que você ainda vai conhecer. Cada um tem uma função. Como você disse há pouco, esta casa é muito grandona e precisa de muitos empregados.

— Esta é mamãe. Você também vai trabalhar para ela? — perguntou a pequena puxando a mãe e o pai para perto de si.

— Vou sim, e espero que sua mamãe também goste muito de mim.

— Agora chega, Isabelle, pare de fazer tantas perguntas, é falta de educação. O que a sra. Desirée vai pensar de nós?

— Não se preocupe, sra. Nicole, eu já a conheço desde que vim trabalhar para o dr. Henry. Estou muito feliz que estejam juntos.

— O assunto está muito bom, mas vamos nos acomodar. Por favor, Arriet, peça que levem as bagagens para os quartos. E depois os acompanhe, todos estão cansados e nada melhor que um bom banho. Os empregados, emocionados, torciam muito para que Henry finalmente fosse feliz ao lado da mulher e da filha. Os olhos de Henry sorriam de felicidade. Gentilmente, ele segurou a mão da filha e a de Nicole e juntos foram ver as acomodações dos quartos. Assim que chegou diante do quarto de Isabelle fez suspense.

— Isabelle, aqui é o seu quarto. Abra e veja se gosta.

A pequena, com dificuldade, abriu a porta.

— Nossa, mamãe! Quantas bonecas.

Os olhos da garota percorriam todos os cantos. Ela não sabia para onde ir nem qual boneca segurar. Henry fez questão de decorar o quarto da filha, lógico, com o auxílio do seu braço direito: Desirée. Os móveis eram brancos; a decoração e o enxoval eram rosa e lilás; Desirée pensou nos mínimos detalhes, como o tapete do chão e o chinelinho, que repousava sob a cama. Nicole, encantada, não sabia o que dizer. Nunca pensou que Isabelle fosse ter tanto conforto e todo aquele carinho pensado pelo pai. A pequena ficou xeretando tudo com Desirée, enquanto Henry e Nicole foram para o próximo quarto.

— Feche os olhos e me dê suas mãos — pediu Henry feliz.

— Ah, Henry, será que vai me surpreender ainda mais? Assim meu coração não vai aguentar.

— Está com os olhos bem fechados? Não me engane.

Henry a conduziu para dentro do quarto gentilmente.

— Agora abra e veja se gosta!

Nicole abriu os olhos, que brilhavam feito estrelas em noite de luar, e um contagiante sorriso emoldurou seu rosto angelical.

— Minha nossa, Henry! Você é maravilhoso. Este será o nosso quarto?

— Sim, meu amor. Espero que goste.

Nicole, trêmula e com as pernas bambas, mal conseguia definir o que sentia naquele exato momento. Era como se seus sonhos retornassem das cinzas, dando-lhe a segunda oportunidade de um começo resplandescente. A vida brindava sua alma com um bem precioso, lapidado por Deus e pelos anjos de todo os céus.

Henry respeitou seu momento. Deixou que Nicole admirasse tudo sem pressa. Passaram-se longos minutos. A jovem se sentia a mulher mais importante do planeta: uma mulher plena diante do homem que merecia todos os votos de luz que existissem no universo.

Ela realmente era uma mulher privilegiada. Tinha ao seu lado o seu príncipe encantado e não mais que de repente correu para seus braços e o beijou apaixonadamente nos lábios. Henry se entregou completamente.

— Gostou do seu quarto, meu amor?

— Por que meu quarto? É nosso quarto, não é?

— Adoro quando fica séria e me coloca contra a parede.

— Você não me respondeu. Não vou ficar aqui sozinha nem um minuto sequer!

— Nicole, meu amor, gostaria de expor o que penso. Posso? Sente-se aqui bem pertinho de mim, não quero ficar mais nem um minuto longe de você.

— Henry, não gosto quando me trata feito criança mimada. É sinal de que vai me dizer algo que não vou entender.

— Está ficando muito sábia, viu? Mas tenho certeza de que vai me dar razão.

— Henry, qual é a novidade agora?

— Nicole, quer se casar comigo?

— Está falando sério?

— Não me responda com outra pergunta.

— Quer se casar comigo?

— Sim... É o que mais quero neste mundo. Eu o amo mais que minha própria vida. Eu quero, meu amor.

Nicole beijou repetidas vezes seus lábios e Henry se rendeu às emoções. O médico não se controlava diante do amor que sentia por ela. Somente essa francesa tinha o poder de ordenar, e ele como súdito, obedecer. Realmente, a jovem tinha o controle de todos os seus sentidos.

Ela também perdia a noção de tempo e espaço nos braços do médico. Ambos não se importavam com ninguém. O néctar, o elixir e a poção do amor agiam ferozmente no corpo de ambos e os embriagavam instantaneamente, também deixando fluir os desejos mais íntimos.

Contudo, o médico, sentindo que algo a mais poderia acontecer, disse em seu ouvido:

— Meu amor, é melhor pararmos. A porta está aberta e alguém poderá aparecer de repente.

— Mas estou morrendo de saudade de você.

O médico tinha jogo de cintura e sempre achava uma saída quando se encontrava em apuros.

— Mas ainda não terminei de fazer meu pedido formalmente. Com você ao meu lado não consigo raciocinar; você consegue me deixar sem controle nenhum. Deixe que eu termine o que comecei e treinei tanto.

Henry beijou loucamente seus lábios e concluiu:

— Está vendo aquela caixinha em cima da penteadeira? É para você.

Henry a sentou na banqueta e se ajoelhou à sua frente. Pegou a pequena caixa e a abriu, concluindo seu pedido:

— Nicole, em sinal do meu amor eterno entrego a você esta aliança que selará nossa união.

O médico colocou a aliança em seu dedo e pousou um beijo sobre ela, em sinal de verdade. Nicole não cabia mais dentro de si, a emoção era grande e verdadeira, e as lágrimas que fluíam deixaram sua voz embargada:

— Henry, amor da minha vida, juro, perante Deus, nosso Pai, que o farei o homem mais feliz do mundo.

Diante daquele amor abençoado pelo Criador não eram necessárias testemunhas, mas Henry sempre fizera de sua vida um caminho correto e por esse motivo marcou a data do casamento. Achava que isso seria melhor para o entendimento de sua amada filhinha. Escolheram o dia 25 de dezembro, quando o mundo comemoraria o nascimento do mestre Jesus. A redenção daqueles três seres encarnados foi abençoada pelo amor de Deus.

ALEXANDRE VILLAS | FÁTIMA ARNOLDE

* * *

Henry estava na mais absoluta paz e harmonia. Apenas Nicole estava impaciente com a distância de Henry, que prometera se resguardar para depois da união em respeito à Isabelle. O quarto dos noivos teria de esperar para a tão sonhada noite de amor. Assim, Nicole ficou no quarto dos noivos e Henry no quarto de hóspede. O tempo era escasso, mas perfeito para os últimos preparativos da festa de Natal e casamento. A casa deles se agitava como ondas do mar. Henry, com a ajuda de Isabelle e de Michael, dava os últimos retoques nos enfeites da árvore que eles fizeram questão de montar para ornamentar o altar da cerimônia. Lisa, depois de muito tempo iria para a capital dos sonhos, Paris, para a tão sonhada união do filho e de Nicole, e, mais do que isso, para conhecer a neta Isabelle. Estava ansiosa. Henry convidou todos da fazenda e os sogros, que chegariam uma semana antes. Só ficou apreensivo se o salão de festa comportaria todos os que amava, pois não se esquecera de ninguém. Jacques e Isabelle seriam o casal de honra. Entrariam na frente da noiva, levando as alianças. Tudo parecia perfeito. Henry procurava conciliar o hospital e sua casa. Estava mais magro, porém feliz. Passava das quatro horas da tarde quando Lisa chegou acompanhada da filha, do genro, de Julliete e dos pais de Nicole. A emoção de todos que se encontraram depois de longos anos foi um júbilo pelos quatro cantos da casa, responsável por levar a cada alma paz e serenidade imensuráveis. Isabelle logo ficou cheia de dengo e gracinhas com as muitas atenções. Nicole, mãe extremosa, já havia

POR TODA A MINHA VIDA

preparado a filha quanto ao grau de parentesco que cada um representava em sua vida, para não pegá-la de surpresa. A noite caiu e todos estavam se preparando para um grande jantar de confraternização, quando Henry chegou do hospital carregando consigo Jacques.

— Terei de trabalhar dobrado para fazer essa festa. A família está crescendo muito — brincou Henry ao ver todos reunidos. Para ele, era mais que um bênção de Deus.

— E pode se preparar que a família está aumentando mesmo, meu irmão — brincou Lia exibindo a barriga.

— Lia, minha irmã, está grávida?

— Pensa que vai ganhar de mim? Saiba que está muito enganado.

— Parabéns! Estou muito feliz por você e Patrick!

Patrick veio abraçar o cunhado todo convencido.

— É, dr. Henry, vamos ter de correr muito para ver quem dará mais netos a nossos pais!

— Bem, não quero me envaidecer, mas por enquanto quem está ganhando sou eu! Gostaria de apresentar a todos o Jacques, o mais recente membro da família D'Moselisée.

Todos ficaram surpresos, com exceção de Nicole, que já estava a par e de comum acordo com a adoção do garoto.

— Seja bem-vindo, Jacques. Henry falou muito em você, estou feliz por tê-lo em nossa casa — disse Nicole, com carinho.

— Jacques, lembra-se do segredo? Pois então, é essa moça bonita.

— Claro que me lembro, é *mademoiselle* Nicole. O dr. Henry a ama muito. Ele me disse que assim que se casasse com a senhora, vocês seriam meus pais.

Todos os que se encontravam ali se emocionaram com o garoto. Lisa, com o coração disparado, falou:

— Seja bem-vindo, Jacques. Sou Lisa, sua avó. Sinta-se muito amado por todos nós!

Jacques abriu os bracinhos e abraçou Lisa, agradecendo:

— Muito obrigado, eu os amo muito também!

Todos se aproximaram de Jacques e lhe deram as boas-vindas. Henry sentiu que Isabelle, em um canto, estava com uma pontinha de ciúme.

— Isabelle, venha conhecer Jacques!

Ela, meio tímida, aproximou-se de Henry e disse, olhando em seus olhos fixamente:

— Ele também é seu filho, papai?

Henry olhou para Nicole, que confirmou com um sorriso que Isabelle já sabia de toda a história sobre a existência de um pai maravilhoso. O médico, frio e resistente às emoções, respondeu com olhos marejados de lágrimas:

— Sim, filha querida, ele também é seu irmãozinho. Papai tem certeza de que vocês vão se dar muito bem.

Henry, entre os filhos, chorou. Permaneceu por longos instantes extravasando todo o amor contido em sua alma. Nicole, por sua vez, abraçou-os, deixando que aquele momento os fortificasse rumo a uma caminhada de lutas e grandes aprendizados. A jovem, naquele instante sublime, prometeu a Deus que os amaria em todos os momentos de sua jornada.

Assim, a família reverenciou o "Criador" por poderem participar do caminho de Henry, que confiou nos ensinamentos do Mestre Jesus.

O médico entendia que nada era para sempre: nem os momentos bons, nem os momentos ruins. Tudo era transitório e muitos pedaços daquela caminhada já estavam escritos; para ele, as coincidências não existiam.

E como ninguém tem inteligência suficiente para desvendar seus caminhos, é dever de todos cumprirem ou tentarem fazer a sua parte, com a certeza de que nunca se está sozinho e de que sempre haverá uma força suprema impulsionando-os para o melhor.

* * *

O dia 25 de dezembro chegou. A neve caía incessantemente e enfeitava todos os cantos de Paris. Os convidados já estavam presentes e atentos para esperar a noiva. Henry estava mais bonito e elegante que o habitual. Sua felicidade irradiava-se a todos os presentes e demonstrava a plenitude de vida de um ser que buscara a todo custo o que realmente lhe pertencia. A música suave acolheu a noiva, que entrou sob os olhares de todos os convidados, que admiravam sua beleza angelical e marcante. Embora as lágrimas descessem pelo seu rosto, ela sorria com satisfação. Louis acompanhava a linda noiva, amparando-a com sublime desvelo.

A cerimônia e a festa transcorreram com muita alegria. Os noivos mal conseguiram ficar juntos, pois todos cobravam a atenção deles; afinal, foram os noivos mais esperados por aqueles que torceram pela felicidade deles. O dia 25 já estava se findando quando os convidados se despediram dos noivos.

Só a família Village não se preocupou em se retirar. Principalmente Village, que se sentia feliz por ver "seu filho" casando.

— Henry, como estou feliz por você, meu filho! Graças à sua teimosia, hoje está casado!

— Graças à minha perseverança de encontrar Nicole!

Village o abraçou com força e disse feliz:

— Henry, desejo-lhe toda a felicidade do mundo e espero que nunca em sua vida se esqueça de mim, mesmo quando terminar de construir o novo hospital em Versalhes.

— Doutor Village, acho que ainda não me conhece! Eu o amo mais que a um amigo e companheiro de jornada. Fique tranquilo, pois o senhor mora em meu coração e sempre será um pai para mim. Quero que saiba que jamais em toda minha existência vou esquecê-lo.

Henry não costumava usar as palavras "jamais ou nunca", mas, realmente, seu sentimento pelo médico era límpido e forte. E o sentido dessas palavras, também.

Village e Henry se abraçaram por longos instantes, como dois irmãos que colocaram em prática o juramento de fazerem todo o possível para salvar vidas. Realmente, eram guerreiros de profissão.

Marseille não se aproximou do noivo nem para cumprimentá-lo pelo casamento. Desde a última vez que se desentenderam, não se falaram mais, e o médico a respeitou. Marseille ainda não estava certa de seus sentimentos e durante a festa ficou em companhia de Michael. Mas, lógico, seus olhos ainda procuravam pelo seu médico preferido o tempo todo. Michael não se sentia à vontade com aquela situação, porém procurou pôr em prática o que seu mais recente amigo aconselhara.

Restaram poucas pessoas no salão, apenas os mais íntimos e os da família.

— Como está, meu amor? — perguntou o noivo quando finalmente pôde ficar com a esposa.

— Depende. Se for para acabar a festa estou cansada. Agora, se for para ficar ao seu lado finalmente, estou muito disposta!

Henry a beijou delicadamente e cochichou:

— Eu não vejo a hora de ficar sozinho com você.

Nicole o abraçou com amor. Todos estavam cansados, não apenas os noivos. O dia fora de muita festa, mas também de muita correria. Olhando Lisa e Marietta, ela disse:

— Henry, sua mãe deve estar muito cansada, é melhor irmos embora.

— Falando em cansada, onde estão Isabelle e Jacques? Já faz algum tempo que não os vejo por aqui.

— Há muito Bridget levou-os, já devem estar sonhando com os anjinhos.

— Também, correram o dia todo, precisavam mesmo de um bom sono.

Todos se retiraram. Ao chegar a casa, Henry levou a mãe para o quarto e a ajudou a se vestir e deitar. Antes de se recolher, passou no quarto de Isabelle e de Jacques para se certificar de que descansavam em paz. Depois, finalmente, ficou sozinho com Nicole, entregando-se ao amor e desejo e revivendo as emoções contidas. Amaram-se apaixonadamente até que, exaustos, adormeceram. Faltava pouco para o almoço, quando Henry abriu os olhos e teve um imenso prazer de estar ao lado de Nicole. Acolheu-a em seus braços e, carinhosamente, falou em seu ouvido:

— Está na hora de acordar, *lady D'Moselisée*.

— Meu senhor, que prazer amanhecer ao seu lado! Dormiu bem?

— Como um anjo. Estou louco para ganhar um beijo de bom-dia.

— E eu estou louca para dar um beijo de bom-dia. Eu já disse que o amo muito, muito, muito?

— Hoje ainda não.

Nicole o abraçou com força e repetiu:

— *Je t'aime... Je t'aime...*

Henry a pegou nos braços e em seus lábios pousou um ardente beijo. Enquanto ambos estavam vivendo o direito de se amar, no andar de baixo a festa continuava. Isabelle e Jacques nem se lembravam dos pais, pois a melhor parte eram os avós, que tudo permitiam, para a alegria deles.

Capítulo 36
O GRANDE SEGREDO E A VERDADE

As festas de fim de ano passaram. Iniciava-se um novo ano, uma nova esperança para todos. Henry trabalhava e procurava superar todas as suas expectativas. As obras do novo hospital em Versalhes estavam a todo vapor. Quando ele não conseguia inspecionar de perto, Jardel fazia isso por ele com imenso prazer, pois era mais um aliado médico que Henry fez questão de ter ao seu lado.

Michael finalmente tornou-se um homem realizado por ter alguém para chamar de mãe. Henry, como era de se esperar, com o auxílio de um especialista, fez minuciosa investigação comprovando que realmente Bridget era sua mãe biológica. Provando que Jean custeava a educação do sobrinho, pôde regularizar seu registro de nascimento e colocar o sobrenome D'Moselisée.

E ele também passou a ser um herdeiro da família. Bridget preferiu continuar morando na quinta dos vinhos, ao lado do filho, resgatando tudo o que não pôde fazer por ele durante todo o tempo em que estiveram separados. Assim, Michael e Pierre, não só estavam dando conta da indústria de vinhos como superaram a produção e as vendas, deixando a marca D'Moselisée com uma fortuna mais do que razoável.

Patrick voltou a Paris e terminou a faculdade. Lia o acompanhou. Nicole não quis ficar para trás, mesmo porque seu ciúme não permitia. Ingressou para a faculdade de enfermagem para estar lado a lado com o marido. Seu dia era cansativo. Além dos estudos se dividia na educação dos filhos e ainda arrumava tempo para acompanhar o marido em suas atividades filantrópicas. De uma simples dona de casa, tornou-se empreendedora da família e dos negócios do marido. Às vezes, Nicole tinha crises de insegurança em relação a Henry; o amor que sentia às vezes a sufocava, mas concordou em fazer tratamento médico e espiritual e, aos poucos, sua alma adquiriu mais entendimento e fortalecimento.

Marseille firmou namoro com Michael, mas ainda guardava um sentimento inigualável por Henry. Antony, engenheiro dedicado de grandes obras, era o responsável pelo hospital que o médico e a sua família se propuseram a construir.

Melissa ingressou para a teledramaturgia, porém as mulheres ainda não eram consideradas artistas e havia muitas críticas da sociedade.

Todos, cada um em seu caminho, aos poucos tentavam evoluir da melhor maneira. Apenas Lisa estava doente e pálida, quase transparente em suas últimas horas de vida carnal.

Na verdade, ela nunca desfrutara de boa saúde. Contudo, Julliete, sua fiel empregada, e Marietta não desanimavam e tinham esperança de que ela ainda conheceria muitos netos.

Contudo, um dia, inesperadamente, Lisa teve um derrame que agravou seu estado físico. Os filhos foram chamados às pressas, porém ela se recusava a ir para o hospital.

Assim que os irmãos chegaram na companhia das respectivas famílias, dirigiram-se para o quarto onde ela estava estendida sobre a cama.

— Calma, minha sogra, nós chegamos. Estamos aqui ao seu lado.

Lisa se mostrava tranquila e consciente. Abriu os olhos e com a voz fraca se pronunciou:

— Como, está, minha querida?

— Estou bem, mas preocupada com a senhora. É preciso que a levemos para o hospital.

— Não, minha filha, a única coisa de que preciso agora é de vocês ao meu lado. Acho que chegou a minha hora.

Lia, sem coragem de se aproximar da mãe, chorava sentida em um canto do imenso quarto. Nicole não conteve as lágrimas e começou a se desesperar. Henry procurou se manter tranquilo. Afastou a esposa e pediu que Julliete fizesse um chá calmante para todos.

— O que sente, mãe?

— Henry, meu filho querido, como o amo. Não se preocupe, filho, apenas fique ao meu lado. Onde está Lia? Preciso ver minha filha querida.

Henry estendeu a mão para que a irmã se aproximasse. Lia, ao segurar as mãos da mãe, não suportou e deixou a emoção fluir.

— Estou aqui, mãe. Por favor, mãe querida, não nos deixe.

— Meus queridos, vocês todos são as joias mais preciosas que procurei lapidar em minha vida.

— Mãe, é preciso levá-la ao hospital. A senhora precisa de cuidados médicos.

— Não, meu filho amado. Eu não preciso de médico algum. Já tenho você. E você, meu filho, é o melhor médico do mundo. O que preciso realmente é de todos vocês ao meu lado.

— Por favor, mãe, não resista. Vamos para o hospital!

— Não, meu querido. Preciso apenas de você aqui. Tenho de lhe contar um segredo...

Henry sentiu que era chegada a hora de Lisa fazer a viagem.

— Você, Henry, sabe que minha hora está chegando. Lia, minha querida, cuide bem desse serzinho que está vindo ao mundo. Não seja como eu que escondi a vida toda os meus pecados e remorsos. Eduque-o com serenidade e muito amor e, acima de tudo, lute sempre por ele.

Lia chorava copiosamente.

— Por favor, mãe, não fale assim. Como ficaremos sem a senhora?

— Onde está toda a sua crença, meu filho? Você sempre nos ensinou que nossa separação é temporária. E hoje eu lhe digo: continue sua jornada. Assim que cumpri-la, estarei esperando-o. Tenha certeza disso.

POR TODA A MINHA VIDA

Henry se levantou por alguns minutos para não deixar a mãe sentir seu desespero, mas sabia que suas provações estavam se findando. Era apenas uma questão de tempo. Julliete o fez tomar o chá para que se recuperasse da emoção e falou:

— Henry, meu filho, aproxime-se.

Henry novamente se aproximou da mãe e segurou suas mãos.

— Sei, meu filho, que é um rapaz nobre de alma. Por essa razão devo lhe contar a verdade. Assim entenderá de uma vez por todas por que Jean era tão rude com você.

— Minha mãe, isso tudo é passado. Meu pai e eu já nós entendemos.

— Não, meu filho. Você não está me compreendendo.

— Claro que estou. Eu e meu pai já nos perdoamos. Não se preocupe mais com essa história, já ficou para trás há muito tempo.

— Não ficou para trás. Talvez se eu tivesse lhe contado há mais tempo não levaria comigo tanto remorso!

— Por que está dizendo todas essas coisas, mãe?

— Lembra-se de quando na varanda me fez voltar ao passado?

Henry, ainda segurando as mãos da mãe, respondeu:

— Claro que me lembro!

— Pois bem, chegou a hora de saber por quem sua mãe até hoje guarda aqui dentro do peito um grande amor. Jean sempre teve ódio de mim. Sabe por quê?

— Mãe, meu pai não tinha ódio da senhora.

— Henry, como você é bom. Mas não queira defender-me.

485

— Não a estou defendendo, só estou lhe dizendo que a senhora sempre foi o amor da vida de meu pai.

— Pare, meu filho. Pare de chamar Jean de pai, pois ele nunca foi seu pai.

Todos se olharam espantados, mas puderam entender por que Jean nunca gostara de Henry. Lisa, sentindo que seu corpo já estremecia para o desligamento, deu um grito abafado:

— Seu pai, meu filho, é Louis, o sócio de Jean.

— Do que está falando, mãe?

— Escute-me, meu filho. Sinto que meu tempo está se abreviando...

— Calma, mãe, procure se acalmar.

— Seu pai, meu filho querido, é Louis, por quem sua mãe padeceu a vida inteira de amor. Pequei em não acreditar no amor que seu pai sempre sentiu por mim. Sou grata a Deus por ter me dado uma filha maravilhosa como sua irmã Lia. Mas devo confessar que o amor de toda a minha vida foi seu pai. Por esse motivo lhe peço que se amem sempre, não deixem que nada interfira na vida de vocês, sejam sempre abençoados por Deus e por esse amor verdadeiro que os alimenta e os impulsiona rumo à vida eterna. Se fui pecadora, foi por amar seu pai acima de todos os rótulos e convenções de uma sociedade onde a mulher nunca pôde nada. Você, filho querido, foi o fruto de um amor que levarei para toda a minha vida.

Henry sentiu como se estivesse em outra dimensão. Abraçado à mãe e com as lágrimas a verterem abundantemente, viu Louis, aquele que conhecia por Germano, seu amigo espiritual, na cabeceira da mãe espalmando suas mãos sobre eles e dizendo:

— Isso mesmo, meu filho amado, por todo o seu caminho estive ao seu lado. Com sua generosidade pudemos cumprir, mais uma etapa de nossa vida. Lembra-se de quando me perguntou o porquê de não estar em sua história quando Jean desencarnou?

— Sim, lembro-me.

— Sempre estive em sua história. Mesmo deste outro lado da vida. Você é mais que um orgulho para mim, você é a plenitude de um grande amor que sempre me moveu para trabalhar por todos da sua história. Filho amado, todo o tempo estive em sua vida. Em sua história.

— Sempre me acompanhou em minhas aflições. Esteve comigo esse tempo todo, por que não me contou? — perguntou o agora fragilizado médico.

— Porque, filho querido, não podemos agir por impulso, influenciá-lo, podemos apenas orientá-lo. Todos têm o direito ao livre-arbítrio, lembra-se? Você veio para essa tarefa e a cumpriu. Sinto muito orgulho de você. Continue assim. Um dia nos encontraremos. Você não precisa mais de mim ao seu lado, já é capaz de continuar sozinho. Preciso regressar à pátria espiritual. Guarde o eterno amor de sua mãe e ampare sua irmã, estaremos à sua espera para que um dia, quem sabe, continuemos auxiliando e fortificando outros irmãos como você faz hoje. Sossegue sua alma, querido amigo Henry. Com a permissão do nosso Pai maior vou amparar sua mãe, que sempre foi e sempre será meu amor eterno. Na medida do possível, estarei auxiliando Jean D'Moselisée a entender suas fraquezas e fortificar seus caminhos. Que nosso Criador abençoe cada um de vocês. Que o bálsamo salutar do nosso Mestre Jesus os inspirem a serem melhores. Que assim seja.

O quarto se iluminou. Louis e Lisa se despediram e sumiram como uma nuvem de luz. Nicole, pela primeira vez, viu em espírito um desencarne. Seu coração pulsava com força, e ela mal conseguia respirar. A grande e comovente emoção a arremessou nos braços de Henry. Todos elevaram uma prece a Deus e agradeceram o privilégio de tão lúcida e esplendorosa passagem de uma vida carnal para a espiritual, firmando o conceito de que Deus é misericordioso com todos os filhos, e que a morte nada mais é que a mudança de um estágio para o outro, pois todos os filhos retornam à casa do Pai.

* * *

Assim termina a história de um grande médico que passou por essas experiências e nos ensinou que devemos acreditar que tudo em nosso caminho tem um porquê. E, mais que isso, não devemos nos preocupar em saber quem são nossos pais biológicos, o importante é sentirmo-nos felizes com nossos pais, que nos acolheram na tentativa de doarem o seu melhor. A identidade nem sempre é a verdade. O amor e o respeito sim, serão em todos os tempos o grande segredo e a verdade entre todos do mundo material ou espiritual.

Sem caridade não há salvação.

FIM

Leia estes emocionantes romances do espírito Alexandre Villas

Psicografia de Fátima Arnolde

MEMÓRIAS DE UMA PAIXÃO

Mariana é uma jovem de 18 anos, cursa Publicidade e, à tarde, trabalha na agência de seu pai, Álvaro. Na mesma Universidade, por intermédio da amiga Júlia, conhece Gustavo, estudante de Direito, um rapaz bonito, mais velho que ela, alto, forte e com expressões marcantes. Nasce uma intensa paixão que tem tudo para se transformar em amor... Até Gustavo ser apresentado para Maria Alice, mãe de Mariana, uma sedutora mulher, rica, fútil, egoísta e acostumada a ter seus desejos satisfeitos. Inicia-se uma estranha competição: mãe e filha apaixonadas pelo mesmo homem.

UMA LONGA ESPERA

Laura, moça de família humilde, envolve-se com Rodrigo, rapaz rico e apaixonado. Ela sabia que jamais os pais dele, preconceituosos e materialistas, aceitariam esse namoro. Para piorar a situação, Laura engravida e, iludida por julgamentos precipitados e pensamentos confusos, termina seu romance com o namorado. Rodrigo, sem nada entender e sem saber da gravidez, muito desiludido, resolve morar no exterior. O tempo passa e Laura tem uma gravidez tumultuada, o que a leva a ter complicações durante a gestação e a desencarnar assim que seus filhos gêmeos nascem. Depois de algum tempo, Rodrigo retorna ao Brasil e descobre a existência dos filhos. Um envolvente enredo que nos mostra os conflitos vividos por relacionamentos conturbados, a falta de amor ao próximo e as grandes lições de provas e reparações que terão de ser experimentadas por todos os personagens a fim de encontrarem seus verdadeiros sentimentos rumo ao perdão.

ENQUANTO HOUVER AMOR

Santiago, médico, e sua esposa Melânia, formam um casal feliz de classe média alta. Juntos, eles têm um filho: Domênico. Mas um acidente leva a esposa de volta ao plano espiritual e a família começa a viver momentos tormentosos. Sentindo-se sozinho, apesar da companhia do filho e da mãe Luiza, Santiago se afunda no alcoolismo e vive momentos de tristeza e provação. Mas em meio a tanto sofrimento, eles conhecem Cristal, uma jovem moradora de uma comunidade do Rio de Janeiro, que em seu coração carrega o amor e a vontade de ajudar. O destino de todos vai mudar.

Romances imperdíveis!
Psicografia de Maurício de Castro

NADA É PARA SEMPRE

Clotilde morava em uma favela. Sua vida pelas ruas a esmolar trocados e comida para alimentar o pequeno Daniel a enchia de revolta e desespero. O desprezo da sociedade causava-lhe ódio. Mas, apesar de sua condição miserável, sua beleza chamou a atenção de madame Aurélia, dona da Mansão de Higienópolis, uma casa de luxo em São Paulo que recebia clientes selecionados com todo o sigilo. Clotilde torna-se Isabela e começa então sua longa trilha em busca de dinheiro e ascensão social.

NINGUÉM LUCRA COM O MAL

Ernesto era um bom homem: classe média, trabalhador, esposa e duas filhas. Espírita convicto, excelente médium, trabalhava devotadamente em um centro de São Paulo. De repente, a vida de Ernesto se transforma: em uma viagem de volta do interior com a família, um acidente automobilístico arrebata sua mulher e as duas meninas. Ernesto sobrevive... Mas agora está só, sem o bem mais precioso de sua vida: a família.

HERDEIROS DE NÓS MESMOS

Herdeiros de Nós Mesmos
A fazenda Boa Esperança era uma verdadeira mina de ouro. Durante anos, vinha sustentando a família Caldeiras com luxo e muito dinheiro. Mas o velho Mariano, dono de todo aquele império, agora estava doente e à beira da morte. Uma emocionante obra que nos mostra as consequências do apego aos bens materiais, sobretudo quando ele contamina o amor entre as pessoas, gerando discórdia e desarmonia.

O PREÇO DE UMA ESCOLHA

Neste emocionante romance, uma trama repleta de momentos de suspense, com ensinamentos espirituais que vão nos ajudar no decorrer de nossa vida a fazermos sempre as escolhas certas sem prejuízo ao semelhante.

SEM MEDO DE AMAR

Até quando o nosso medo de amar vai impedir que sejamos felizes? Hortência, Douglas e Amanda venceram esse desafio.

NINGUÉM DOMINA O CORAÇÃO

Luciana e Fabiano têm uma relação apaixonada, mas a vida separa o casal. Luciana não vai desistir e quer se vingar. Um enredo cheio de suspense, vingança e paixão, no qual descobrimos que ninguém escolhe a quem amar, mas que o caminho do verdadeiro amor deve sempre ser preenchido pelo perdão incondicional, não importando as mágoas de um doloroso passado.

Leia os romances de Schellida!
Emoção e ensinamento em cada página!
Psicografia de **Eliana Machado Coelho**

CORAÇÕES SEM DESTINO – Amor ou ilusão? Rubens, Humberto e Lívia tiveram que descobrir a resposta por intermédio de resgates sofridos, mas felizes ao final.

O BRILHO DA VERDADE – Samara viveu meio século no Umbral passando por experiências terríveis. Esgotada, e depois de muito estudo, Samara acredita-se preparada para reencarnar.

UM DIÁRIO NO TEMPO – A ditadura militar não manchou apenas a História do Brasil. Ela interferiu no destino de corações apaixonados.

DESPERTAR PARA A VIDA – Um acidente acontece e Márcia passa a ser envolvida pelo espírito Jonas, um desafeto que inicia um processo de obsessão contra ela.

O DIREITO DE SER FELIZ – Fernando e Regina apaixonam-se. Ele, de família rica. Ela, de classe média, jovem sensível e espírita. Mas o destino começa a pregar suas peças...

SEM REGRAS PARA AMAR – Gilda é uma mulher rica, casada com o empresário Adalberto. Arrogante, prepotente e orgulhosa, sempre consegue o que quer graças ao poder de sua posição social. Mas a vida dá muitas voltas.

UM MOTIVO PARA VIVER – O drama de Raquel começa aos nove anos, quando então passou a sofrer os assédios de Ladislau, um homem sem escrúpulos, mas dissimulado e gozando de boa reputação na cidade.

O RETORNO – Uma história de amor começa em 1888, na Inglaterra. Mas é no Brasil atual que esse sentimento puro irá se concretizar para a harmonização de todos aqueles que necessitam resgatar suas dívidas.

FORÇA PARA RECOMEÇAR – Sérgio e Débora se conhecem e nasce um grande amor entre eles. Mas encarnados e obsessores desaprovam essa união.

LIÇÕES QUE A VIDA OFERECE – Rafael é um jovem engenheiro e possui dois irmãos: Caio e Jorge. Filhos do milionário Paulo, dono de uma grande construtora, e de dona Augusta, os três sofrem de um mesmo mal: a indiferença e o descaso dos pais, apesar da riqueza e da vida abastada.

PONTE DAS LEMBRANÇAS – Ricos, felizes e desfrutando de alta posição social, duas grandes amigas, Belinda e Maria Cândida, reencontram-se e revigoram a amizade que parecia perdida no tempo.

MAIS FORTE DO QUE NUNCA – A vida ensina uma família a ser mais tolerante com a diversidade.

MOVIDA PELA AMBIÇÃO – Vitória deixou para trás um grande amor e foi em busca da fortuna. O que realmente importa na vida? O que é a verdadeira felicidade?

Leia também estes imperdíveis romances do espírito Fernando

Psicografia de Lizarbe Gomes

VEREDAS DA PAZ

Floriano Sagres, escritor e jornalista, é casado com Diana Veiga, uma atriz muito talentosa e reconhecida. Ambos vivem uma vida feliz, até que ela conhece Vinícius, um produtor de TV e por ele se apaixona. Nesta obra aprendemos as verdadeiras consequências da Lei de Ação e Reação e entendemos também que a todos é dada uma oportunidade de multiplicar o amor rumo à construção da felicidade, pois ela é o instrumento maior de nossa evolução espiritual.

O MONGE E O GUERREIRO

Edgar e Roberto Yunes são irmãos e empresários do ramo moveleiro na cidade de Curitiba. Edgar, casado com Stefânia, tem um filho: Reinaldo. Roberto se casa com Susana e ela engravida do pequeno Paolo. Depois de anos, os filhos de Stefânia e Susana descobrem um grande segredo que vai além da existência atual, mas que os une em sentimento. Uma batalha interior começa entre ambos para a aceitação de uma situação indesejada.

Leia estes envolventes romances do espírito Margarida da Cunha
Psicografia de Sulamita Santos

Doce Entardecer

Paulo e Renato eram como irmãos. O primeiro, pobre, um matuto trabalhador em seu pequeno sítio. O segundo, filho do coronel Donato, rico, era um doutor formado na capital que, mais tarde, assumiria os negócios do pai na fazenda. Amigos sinceros e verdadeiros, desde jovens trocavam muitas confidências. Foi Renato o responsável por levar Paulo a seu primeiro baile, na casa do doutor Silveira. Lá, o matuto iria conhecer Elvira, bela jovem que pertencia à alta sociedade da época. A moça corresponderia aos sentimentos de Paulo, dando início a um romance quase impossível, não fosse a ajuda do arguto amigo, Renato.

À Procura de um Culpado

Uma mansão, uma festa à beira da piscina, convidados, glamour e, de madrugada, um tiro. O empresário João Albuquerque de Lima estava morto. Quem o teria matado? Os espíritos vão ajudar a desvendar o mistério.

Desejo de Vingança

Numa pacata cidade perto de Sorocaba, no interior de São Paulo, o jovem Manoel apaixonou-se por Isabel, uma das meninas mais bonitas do município. Completamente cego de amor, Manoel, depois de muito insistir, consegue seu objetivo: casar-se com Isabel mesmo sabendo que ela não o amava. O que Manoel não sabia é que Isabel era uma mulher ardilosa, interesseira e orgulhosa. Ela já havia tentado destruir o segundo casamento do próprio pai com Naná, uma bondosa mulher, e, mais tarde, iria se envolver em um terrível caso de traição conjugal com desdobramentos inimagináveis para Manoel e os dois filhos, João Felipe e Janaína.

Laços que não se Rompem

Em idos de 1800, Jacob herda a fazenda de seu pai. Já casado com Eleonora, sonha em ter um herdeiro que possa dar continuidade a seus negócios e aos seus ideais. Margarida nasce e, já adolescente, conhece Rosalina, filha de escravos, e ambas passam a nutrir grande amizade, sem saber que são almas irmanadas pelo espírito. O amor fraternal que sentem, e que nem a morte é capaz de separar, é visível por todos. Um dia, a moça se apaixona por José, um escravo. E aí, começam suas maiores aflições.

Os Caminhos de Uma Mulher

Lucinda, uma moça simples, conhece Alberto, jovem rico e solteiro. Eles se apaixonam, mas para serem felizes terão de enfrentar Jacira, a mãe do rapaz. Conseguirão exercitar o perdão para o bem de todos? Um romance envolvente e cheio de emoções, que mostra que a vida ensina que perdoar é uma das melhores atitudes que podemos tomar para a nossa própria evolução.

Emocionantes romances do espírito Marius
Psicografia de Bertani Marinho

Sempre é Tempo de Aprender

Neste romance, você vai conhecer a família de Maurício Benevides, professor universitário, filósofo, casado com Adélia, proprietária de uma loja de miudezas. E seus dois filhos: Ricardo e Luísa. Em Sempre é tempo de aprender, o espírito Marius, pela psicografia de Bertani Marinho, conta-nos como podemos suportar a dor da perda de um ente querido e o que encontraremos no plano espiritual após nossa passagem. Mostra-nos, ainda, como melhorar nossa conduta com os ensinamentos do Espiritismo, lições de vida inesquecíveis em benefício de nossa própria reforma íntima.

Portais da Eternidade

Ivete, uma jovem executiva bem-sucedida, resolve mudar radicalmente sua vida. Abandona tudo e vai para um mosteiro. Será que ela conhecerá a verdadeira humildade? Romance imperdível que nos traz o bálsamo do Espiritismo. Uma obra repleta de ensinamentos psicológicos, filosóficos e espíritas que tem como objetivo maior o aperfeiçoamento moral e intelectual do ser humano.

Livros da médium Eliane Macarini

Resgate na Cidade das Sombras

Virginia é casada com Samuel e tem três filhos: Sara, Sophia e Júnior. O cenário tem tudo para ser o de uma família feliz, não fossem o temperamento e as oscilações de humor de Virginia, uma mulher egoísta que desconhece sentimentos como harmonia, bondade e amor, e que provoca conflitos e mais conflitos dentro de sua própria casa.

Obsessão e Perdão

Não há mal que dure para sempre. E tudo fica mais fácil quando esquecemos as ofensas e exercitamos o perdão.

Aldeia da Escuridão

Ele era o chefe da Aldeia da Escuridão. Mas o verdadeiro amor vence qualquer desejo de vingança do mais duro coração.

Comunidade Educacional das Trevas

Nunca se viu antes uma degradação tão grande do setor da Educação no Brasil. A situação deprimente é reflexo da atuação de espíritos inferiores escravizados e treinados na Comunidade Educacional das Trevas, região especializada em criar perturbações na área escolar, visando sobretudo desvirtuar jovens ainda sem a devida força interior para rechaçar o mal.

Amazonas da Noite

Uma família é alvo de um grande processo obsessivo das Amazonas da Noite, uma falange de espíritos comandada pela líder Pentesileia. Elas habitam uma cidadela nas zonas inferiores e têm como inspiração as amazonas guerreiras de tempos remotos na Grécia.

Vidas em Jogo

Nesta obra, a catastrófica queda de jovens no mundo dos vícios e torpezas até a ascensão, que liberta e dignifica a própria existência. Uma lição de vida, que toca fundo no coração.

Impressão e acabamento:

tel.: 25226368